JN308755

関　幸彦
野口　実　編

吉川弘文館

目　次

『吾妻鏡』とは何か　1

I　『吾妻鏡』訓読法　13

II　用語・事項解説　31

一　用　語　31

二　歴史的事項　73

III　主要人物　103

IV　系　図　144

一　天皇・公卿婚姻関係図　144

二　関係諸氏系図　159

V　関係地図・合戦一覧　184

一　東国武士の根拠地　184

二　鎌倉・京都地図　248

三　合戦一覧　253

VI　『吾妻鏡』略年表　283

付録

鎌倉幕府将軍・執権一覧　325

唐名官職一覧　328

異体字・旧字体一覧　332

北条氏系図　334

『吾妻鏡』とは何か

「信頼できる伝説」―かつて山路愛山は名著『源頼朝』(玄黄社、一九〇九年)でこう語った。『吾妻鏡』の史料的価値を簡潔に言い当てた表現だろう。伝説とは本来、信頼できないもの、史料的価値が乏しいものの代名詞だ。とすれば、愛山の言葉は奇妙な表現ながら味があるようだ。

明治末期の著作だが、『吾妻鏡』の本質が照射されている。われわれが、史料として問うべき基準は信頼度である。近代史学の導入にあたり、早く坪井九馬三(つぼいくめぞう)が西欧流の実証主義を標榜、史料の等級性に言及したのも、史料の信頼性への回帰にあった。

伝説の語感には史実との距離があることは確かだろう。その点では過去の史料、とりわけ編纂物でも伝説的要素は存在する。史料の等級性云々からすれば、日記・古記録などとは同日の比ではない。問題はその量である。

古くは単に「関東記録」と呼称された『吾妻鏡』は、日記体を用い、編年風に和様漢文体(『吾妻鏡』体といわれる)で叙されている。

その限りでは実録・日記の叙述方法にもとづく史実性の演出が巧みでもある。だからじっくりと吟味しなければ、危ない記事も少なくない。そのことを承知の上で、「信頼できる伝説」としての『吾妻鏡』の価値を考えなければならない。

あたりまえのことだが、編纂物には意図がある。あるいは構想がある。北条氏が主体的にかかわった『吾妻鏡』は、その意味で多少のバイアスもある。

それでは、編纂物である『吾妻鏡』とは何であったのか。多様な解答が可能だとしても、一つ動かぬことがある。それはこの『吾妻鏡』が「鎌倉」の時代を演出したことだろう。それは東国の象徴である鎌倉と、その鎌倉という場に創出された政治勢力たる幕府の有り様が語られている記録だからである。

東国・坂東がはぐくんだ武家の記録がそこに刻まれている。武家の年代記（クロニクル）ともいうべき、東国の記憶がしっかりと語られている。『吾妻鏡』において、その作為性・誤謬性がときとして語られることがある。武家の年代記として、ストーリー性が加味されることを作為とすれば、そのとおりであろう。また、編纂物である以上、その過程で記事の錯簡などの誤りもある。

だが、そうしたことは、東国の記憶を読み解く上で必ずしも障害ではないはずだ。話をもどせば、『吾妻鏡』は文字どおり吾妻（東）たる東国が、そこに権力的磁場を創出し中世という時代を荷ったことの証明だった。京都における王朝がかって編纂した中国風味の六国史とは、別趣の要素がここには溢れている。武家という中世の担い手にふさわしい内容が、随所に『吾妻鏡』には見えているからだ。東国の政治的自己主張を、記録という形で残したことが大きい。

後にも述べるように、『吾妻鏡』は将軍の年代記の形式をとり、六国史における皇代別の編年方式と似ている。そして、京都の王朝とは別個の、鎌倉の自己主張を天皇に対峙されるべき武家の首長（王）を全面に押し出し、東国の記憶をひもといている。

このことの深い意味はやはり強調されるべきだろう。『吾妻鏡』の各条文は、鎌倉を軸に地政的・空間的に語られている。種々の出来事は鎌倉を起点として放射的な構図の中で叙述されており、武家の都としての存在が主張されている。だが、『吾妻鏡』編纂者たちの念頭には、常に京都があったのも事実だった。そこには京都に比べくもないが、ささやかながらの鎌倉の主張も見えてくる。

武家の鎌倉に同心円的権力の構図を設定しえたとしても、公家の拠点、京都の王朝はそこに包摂されない伝統の存立基盤があった。鎌倉・東国・武家は、この伝統とどう対峙したのか、『吾妻鏡』には、そうした場面がふんだんに用意されている。もとより鎌倉時代の全てが『吾妻鏡』でカバーできるわけはない。が、「鎌倉」の時代の創出にむけて、東国武士が主体的にかかわったことは事実であり、そのことの重みが刻まれている。

『吾妻鏡』の真骨頂とは、この東国武士たちの声を伝えたことにある。武士の描写という点では『平家物語』も同様だとしても、東国武士たちへの射程には〝らしさ〟が滲み出ている。

いま、〝らしさ〟と述べたが、このことは例えば、平貞能（さだよし）・宇都宮頼綱（よりつな）という二人の武士の描写のされ方からも理解できる。『平家物語』『吾妻鏡』ともどもが、両人を登場させる場面は共通する。壇ノ浦以後、平家の有力武将貞能が、かつての縁を頼って頼綱のもとを訪れ、その口添えで死罪をまぬがれるというものだ。

『延慶本・平家物語』（十二、第六）・『吾妻鏡』（文治元年七月七日条）に語られている二人の武士について、主題は平家の有力武将貞能の救われ方がポイントとなっている。だが、前者の『平家』では貞能の観音への信仰心とその利益によって、頼朝の許しが与えられることに力点が置かれている。宇都宮頼綱はあくまでも副次的な存在として、貞能の預人として位置づけられている。

一方、後者の『吾妻鏡』にあっては、この頼綱の助力が全てである。ここには観音のご利益云々は埒の外であった。かつて貞能が示してくれた芳情へ報いるための武人頼綱の律義さこそが、眼目となっている。そこには、貞能の口添えで東国への帰還がかない、頼朝への参陣を可能とさせたことへの恩義が、頼綱により強調されている。

同一の主題を扱いながら、二つの史料が描写する力点の置き方は見事にちがっている。前述の〝らしさ〟ということからすれば、貞能の観音信仰を介し個人の内面を照射し、文学的筆致を本領とする『平家物語』的世界と、これを排して散文的でドライな表現で東国武士頼綱の芳情を語る『吾妻鏡』とは、描写のされ方がかくも異なっている。ともに真実の一編が語られていながらも、光の当て方で違いが出てくることの一例だろう。

言うまでもなく、貞能と頼綱の一件に関しては、その史実性からすれば『吾妻鏡』に軍配が挙げられるわけだが、そのことは貞能が観音を信仰していたことを否定するものではない。観音のご利益にもとづく助命よりは、頼綱の嘆願が貞能の助命にさいし現実的に意味があるとされているだけのことだ。『吾妻鏡』とつき合いのある読者はおわかりだろうが、その世界は徹底して散文的なのである。現実に起きた事件を、編者の目を通じてたんたんと叙述する。基本的にあるべき価値観の強要は少ない。義憤や悲憤の感情を極力排した筆致が史実性への保証にもつながるようだ。〝らしさ〟の一編はこんなところにもある。

少し冗長に過ぎたが、『吾妻鏡』の何たるかは理解いただけただろうか。以下では事典風の内容になるが、『吾妻鏡』についての基本的情報を〔成立〕〔構成〕〔沿革〕などの項目に即し簡単に述べておこう。

1 内容・構成

十二世紀末の治承四年（一一八〇）の頼朝挙兵から、十三世紀中葉の文永三年（一二六二）の六代将軍宗尊（むねたか）親王の帰京まで、八十七年間が扱われている。諸本により巻数に若干の違いがある。五十二巻・五十一冊の北条本・島津本、四十七巻・四十七冊の吉川（きっかわ）本の両系統がある。

途中十二ヵ年分が現存せず、これが散佚（さんいつ）によるものかどうかは定かではない。欠巻が頼朝の死去にかかわる部分をふくめ、幕府成立過程にかかわる内容も少なくなく、編纂意図をふくめさまざまな論点があるようだ。

このことは編纂時期の問題にも関係してくる。各巻は将軍ごとにまとめられた実録・年代記風の表現がとられており、和田英松・八代国治などの代表的見解では、源氏将軍時代の前半部分と、藤原将軍・宗尊親王将軍時代の後半部分が別個に成立したとし、前半部分を文永年間（一二六四―七五）、後半部分を正応―嘉元年間（一二八八―一三〇六）とする。しかし、この点は必ずしも確説ではなく、編纂時期については将軍記ごとの長期での編纂を想定する考え方や、鎌倉末期の十四世紀初頭の一括編纂と解する立場など一定しない。また編者についても、北条氏の立場を擁護する記述が多いことから、北条一門の関係者、とりわけ金沢氏の関係も想定されているが定かではない。

2　素材・文体

日記の体裁をとっており、将軍在住の鎌倉での出来事を当該日時にかけ叙述するというスタイル。すでにふれたように和様漢文体によるもので、編纂にさいしかなりの種類の史料が参考にされている。大きく三つのタイプが考えられている。

一つは公家側の日記である。九条兼実『玉葉』、藤原定家『明月記』などがその代表とされている。二つには軍記ものをふくめた文学的作品類である。『平家物語』『源平盛衰記』『六代勝事記』『海道記』などがあげられる。そして三つには幕府に伝存した古文書類である。そこには各御家人の家伝をはじめ、京都・奈良の権門寺社家の文書、あるいは二所詣の対象とされた関東の箱根・走湯山・三島各社の文書も材料とされたとされる。

3 伝本・諸本

伝本関係のテキストとして、『吾妻鏡』の種類を大観するのに便利なものは八代国治『吾妻鏡の研究』（明世堂書店、一九一三年）である。

各諸本の伝来のいきさつは、八代の詳細な研究を参照してもらうとして、伝来諸本の大局のみを記すと写本・版本あわせて数十にのぼる。同著によれば、関東に伝わる金沢文庫本系統と関西伝来本系統に

『吾妻鏡』系統図（八代国治による）

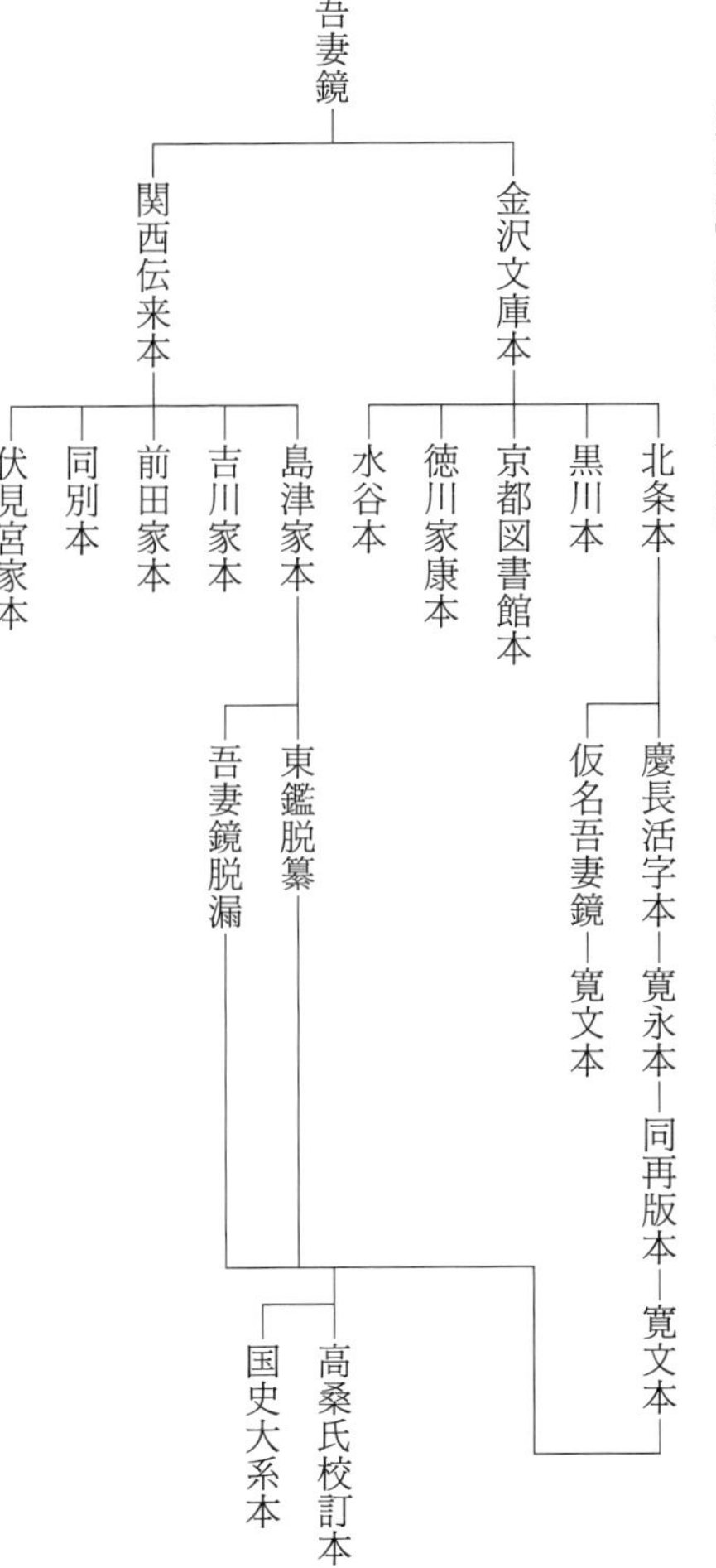

大別されており、前者の関東伝来本は北条本・黒川本などの五種が、後者の関西伝来本では島津家本・吉川家本・前田家本などの五種が数えられる。かつて戦国大名諸家に伝わった写本をもとに、近世江戸期には慶長活字本・寛永本・寛文本などの版本をへて、今日の国史大系本にいたる流れが確認できるはずだ。

これらのうち、関東伝来系の北条本については、『吾妻鏡』の愛読者として知られる徳川家康の所持した伝本を、小田原後北条氏（北条氏直旧蔵のもので、黒田長政から徳川秀忠に献上）本を合せ、改めて現存の北条本が作成されたと理解されている。伝本・諸本系統図に見える慶長古活字本は、これにもとづき慶長十年（一六〇五）に版本として出版されたものだった。

また関西伝来系といえば、その雄はやはり吉川（きっかわ）本である。戦国大名として知られる周防の大内氏の武将右田弘詮が二十数年にわたり諸本を蒐集（しゅうしゅう）したものだ。伝来諸本のなかで重要な位置を占めている。

以上のように伝来諸本は大きく〝集成本〟という形態に類型化されるものだが、昨今の研究では、『吾妻鏡』諸本の形成を考えるうえでは、右の〝集成本〟系統とは別に、「前田本」「三条西本」「伏見宮本」などの〝抄出本〟系統への精査研究も重視されている。

4 研　究

家康が『吾妻鏡』の熱心な愛読者だったことは、近世江戸期に『吾妻鏡』への関心を高めた。と、同時に江戸時代の歴史意識に対する成熟が、武家の来歴を語る『吾妻鏡』への興味につながり、その後の本格的研究の土台となった。

はやく元和三年（一六一七）に林羅山は『東鑑考』を著し、編纂者の推定（羅山は幕閣で三善氏の末裔町野（まちの）氏を有力視）や編纂に利用された諸史料などに言及した。その後、活字版の出版のなかで寛永三年（一六二六）の寛永版には、林羅山が「東鑑抜」を著している。ついでながら、近世になると『東鑑』の表記が一般的となる。元来『吾妻鏡』の呼称は、鎌倉時代には流布せず、室町・戦国期あたりに広がったようだ。右田弘詮の蒐集にかかる「吉川本」冊尾に自筆の識語として「この関東記録〈吾妻鏡と号す〉は文武諸道の亀鑑たる由……」とあり、一般的には「関東記録」と称されていた。

もとより「吾妻」の字義は『倭名類聚抄』に「辺鄙」を指すとするように、東国を卑下した用法だった。その限りでは、東国武士たちは自己の政治権力を「関東」とは表現しても、「吾妻」とは呼ばなかった。

鏡物の先駆をなす『大鏡』の場合も、「世継物語」が一般的呼称で「大鏡」の称は鎌倉初期であった。『吾妻鏡』の呼称は、その『大鏡』以下の鏡物の影響のもとで成立したであろうことは推測に難くない。

こうした諸点を考えあわせれば、朱子学的な鑑戒主義を標榜する江戸時代にあって、武家の自己認識を高く評価する立場から「吾妻」は「東」に「鏡」は「鑑」（かんがみる）の字義を有した当該文字があてられることになった。

また江戸後期には、北方探検家として知られた近藤守重（重蔵）が江戸城の書物奉行となり、十九世紀初頭に『御本日記続録』をしたため、伝本・写本などの『吾妻鏡』諸本の系譜を本格的に解明し、後のテキスト論の基礎をつくった。

榊原長俊『東鑑異本考』には江戸期に出された諸種の異本が一括紹介されており、同書への関心の高さがうかがえる。同時代の大塚嘉樹も天明期に『東鑑別注』などの一連の論考を著している。さらに有職故実の研究で知られる伊勢貞丈が中心となり著した『東鑑不審』も一見に値する。『吾妻鏡』の記事の不審箇所を問答形式でしたためたもので、考証学を加味した論議は、江戸期のこの分野の水準を物語っている。

なお、以上紹介した関係書は多く一八九六年（明治二十九）に高桑駒吉編『吾妻鏡集解』（大日本図書株式会社蔵版）に一括収録されている。

近代以後の研究で特筆されるものとして、星野恒「吾妻鏡考」（『史学会雑誌』創刊号、一八九〇年）があげられる。実証主義史学の基盤をつくった星野の論考は、主に同書の成立事情を論じたものである。原勝郎「吾妻鏡の性質及其史料としての価値」（『史学雑誌』九―五・六号、一八九八年）は、北条氏による曲筆を重視し、同書の史料的価値に一石を投じている。

その後、和田英松「吾妻鏡古写本考」（『史学雑誌』二三―一〇号、一九一二年）など国文学方面から書誌学上での『吾妻鏡』の価値に言及し、その公的性質を指摘した。そうしたなかで、『吾妻鏡』の白眉ともいわれる総合的研究が、八代国治『吾妻鏡の研究』（前掲）だった。近世以来の諸研究の流れを詳述し、写本・版本の系譜の検討、さらに史料としての限界性、編纂期時期の考察、記事の基礎となった史料価値等々に吟味を加えたもので、現在においてもこの方面の研究上の出発点とされているものだ。

大正・昭和期における『吾妻鏡』の研究は、右の八代の研究をふくめ本文批判にもとづく諸種の研究成果が展開された。とりわけ守護・地頭研究に関しては『吾妻鏡』を土台にしていただけに、中田薫や牧健二らの戦前来の古典的研究・論争をへて、大いに進展することになった。

戦後の石母田正「鎌倉幕府一国地頭職の成立」(『中世の法と国家』東京大学出版会、一九六〇年)に結実する一連の成果は、『吾妻鏡』の本文批判を通じ論理と実証の利刃でそれを徹底して解剖した記念碑的論文だった。

昨今における諸研究はまさに右の石母田の提起した『吾妻鏡』本文批判の成果に立脚しつつ、その延長に登場したものといえる。

5 普　及

右にみたアカデミックな研究の流れとは別に、訓読その他の作業を通じ『吾妻鏡』自体の普及化への試みもなされた。古く江戸時代に四代将軍家綱が中野等和(なかのとうわ)に令し「仮名吾妻鏡」をつくらせたことは、その嚆矢(こうし)ともいえるが、やはり本格的な形で一般化されたのは近代以降のことだった。

これは田口卯吉(たぐちうきち)や黒板勝美(くろいたかつみ)らの校訂者の尽力によりなされた新訂増補版の「国史大系」の存在が大きい。北条本を底本に吉川本や島津本により校訂したもので、近年における訓読や現代語訳の多くはこの

「国史大系」所収の『吾妻鏡』に依拠している。

初学者用の訓読版としては、戦前のものではあるが「岩波文庫」所収の龍粛訳注・全五冊（一九三九〜四四年）は未完ながら評価が高い。これまた完成にはいたらなかったのだが、堀田璋左右『訳文・吾妻鏡標註』（東洋堂、一九四三〜四四年）も便利である。訓読の本文とは別に主要な記事について人名・地名の解説がほどこされている。

そして近業の入手しやすいものとして『全訳吾妻鏡』（貴志正造訳注・永原慶二監修、全六巻、新人物往来社、一九七六〜七九年）を挙げることができる。また刊行の途についた『現代語訳　吾妻鏡』（五味文彦・本郷和人編、全十六巻、吉川弘文館、二〇〇七年〜）も単に訓読の枠を超え、現代語訳の本格的な試みで『吾妻鏡』の普及に裨益するところ大なるものがある。

こうした訓読や全訳（現代語訳）にともなう普及とあわせて、『吾妻鏡』の人名や地名、さらに事項に関する索引類も出版された。御家人制研究会編『吾妻鏡人名索引』（吉川弘文館、一九七一年）、及川大渓『吾妻鏡総索引』（日本学術振興会、一九七五年）、『吾妻鏡地名索引』（國學院大學日本史研究会編、村田書店、一九七七年）、安田元久編『吾妻鏡人名総覧』（吉川弘文館、一九九八年）等の出版が相つぎ、今日にいたっている。

さらに『吾妻鏡事典』（佐藤和彦・谷口榮編、東京堂出版、二〇〇七年）も出版され、同書への一般読者の関心が高まっている。

I 『吾妻鏡』訓読法

『吾妻鏡』の文体は一般に和様漢文体（俗に『吾妻鏡』体とも）で書かれている。そのため、その習熟にはそれなりの訓練が必要となる。純粋な中国の漢文の用法とはかなり異なるので、個々の詳細な用語や用字はIIでこれを扱うことになる。したがって、ここでは『新訂増補国史大系』本に依拠しながら、訓読法上、留意を要する例文をいくつか選んで、読み下し・注解・大意を付記し読者の便宜に供したい。

なお、原文の正字・異体字は常用漢字に改めた。

1　以仁王の挙兵　治承四年（一一八〇）四月九日条

入道源三位頼政卿可レ討二滅平相国禅門（清盛）一由、日者有二用意事一。然而以二私計略一太依レ難レ遂二宿意一、今日入レ夜相二具子息伊豆守仲綱等一潜参二于一院第二宮之三条高倉御所一、催二前右兵衛佐頼朝以下源氏等一討二彼氏族一、可下令レ執二天下一給上之由申二行之一。仍仰二散位宗信一被レ下二令旨一。而陸奥十郎義盛（廷尉為義末子）折節在京之間、帯二此令旨一向二東国一、先相二触前右兵衛佐一之後、可レ伝二其外源氏等一之趣所レ被二仰含一也。義盛

補㆓八条院蔵人㆒〈名字改㆓行家㆒〉

【読み下し】

入道源三位頼政卿、平相国(しょうこく)禅門清盛を討滅すべき由、日ごろ用意の事あり。しかれども私の計略をもって、はなはだ宿意(しゅくい)を遂(と)げ難(がた)きに依り、今日夜に入り子息伊豆守仲綱等を相具(あいぐ)し、ひそかに一院第二の宮の三条高倉御所(ごしょ)に参り、前右兵衛佐(さきのうひょうえのすけ)頼朝以下の源氏等を催し、かの氏族を討ち、天下を執(と)らしめ給(たま)ふべきの由これを申し行ふ。仍(よ)って散位宗信(むねのぶ)に仰せて令旨(りょうじ)を下さる。しかるに陸奥十郎義盛〈廷尉為義末子〉折節(おりふし)在京の間、この令旨(りょうじ)を帯し東国に向かひまづ前右兵衛佐に相触るるの後、その外の源氏等に伝ふべきの趣(おもむき)仰(おお)せ含めらるる所なり。義盛、八条院蔵人(くろうど)〈名字行家に改む〉に補す。

【注解】

この例文では、三種の返り点（レ点・一二点・上下点）がある。レ点は一字から一字に返り、一二点は二字以上を隔て上の字に返る。上下点は一二点を間にはさんで返る場合に使われる。「可㆘令㆑執㆓天下㆒給㆖」の語句は、一二点、レ点、上下点と順を追い読むのである。更に甲乙点といって中間に一二点をはさむ返り点もある。

「令㆑執㆓天下㆒給」の「令〜給（〜しめたまふ）」は以仁王に対する敬意表現である。

【大意】

源頼政が平家一族の討滅を企て、後白河上皇皇子の以仁王に謀反を勧める。そこで、伊豆配流の源頼朝以下の源氏へ令旨を下すことになり、その使者に頼朝の叔父源義盛（行家）がなった。

2　平氏の滅亡　文治元年（一一八五）三月廿四日条

於㆓長門国赤間関壇浦海上㆒源平相逢、各隔㆓三町㆒艚㆔向舟船㆒。平家五百余艘分㆓三手㆒、以㆓山峨兵藤次秀遠幷松浦党等㆒為㆓大将軍㆒、挑㆔戦于源氏之将帥㆒。及㆓午剋㆒平氏終敗傾。二品禅尼持㆓宝剣㆒、按察局奉㆑抱㆓先帝（春秋八歳）㆒共以没㆓海底㆒。建礼門院（藤重御衣）入水御之処、渡部党源五馬允以㆓熊手㆒奉㆑取㆑之。按察局同存命。但先帝終不㆘令㆑浮御㆖。若宮（今上兄）者御存命云々。

【読み下し】

長門国赤間関壇浦の海上（かいしょう）において源平相逢ひ、おのおの三町を隔（へだ）てて舟船を艚（こ）ぎ向かふ。平家五百余艘を三手に分け、山峨兵藤次秀遠（やまがひょうとうじひでとお）ならびに松浦党（まつらとう）等をもって大将軍となし源氏の将帥（しょうすい）に挑戦す。午（うま）の剋（こく）に及び平氏つひに敗傾（はいけい）す。二品禅尼（にほんのぜんに）宝剣を持ち、按察局（あぜちのつぼね）先帝（春秋八歳）を抱き奉（たてまつ）り共にもって海底に没す。建礼門院（藤重御衣）入水（じゅすい）したまふの処、渡部党源五馬允（げんごうまのじょう）、熊手をもってこれを取り奉る。按察局同じく存命す。但し先帝つひに浮かばしめたまはず。若宮（今上の兄）は御存命と云々（うんぬん）。

【注解】

「以二山峨秀遠一為二大将軍一」は「以〜為〜（〜をもって〜となす）」と読む慣用表現である。

「挑二戦于源氏之将帥一」は「挑二戦于〜に一」と読み、置き字「于」は読まない。

「先帝終不二令レ浮御一」の「令〜御（しめたまふ）」は安徳天皇に対する敬意表現。

「若宮者」の「者（は）」は係助詞で主語を提示する。

「〜云々（うんぬん）」は「〜ということである」という伝聞表現である。


【大意】

長門国壇ノ浦の源平の海戦も昼頃には決着がつき、二品禅尼（清盛の妻、時子）は宝剣を持ち、女官の按察局は安徳天皇を抱いて入水。建礼門院（安徳天皇の母）も入水したが、源氏の兵に捕えられた。按察局は助かるが、安徳天皇を見出すことはできなかった。

3 守護地頭の設置 文治元年（一一八五）十一月十二日条

（中略）因幡前司広元申云、世已澆季、梟悪者尤得レ秋也。天下有二反逆輩一之条、更不レ可二断絶一。而於二東海道之内一者、依レ為二御居所一雖レ令二静謐一、姦濫定起二於他方一歟。為レ相二鎮之一、毎度被レ発二遣東士一者、人々煩也。国費也。以二此次一諸国交二御沙汰一、毎二国衙庄園一被レ補二守護地頭一者、強不レ可レ有レ所レ怖。早可下令二申請一給上云々。二品殊甘心以二此儀一治定。本末相応、忠言之所レ令レ然也。

【読み下し】

(中略)因幡前司広元申していはく、世すでに澆季、梟悪の者もっとも秋を得るなり。天下反逆の輩あるの条、更に断絶すべからず。しかるに東海道の内においては、御居所たるにより静謐せしむといへども、奸濫さだめて他方に起こらんか。これを相鎮めんがため、毎度東士を発遣せらるれば、人々の煩なり。国の費なり。この次をもって諸国御沙汰を交へ、国衙庄園ごとに守護地頭を補せらるれば、あながちに怖るる所あるべからず。早く申し請けせしめ給ふべしと云々。二品殊に甘心しこの儀をもって治定す。本末相応、忠言の然らしむる所なり。

【注解】

「於二東海道之内一者」の「於〜者(においては)」は特に取り立てて提示する場合に使われる。「雖レ令二静謐一」の「雖(といへども)」は逆態接続の確定条件を表す。

「被レ発二遣東士一者」と「被レ補二守護地頭一者」の二つの「者(ば)」は順接の仮定表現を示す。

「広元申云〜云々」の「云〜云々」は文章中に文を引用する場合に使われ、云以下の「〜」が広元の頼朝に進言したという内容が示されている。

【大意】

源義経の謀叛にさいし、東海道は源頼朝の支配下であるので、反逆は他方から起こるであろうが、その度に鎮圧軍を派遣すれば国土の疲弊を招くことになろう。そのため公領・庄園ごとに守護地頭を設置すれば恐れるに足りないであろうから、それを朝廷に申請すべきだという大江広元の献策。有名な守護地頭設置にかかわる大江広元の進言の場面であるが、この内容については、種々の議論がある。

4　奥州合戦　文治五年（一一八九）九月三日条

泰衡被レ囲二数千軍兵一、為レ遁二一旦命害一、隠如レ鼠、退似レ鶂。差二夷狄嶋一赴二糟部郡一。此間相二恃数代郎従河田次郎一至二于肥内郡贄柵一之処、河田忽変二年来之旧好一、令三郎従等相二囲泰衡一梟首。為レ献二此頸於二品一揚レ鞭参向云々。

陸奥押領使藤原朝臣泰衡年卅五
鎮守府将軍兼陸奥守秀衡次男母前民部少輔藤原基成女
文治三年十月継二於父遺跡一為二出羽陸奥押領使一管二領六郡一

【読み下し】

泰衡数千の軍兵に囲まれ、一旦の命害（みょうがい）を遁（のが）れんがため、隠れること鼠の如く、退くこと鶂（げき）に似たり。

夷狄嶋(えぞがしま)を差し糟部郡(ぬかのぶ)に赴むく。この間数代の郎従河田次郎(ろうじゅうかわたじろう)を相恃(あいたの)み、肥内郡贄(ひないにえ)の柵に至るの処(ところ)、河田忽(たちま)ちに年来の旧好(きゅうこう)を変じ、郎従等をして泰衡を相囲ましめ梟首(きょうしゅ)す。この頸を二品に献ぜんがため鞭を揚げ参向すと云々。

陸奥押領使(おうりょうし)藤原朝臣泰衡年卅五

鎮守府将軍兼陸奥守秀衡の次男。母は前の民部少輔藤原基成(もとなり)の女(むすめ)

文治三年十月、父の遺跡(ゆいせき)を継ぎ出羽陸奥押領使として六郡を管領す。

【注解】

「河田令三郎従等相二囲泰衡一」の使役の「令」は「河田は郎従等をして泰衡を相囲ましめ」のように「をして～せしむ」と読む。

「献二此頸於二品一」の置き字「於」は「献二～を於～に一」のように読み、「於」は読まない。

【大意】

奥州合戦で源頼朝軍に敗退した藤原泰衡がさらに北上して逃亡の途中、郎従の河田次郎に裏切られ贄の柵で滅亡する。河田次郎が旧主の首を頼朝に献上する場面である。記事の末尾に藤原四代の泰衡の閲歴が記載されている。

5　畠山重忠の敗死　元久二年（一二〇五）六月廿二日条

（中略）爰襲来軍兵等各懸二意於先陣一、欲レ貽二誉於後代一。其中、安達藤九郎右衛門尉景盛引二卒野田与一、加世次郎、飽間太郎、鶴見平次、玉村太郎、与藤次等一。主従七騎進二先登一取レ弓挟レ鏑。重忠見レ之此金吾者、弓馬放遊旧友也。抜二万人一赴二一陣一。何不レ感レ之哉。重秀対二于彼一、可レ軽レ命之由加二下知一。仍挑戦及二数反一。加治次郎宗季已下多以為二重忠一被レ誅。凡弓箭之戦、刀剣之諍、雖レ移レ尅、無二其勝負一之処、及二申斜一、愛甲三郎季隆之所レ発箭中二重忠（年四十二）之身一。季隆即取二彼首一献二相州之陣一。爾之後、小次郎重秀（年廿三。母右衛門尉遠元女）幷郎従等自殺之間縡属二無為一。

【読み下し】

（中略）ここに襲ひ来る軍兵（ぐんぴょう）等、おのおの意を先陣に懸け、誉を後代に貽（のこ）さんと欲す。その中安達藤九郎右衛門尉景盛、野田与一・加世次郎・飽間（あきま）太郎・鶴見平次・玉村太郎・与藤次（よとうじ）等を引卒す。主従七騎先登（せんど）に進み、弓を取り鏑（かぶら）をさしはさむ。重忠これを見て、この金吾は弓馬放遊の旧友なり。万人に抜きんで一陣に赴く。何ぞこれを感ぜざらんや。重秀彼に対し命を軽んずべきの由、下知を加ふ。仍って挑戦数反（すうへん）に及ぶ。加治次郎宗季已下（いか）多く以って重忠の為に誅せらる。およそ弓箭（きゅうせん）の戦、刀剣の諍（あらそい）、尅（とき）を移すといへどもその勝負無きの処、申（さる）の斜（ななめ）に及び、愛甲三郎季隆の発（はな）つ所の箭、重忠年四十二の身にあたる。季隆即ちかの首を取り相州の陣に献ず。しかるの後、小次郎重秀年廿三。母右衛門尉遠元女ならびに郎従等自殺の間、綷（こと）無為に属す。

【注解】

「何不レ感レ之哉」の「哉（や）」はこの場合「どうして感動しないことがあろうか」と反語を意味する。

「自殺之間綷属ニ無為ニ」の「～間（～のあいだ）」は「～なので」と原因・理由を意味する。

安達右衛門尉景盛を文中で「金吾」と呼んでいるのは、「衛門府」の唐名官職が金吾であることによる。なお、「近衛府」は「羽林（うりん）」、「兵衛府」は「武衛（ぶえい）」である。右兵衛佐に任官した源頼朝は一時、武衛と呼ばれた。

【大意】

相模国二俣川で畠山重忠を追討するため、安達景盛主従七騎は先陣に進んだが、景盛は重忠の旧友であった。重忠は息子重秀を景盛に向わせ、自らも景盛の従者を討ち取った。勝敗を決めがたかったが、重忠は弓の名手愛甲季隆に射られ、重秀と従者は自殺した。

6　源実朝の暗殺　承久元年（一二一九）正月廿七日条

霽。入レ夜雪降、積二尺余。今日将軍家右大臣為二拝賀一、御二参鶴岳八幡宮一、酉刻御出。（中略）令レ入二宮寺楼門一御之時、右京兆俄有二心神御違例事一、譲二御剣於仲章朝臣一退去給、於二神宮寺一御解脱之後、令レ帰二小町御亭一給。及二夜陰一神拝事終、漸令二退出一御之処、当宮別当阿闍梨公暁窺二来于石階之際一、取レ剣奉レ侵二丞相一。其後随兵等雖レ馳二駕于宮中一（武田五郎信光進二先登一）、無レ所レ覓二讎敵一。或人云、於二上宮之砌一別当闍梨公暁討二父敵一之由、被二名謁一云々。

【読み下し】

はれ。夜に入り雪降り、積もること二尺あまり。今日将軍家右大臣拝賀の為、鶴岳(つるがおか)八幡宮に御参。酉(とり)の刻御出。（中略）宮寺の楼門に入らしめたまふの時、右京兆(うきょうちょう)俄(にわ)かに心神御違例の事あり、御剣(ぎょけん)を仲(なか)章(あき)朝臣に譲り退去し給ひ、神宮寺(じんぐうじ)において御解脱の後、小町の御亭に帰らしめ給ふ。夜陰(やいん)に及び神拝(しんぱい)の事終わり、漸(よう)く退出せしめたまふの処、当宮別当阿闍梨(あじゃり)公暁(くぎょう)、石階(いしのきざはし)の際に窺(うかが)い来たり、剣を取り丞相(じょうしょう)を侵(おか)し奉(たてまつ)る。その後随兵(ずいひょう)等、駕を宮中に馳(は)せるといへども（武田五郎信光、先登に進む。）讎敵(しゅうてき)を覓(もと)むに所なし。或る人云はく、上宮の砌(みぎり)において、別当闍梨公暁、父の敵を討つの由、名謁(めいえつ)せらると云々。

【注解】

右京兆は右京職の唐名、ここでは北条義時のこと。丞相は大臣の唐名、源実朝のこと。この記事では将軍実朝と執権北条義時が登場するが、両者への敬意表現では、実朝には「令～御（しめたまふ）」、義時には「給（たまふ）」・「令～給（しめたまふ）」と文字で区別している。あるいは「御」は「おはす」「おはします」と読むこともある。義時にも「令～給」の敬体表現が用いられているのは『吾妻鏡』が北条氏の下に編纂された証左といえる。

【大意】

鎌倉三代将軍実朝の暗殺記事の一部である。実朝は兄頼家の遺子公暁に討たれるが、義時は急な発作により難を免れた。随兵（ずいひょう）の武士達は宮の外で警護しており、凶事を防げなかった。ある人が云うには公暁は父の敵を討つと名乗ったということである。

7　承久の乱　承久三年（一二二一）五月十九日条

（中略）二品招二家人等於簾下一、以二秋田城介景盛一示含云、皆一レ心而可レ奉。是最期詞也。故右大将軍征二罰朝敵一、草二創関東一以降、云二官位一云二俸禄一、其恩既高二於山岳一、深二於溟渤一。報謝之志浅乎。而今依二逆臣之讒一被レ下二非義綸旨一。惜レ名之族、早討二取秀康、胤義等一、可レ全二三代将軍遺跡一。但欲レ参二院中一者只今可二申切一者。群参之士悉応レ命、且溺レ涙申二返報一不レ委、只軽レ命思レ酬レ恩。寔是忠臣見二国危一、此謂歟。武家背二天気一之起、依二舞女亀菊申状一、可レ停三止摂津国長江、倉橋両庄地頭職一之由、二箇度被レ下二宣旨一之処、右京兆不二諾申一。是幕下将軍時募二勲功賞一定補之輩、無二指雑怠一而難レ改由申レ之。仍逆鱗甚故也云々。

【読み下し】

(中略)二品、家人等を簾下に招き、秋田城介景盛をもって示し含めて云はく、皆心を一にして奉るべし。是最期の詞なり。故右大将軍、朝敵を征罰し、関東を草創してより以降、官位といひ、俸禄といひ、その恩既に山岳より高く、溟渤より深し。報謝の志浅からんや。しかるに今、逆臣の讒により非義の綸旨を下さる。名を惜しむの族は、早く秀康・胤義等を討ち取り、三代将軍の遺跡を全うすべし。但し院中に参らんとおもはば、只今申し切るべし、といへり。群参の士悉く命に応じ、且つは涙にひたり返報を申すこと委しからず、只命を軽んじ恩に酬いんことを思う。まことに是、忠臣国の危ふきにあらはるというはこれを謂うか。武家、天気に背くの起こりは舞女亀菊の申状により、摂津国長江・倉橋両庄地頭職を停止すべきの由、二箇度宣旨を下さるるの処、右京兆諾し申さず。是、幕下将軍の時、勲功の賞に募り定め補すの輩、指せる雑怠なくて改めがたきの由これを申す。仍って逆鱗の甚だしき故なりと云々。

【注解】

「二品云〜者」の「云〜者（といへり）」は文章中に会話・書状を引用する場合に用いられ、「〜」は二品北条政子の御家人たちに述べた演説の内容である。

この記事中の「忠臣見ニ国危一」の語句は『文選』にある宋の詩人潘岳（はんがく）の「西征賦（せいせいふ）」の一節「勁松彰ニ於歳寒一、貞臣見ニ於国危一」が出典と思われる。

【大意】

政子（二位尼）が後鳥羽上皇の追討宣旨を聞き、鎌倉幕府御家人に対し頼朝の重恩を説き一致協力して後鳥羽院の軍勢を討滅するよう演説した記事である。

院の幕府追討の理由を愛妾亀菊の庄園内の地頭職停止の申し入れに執権北条義時が拒絶したためであると伝えている。

8　寛喜の飢饉　寛喜二年（一二三〇）六月十六日条

美濃国飛脚参申云、去九日辰尅、当国蒔田庄白雪降云々。武州太令ニ怖畏一給、可レ被レ行ニ徳政一之由有ニ沙汰一云々。濃州与ニ武州一両国中間、既十余日行程也。彼日同時有ニ此恠異一、尤可レ驚レ之。凡六月中雨脚頻降。是雖レ為ニ豊年之端一、涼気過レ法、五穀定不レ登歟。風雨不レ節、即歳有ニ飢荒一云々。当時関東不

レ廃二政途一、武州殊戦々兢々兮。彰レ善癉レ悪、忘レ身救レ世御之間、天下帰往之処、近日時節依違。陰陽不同之条、匪二直也事一哉。就レ中当月白雪降事、少二其例一歟。

【読み下し】

美濃国の飛脚参り申して云はく、去る九日辰の尅、当国蒔田庄に白雪降ると云々。武州はなはだ怖畏せしめ給ひ徳政を行なはるべきの由、沙汰ありと云々。濃州と武州と両国の中間、既に十余日の行程なり。かの日同時にこの恠異あり、尤も驚くべし。およそ六月中雨脚頻りに降る。これ豊年の端たりといへども、涼気法に過ぎ、五穀定めて登らざるか。風雨節ならざれば、すなわち歳に飢荒ありと云々。当時関東政途をすてず、武州ことに戦々兢々たり。善を彰はし悪を癉ましめ、身を忘れ、世を救いたまふの間天下帰往の処、近日時節依違し、陰陽不同の条、ただなる事にあらざるや。なかんずくに当月白雪降る事、その例少なきか。

【注解】

「濃州与二武州一」の前置詞「与」は「と」と読む。

「尤可レ驚」の助動詞「可（べし）」は可能・許容・推量・当然等の用法があるが、ここでは当然の「べし」である。

この記事には中国の『五経』に出典を見出す章句がある。即ち、「戦々兢々」は『詩経』（「小雅小旻」）にある「戦々兢々　如レ臨二深淵一　如レ履二薄氷一」であり、「彰レ善癉レ悪」は『書経』「畢命」にある「旌二別淑慝一　表二厥宅里一　彰レ善癉レ悪　樹二之風聲一」である。このように『吾妻鏡』には中国の故事成語が多くみられる。

【大意】

美濃国の飛脚の情報によると、六月九日の武蔵国金子郷の降雹（こうひょう）と同時に美濃国の蒔田庄でも白雪が降ったとのこと。旧暦六月の事であり、執権北条泰時は天候不順のため徳政を決めたという。

9　御成敗式目の制定　貞永元年（一二三二）八月十日条

武州令レ造給御成敗式目被レ終二其篇一。五十箇条也。今日以後訴論是非、固守二此法一可レ被二裁許一之由被レ定云々。是則可レ比二淡海公律令一歟。彼者海内亀鏡、是者関東鴻宝也。（元正天皇御宇養老二年戊午、淡海公令レ撰二律令一給云々。）

【読み下し】

武州造らしめ給ふ御成敗式目、その篇を終へらる。五十箇条なり。今日以後、訴論の是非は固くこの法を守り、裁許せらるべきの由定めらると云々。これ則ち淡海公（たんかいこう）の律令に比ぶべきか。かは海内（かいだい）の亀鏡（きけい）、これは関東の鴻宝（こうほう）なり。（元正（げんしょう）天皇の御宇（ぎょう）、養老二年戊午、淡海公律令を撰ばしめ給ふと云々。）

【注解】

ここには、助動詞の「被（る・らる）」が三ヵ所使われている。「式目被レ終二其篇一」の「被」は受身、「可レ被二裁許一」の「被」は自発、最後の「被レ定」の「被」は執権北条泰時への尊敬である。「彼者海内亀鏡」と「是者関東鴻宝」の二句は互いに対句表現をなしている。

【大意】

武州北条泰時は五十一ヵ条の御成敗式目を編纂し、裁判にはこの法律を典拠とするよう定めた。この武家法は藤原不比等の編纂した養老律令（養老二年・七一八年）にも比すべき関東の大きな宝というべきである。

10　宗尊親王の擁立　建長四年（一二五二）二月廿日条

和泉前司行方、武藤左衛門尉景頼、為二使節一上洛。是奥州、相州、当将軍被レ辞二執権申（ママ）一、上皇第一三宮之間可レ有二御下向一之由、依二申請一也。其状相州自染レ筆、奥州被二加判一処也。他人不レ知レ之云々。

【読み下し】

和泉前司行方、武藤左衛門尉景頼、使節として上洛す。これ奥州・相州、当将軍執権を辞し申され、上皇の第一・三宮の間御下向あるべきの由、申し請ふによるなり。その状、相州自ら筆を染め、奥州加判せらる処なり。他人これを知らずと云々。

【注解】

「行方、景頼、為二使節一上洛」の助詞「為」は、ここでは「〜として」と読む。

【大意】

鎌倉幕府の和泉前司二階堂行方と武藤左衛門尉景頼の二人は、将軍藤原頼嗣（よりつぐ）の後任に、後嵯峨上皇第一宮と三宮のどちらかを六代将軍として要請のため使節として上洛した。

執権時頼（相州）の自筆の書状に重時（奥州）が連署したが、このことは隠密になされた。

11 建長寺の創建　建長五年（一二五三）十一月廿五日条

霰降。辰剋以後小雨灌。建長寺供養也。以二丈六地蔵菩薩一為二中尊一、又安三置同像千体一。相州殊令レ凝二精誠一給。去建長三年十一月八日有二事始一。已造畢之間、今日展二梵席一。願文草前大内記茂範朝臣、清書相州、導師宋朝僧道隆禅師。又一日内被レ写三供一養五部大乗経一。此作善旨趣、上祈二　皇帝万歳、将軍家及重臣千秋、天下太平一下訪二三代上将、二位家并御一門過去数輩没後一御云々。

【読み下し】

霰（あられ）降る。辰の尅以後、小雨灌（そそ）ぐ。建長寺供養なり。丈六（じょうろく）の地蔵菩薩をもって中尊となし、又同じき像千体を安置す。相州殊に精誠（せいせい）を凝（こ）らしめ給ふ。去る建長三年十一月八日事始めあり。すでに造畢（ぞうひつ）の間、今日梵席（ぼんせき）を展（ひら）く。願文（がんもん）の草は前大内記（さきのだいないき）茂範朝臣、清書は相州、導師は宋朝の僧道隆禅師。又一日の内に五部の大乗経を写供養せらる。この作善（さぜん）の旨趣（ししゅ）、上には皇帝の万歳、将軍家及び重臣の千秋、天下の太平を祈り、下には三代の上将、二位家ならびに御一門の過去数輩の没後を訪（とぶら）ひたまふと云々。

【注解】

「以二丈六地蔵菩薩一為二中尊一」の語句にある慣用表現「以〜為〜」は「〜をもって〜となす」と読む。

「祈二　皇帝万歳…一」の語句で皇帝の上に一字分の空白があるのは、皇帝という貴人に対する尊敬表現の「闕字（けつじ）」という。

【大意】

相州執権時頼は、二年の歳月をかけ建長寺を建立し丈六の地蔵菩薩を中尊とし、蘭渓道隆（らんけいどうりゅう）を開山（かいさん）とした。又、時頼が五部の大乗経を写経したのは天皇・将軍重臣等の長寿、天下太平及び鎌倉三代の将軍と二位家政子ならびに一門の没後を弔うためであった。

II 用語・事項解説

ここでは特殊な漢文である『吾妻鏡』を読むために必要な用字・用語について述べる。二では歴史的事項などについて、補足的に解説を加える。

一 用語

あ

朝所（あいたんどころ） 「あしたどころ」とも。太政官庁の東北隅の屋舎。参議以上の会食の場。朝政所。

赤斑瘡（あかもがさ） 「赤疱瘡」とも。麻疹（ましん）の古称。

贖物（あがもの） 「あがないもの」とも。祓の時、人形に災いを負わせ流してやる形代（かたしろ）。

白地（あからさま） 文脈上、はっきりと、しばらく、たちまちなどの意味がある。

赭らむ（あからむ） 赤くなる。赤みがさすこと。

騰馬（あがりうま） 躍りはねるくせのある馬。はね馬。

勝（あ）**げて計**（かぞ）**ふ可**（べ）**からず** 「勝計（しょうけい）す可からず」とも。かぞえられない。

嘲る（あざける） ばかにする。嘲笑する。勝手なことをいう。

足（あし）を戦（おのの）かす　足が震える、わななく。

誂（あつら）える　自分の思うようにさせるために頼む。注文する。

阿党（あとう）を成（な）す　追従して仲間になる。

案内（あない）　文章・物事の内容、先例。

穴賢（あなかしこ）「あな」は感動詞。ああ恐れ多い、もったいない。

強（あながち）に　「しいて」とも訓む。

敢（あへ）て　一向に。特に。

剰（あまつさ）へ　そのうえに。

黄牛（あめうし）「あめうじ」とも。飴色の牛で上等な牛のこと。

形勢（ありさま）　様子。状況。

安居（あんご）　僧が雨期に外出せずに一室で修行する。四月十六日に始まる。

安堵（あんど）　所領の知行（ちぎょう）を保証し、承認すること。

塩梅（あんばい）　按配・按排とも表記。物事のほどあい。

い

医王（いおう）　薬師如来の異称。

違越（いおつ）　序列を超えた違法な行為。

五十日（いかにち）　生後五十日の祝い。

瞋（いか）らす　いかって目をむく。

何様（いかよう）の計（はか）らい　どのような処置。

憤（いきどお）りを貽（のこ）す　怒りがおさまらないこと。

意見區々（いけんまちまち）　意見が種々に分かれること。

違期（いご）　時期を失する。

聊（いささ）かの好（よしみ）　少しばかりの縁。

争（いかで）か　どうしてか。

移徙（いし）　高貴な人が引越す、場所を変えること。

忩（いそ）ぐ　あわただしい。怱（たちまち）と同意。

磯宮（いそのみや）　皇大神宮の古名。内宮（ないくう）の地にあった斎宮（さいぐう）の居所。

出車（いだしぐるま）　「だしぐるま」とも。女房が「いだしぎぬ（出衣）」（簾の下から装束の裾（すそ）を出す）で乗った牛車（ぎっしゃ）。

徒に（いたづらに）　無駄に。

労る（いたわる）　ねぎらう。慰（なぐさ）める。

一円（いちえん）　全部。残らず。

一夏九旬（いちげくじゅん）　陰暦四月十六日から七月十五日までの九十日間、僧の修行の時期。

一定（いちじょう）　きっと。必ず。

一向（いっこう）　まったく。非常に。

五衣（いつつぎぬ）　女子装束のひとつ。袿（うちき）を五枚重ねたもの。

許（いつわり）　虚偽。うそ。

嘶う（いばう）　いななく。

衣鉢（いはつ）**を継ぐ**　「えはつ」とも。師僧から弟子に伝えられる袈裟（けさ）と鉢（はち）の意で、転じて師の後継をなすこと。

違犯（いほん）　道理や法を犯すこと。

今更（いまさら）　今になって。今はじめて。

禁む（いましむ）　戒・誡・警・縛などと同意。つつしむこと。

彌（いよいよ）**（弥）**　ますます。ついに。

綺（いろい）　干渉。手出し。「綺を停止（ちょうじ）」などと使う。

謂（いわれ）　来歴。理由。

況や（いわんや）　「いわんや……をや」の形式。言うまでもなく、の意味。

陰曀（いんえい）　日が陰（かげ）って暗いさま。

引汲（いんきゅう）　「引級」とも。えこひいきする。

慇懃（いんぎん）　心をこめ丁重なこと。

音信（いんしん）　手紙・消息から転じ、物品の贈り物をすること。

う

右京兆（うきょうちょう） 右京職の長官。唐名の別称で、『吾妻鏡』では多く北条義時のことを指す。

奉を進む（うけたまわりをすすむ） 主の命を受けた者が、命令承諾の奉書を進呈すること。

宇県（うけん） 宇治（京都府）を中国風に表現したもの。

烏合（うごう） 烏の集まるように規律のないさま。

艮（うしとら） 北東の方角。鬼門。

羅（うすもの） 「薄物」とも書く。薄く織った織物。夏用の服。

有智（うち） 知恵のあること。「有智高才を論ぜず」などと用いる。

鬱結（うつけつ） 気が晴れない。

優曇花（うどんげ）（華） 三千年に一度開花する花。花が開くおりには金輪王・如来が出現する。

占形（うらかた） 占いの結果、現れたかたち。「占象」とも。

盂蘭盆供（うらぼんぐ） 死後の冥界で死者を逆さ吊りの苦しみから救う法会。

霑す（うるおす） 雨露でうるおう。恩恵を受ける。

愁て（うれいて） 悲しんで。嘆いて。

上箭（うわや） 上差の矢に同じ。

雲客（うんきゃく） 殿上人のこと。四・五位で昇殿を許された者。

え

嬰孩（えいがい） あかご。みどりご。嬰児。

郢曲（えいきょく） 流行の俗曲。神楽・催馬楽・風俗歌・今様・朗詠・早歌などの総称。

叡慮（えいりょ） 天皇・上皇などの意思、意向。

纓を霑す（えいをうるおす） （纓は冠の附属具、後ろに垂れるひも）泣くこと。

回向（えこう）　廻向とも。功徳を自らの悟りのためにめぐらす。

襟を濕す（えりをうるおす）　涙を流している状況。

円宗（えんしゅう）　天台宗の別名。

淵酔（えんずい）　深く酔うこと。

烟波（えんぱ）　はるか前方もかすむほど、遠くまで波が続くさま。

閻魔天供（えんまてんぐ）　閻魔天を本尊として除病・息災を祈願する修法。

お

横死（おうし）　目的を果さず死ぬこと。途中で死去すること。

尫弱（おうじゃく）　経済的に困窮する。

押書（おうしょ）　「あっしょ」とも。契約文書のこと。

王相方（おうそうかた）　陰陽道で王神と相神の方角にあたり、運気が塞がっている。移転・建築は凶とされた。

垸飯（おうばん）　盛った飯、転じて食膳を設け饗応すること。

往亡日（おうもうにち）　立春から七日目など、一年に十二日ある。元服や出陣、移転などは忌む日。

横被（おうび）　僧侶の法服、主に天台・真言・真宗で用い、右肩から左脇に着ける布。

押領（おうりょう）　力ずくで無理に奪うこと。

押買（おしがい）　無理に買い取ること。対して迎買。

恐れ畏む（おそれかしこむ）　かしこまること。

惶る（おそる）　おそれる。

越階（おっかい）　位階の昇進が順序を経ずに飛び越し昇進すること。

越訴（おっそ）　違法な訴え。再審請求の意味にも。

越度（おつど）　「おちど」とも。法やきまりに反すること。

殞す（おとす）　落すに同じ。

無覚束（おぼつかなし）　はっきりしない。不審なこと。

思ひ儲くる（おもひもうくる）　予期する。かねてより考えている。

徐に（おもぶるに）　徐々に。少しずつ。

以為（おもえらく）　思うに。

惟れば（おもんみれば）　考えれば。思うにの意。

下名（おりな）　叙位・除目に任官を授けられた人名を記したもの。

折節（おりふし）　その折。季節。たまたま。時折。

御座す（おわす）　居るの敬体表現。

畢んぬ（おわんぬ）　終了、完了すること。

御下文（おんくだしぶみ）　本領安堵や新恩給与の権利付与の文書。

奉為（おんため）　為の敬語。御為に同じ。

厭離穢土（おんりえど）　穢（けが）れた現世をきらい離れる。

か

雅意（がい）　ふだんの心。素意。または我意に同じでわがまま。

乖違（かいい）　心があわない。しっくりこない。

改易（かいえき）　没収。罷免。

外家（がいけ）　外戚のこと。母方の親戚。

会稽の恥辱を雪ぐ（かいけいのちじょくをすすぐ）　以前に受けた恥辱を晴らす意。

解謝祭（かいしゃさい）　祓を行い神に謝す祭。銅など贖物を納めた。

刷う（かいつくろう）　行列を整える。身づくろいをする。

垣内（かいと）　居所の垣の内。宅地。

涯分（がいぶん）　身の程。分際（ぶんざい）。

懐孕（かいよう）　みごもる。懐妊。

解纜（かいらん）　船出。出航。

回禄の災（かいろくのわざわい）　火事になること。

廻李（かいり）　使者。

裹げる（かかげる）　裹は「はかま」のことで、原義は袴を持ち上げること。転じて身をちぢめて差し出すこと。

懸の樹（かかり）　蹴鞠の場の四方に植える樹木。桜（北東）・楓（南西）・柳（南東）・松（北西）。

彊無し（かぎり）　彊はくぎり、さかいのこと。限りがないこと。

舁く（か）　かつぐこと。

恪勤（かくごん）　怠らずつとめること。

覚樹（かくじゅ）　菩提樹の異称。

隔心（かくしん）　うちとけない遠慮の気持。

鶴翼（かくよく）　戦陣の形態で、鶴が翼を広げた形。

神楽（かぐら）　神社の祭儀で奏する歌舞。

霍乱（かくらん）　暑気あたり。日射病などをさした。

獲麟（かくりん）　死去すること。

虧くる（か）　欠けるに同じ。

梟ける（か）　さらし首にする。高いところにかけ、見せしめにする。「梟」はふくろうのこと。

遐邇（かじ）　遠い所と近い所。

賢所（かしこどころ）　神鏡安置の場所。賢は恐れ多く、もったいないの意。

畏まり（かしこ）　恐れ慎むこと。畏敬。もったいなく思う。

恐む（かしこ）　恐ろしい。恐れ多い。謹んで承る。

呵叱（かしつ）　大声でしかること。

呵責（かしゃく）　大声で責めること。

下若（かじゃく）　美酒。中国浙江省若渓北岸が下若酒の名産地だった。

嫁娶（かしゅ）　結婚すること。嫁入と婿取のこと。

過書（かしょ）　関所通行の許可書。

歎状（かじょう）　嘆願状のこと。

畫図（がず）　書き図示すること。

掠申（かすめもうす）　偽りの主張のこと。

過怠（かたい）　あやまち。過失。罪科。

方人（かたうど）　味方。与党。

旁々（かたがた）　あちこちで。

忝（かたじけな）く　恐れ多くも。ありがたくも。

結政（かたなし）　申し文を処理すること。文書をひろげ読み上げること。

傾（かたぶ）け申（もう）す　批難する。

歩行（かち）　騎馬ではなく徒歩（とほ）。

且（かつう）は〜且（かつう）は　一方は〜他方は〜。「且」一字では「かつがつ」とも読む。

月忌（がっき）　死者の月命日。

被物（かづけもの）　功を賞し、労をねぎらうために賜う物。禄のこと。

郭公（かっこう）　カッコウのこと。歌では「郭公」をホトトギスと訓む。ちなみに元来のホトトギスの字は、蜀魂・沓手鳥・子規・霍公鳥・杜鵑と表記。

渇仰（かつごう）　仰ぎ慕うこと。

甲冑（かっちゅう）　甲は「よろい」、冑は「かぶと」だが平安後期あたりから逆に使う場合も。

曾（かつ）て　今まで一度も（打ち消しが続く）。昔、以前の意味も。

合点（がってん）（點）　和歌などを批評し、留意・注目すべき語句に点や丸の印を押すこと。

活命（かつめい）　生きていること。命あること。

裹頭（かとう）　袈裟（けさ）などで頭をつつむ。かしらづつみ。衆徒の別称。

首途（かどで）　出発すること。新しいことを始めること。旅立ち。

諧（かな）う　調和する。うまく合う。

骸（かばね）　死体。白骨化した死体。しかばね。

加布施（かぶせ）　一定の布施のほかに、加えて出す布施。

蚊触（かぶれ）　「気触れ」とも。かぶれること。

鶏冠木（かへで）　楓に同じ。

髪（かみ）を肆（ゆ）ふ　髪を結ぶ。

佳例（かれい）　吉例。通例。

彼此（かれこれ）　とやかく。なんのかんの。おおよその意味。

云彼云是（かれといいこれといい）　いろいろと。あれこれと。

蝙蝠（かわほり）　蝙蝠扇の略。和紙を片面に張った夏用の扇。

干戈（かんか）　盾と矛の意。転じて、戦争・いくさを表す。

奸曲（かんきょく）　悪だくみのあること。

雁書（がんしょ）　手紙、書簡のこと。

勧請（かんじょう）　神仏の分霊を迎え奉ずること。

甘心（かんしん）　満足、納得する。

庤（かんだち）　貯える。備える。

緩怠（かんたい）　怠り、なまけること。

肝膽を砕く（かんたんをくだく）　肝と胆をくだく。心の底から一生懸命のさま。

梶取（かんどり）　舟の櫓。転じて船頭。水夫。

艱難に泥む（かんなんになずむ）　難儀して滞る（とどこおる）。つらく気分が晴れない様子。

勘発（かんぱつ）　「かんぼつ」とも。過失を責め立てること。譴責（けんせき）。

翰墨（かんぼく）　筆と墨。文学。

寛宥（かんゆう）　寛大な心で罪を許すこと。

歓楽（かんらく）　病気のこと。良くない徴候や状態を嘉字を使い良好な方向に導く考え方があった。例えば「勝事（しょうじ）」は、悪い事件のことをあえてこう表現した。

勘落（かんらく）　領地没収。

閑路（かんろ）　人通りが少ない路。

き

弃損（きえん）　すてること。

聞書（ききがき）　人から聞いた文書。叙位任官などの理由を書いた文書。

帰敬（ききょう）　帰依すること。

忌景(きけい)　死者の回向(えこう)をすべき日。

起請文(きしょうもん)　神仏に誓った文書。

輾る(きしる)　ひく。押しつけて擦(す)る。平(たい)らにひきのばす。

疵を被る(きずをこうむる)　疵を受け負傷する。

疵を吮ふに據なし(きずをすうによんどころなし)　看病・看護するすべもない。

帰泉(きせん)　黄泉(よみ)に行くこと。死ぬこと。

希代(きたい)　まれなこと。

疑胎(ぎたい)　疑い恐れる。

吉書始(きっしょはじめ)　年初などに慶賀をしめすため吉書を閲覧すること。正月の慶賀の儀式。

乞索圧状(きっさくおうじょう)　無理やりに書かせた証文。後日のための文書を乞索状という。

急度(きっと)　必ず。

脚力(きゃくりき)　「かくりき」とも。使者のこと。

瘧病(ぎゃくへい)　「ぎゃくへい」の転化。おこり・めまいのこと。

厩鎮祭(きゅうちんさい)　陰陽道で厩(うまや)を造る時に行う祭事。

恐欝(きょううつ)　恐怖のために心中穏やかでないこと。

澆季(ぎょうき)　世も末の時期。「澆」は軽薄なこと。「季」は末の意味。

暁更(ぎょうこう)　夜明け方。あかつき。

軽骨(きょうこつ)　軽薄。軽率な人のこと。

梟首(きょうしゅ)　さらし首。獄門。

行粧(ぎょうそう)　いでたち。

脇足(きょうそく)　ひじかけ。坐臥具の一つ。

頃年(きょうねん)　「けいねん」とも。最近。このごろ。

向背(きょうはい)　そむく行為。

行歩(ぎょうふ)　歩くこと。

軽服(きょうぶく)　遠い親戚の不幸にさいし、軽い喪に服すこと。

襁褓の内(きょうほのうち)　「襁褓」は赤子を背負う帯と衣の意。転じて幼少の頃を表現する意。

交名（きょうみょう）　名簿のこと。「みょうぶ」と読む。

挙状（きょじょう）　推薦状。

魚鱗（ぎょりん）　戦陣の形態で鱗（うろこ）形の三角形。

切銭（きりせん）　「きりぜに」とも。鎌倉時代の銭の一種。輪郭がない悪銭。銅を長く鋳造し切って通用。

鑽り破る（きりやぶる）　穴をあけて壊す。囲みを破る。

器量の堪否（きりょうのかんぷ）　才能や能力のあるなし。

禁遏（きんあつ）　禁じとどめる。

欽仰（きんごう）　尊び敬うこと。仰ぎ慕うこと。

銀兎（ぎんと）　月のこと。

く

悔い返す（くいかえす）　所有権の移転後、本主がそれを否定し取り戻す行為。

空御（くうぎょ）　他人の死の尊敬語。

凶会日（くえにち）　陰陽相剋して万事が凶である日。

恭敬（くぎょう）　つつしみうやまう。

草鹿（くさじし）　鹿が草の中に伏した形に擬した射術の練習用・競技用の的。

蔬（くさびら）　食用になる草の総称。あおもの。粗末である食のさま。

鬮（くじ）　神威を占う方法の一つ。決し難い事柄に用いる。

梳る（くしけづる）　櫛で髪をすく、整える。

公請（くじょう）　朝廷から経典の講義などに招かれること。またその僧侶。

工匠（くじょう）　工作や造営にたずさわる人。

葛袴（くずばかま）　葛布（くずふ）で作った袴、水干（すいかん）の袴。

曲事（くせごと）　間違ったこと。罪科。

口遊（くちずさみ）　詩歌を気の向くまま唱えること。

国の費（くにのついえ）　国の負担。

屈請（くっしょう）　神仏及び高僧などを請い招くこと。

轡（くつばみ）　馬の轡（くつわ）のこと。

口入（くにゅう）　介入・干渉すること。

賦り（くばり）　送付すること。

踵（くびす）　かかと。

頸（くび）を継（つ）ぐに據所（よんどころ）なし　生きて行く理由がない。頼るべきものがない。

求法（ぐほう）　仏法を体得しようと願い求める。

貢馬（くめ）　貢上された馬。

委（くわ）しく　詳しいに同じ。

群議（ぐんぎ）を凝（こ）らす　集中して群議を行う。

勲功（くんこう）を竭（つく）す　勲功に向け力を尽くす。

薫修（くんじゅ）　修行を積むこと。

け

計会（けいかい）　事件の結果。やりくり。困窮。

荊棘（けいきょく）　荒れた土地。困難。悪心。粗野な人。

敬屈（けいくつ）　「きょうくつ」とも。身をかがめ敬礼すること。

鯨鯢（げいげい）　雄と雌のくじら。

熒惑（けいこく）　「けいわく」とも。火星のこと。わざわい。戦乱の前兆。

計都星（けいとせい）　九曜星の一つ。日食や月食をおこす星。

頃年（けいねん）　近年。

競望（けいもう）　争い、競い望むこと。転じて不当に望む行為。

計略（けいりゃく）　はかりごと。「計略を廻らす」などと用いる。

希有（けう）　めずらしいこと。

黷（けが）す　けがす。

鷁（げき）　鶂（う）に似ている想像上の鳥。大地を飛び水に潜る。天子の船の舳先につける。

下行（げぎょう）　上の者から下の者に物を与えること。主に米を指す。支給う行為をさすことも。

還向（げこう）　下向に同じ。神仏に参詣して帰ること。

下生（げしょう）　極楽往生の階級の上品（じょうぼん）・中品（ちゅうぼん）・下品（げぼん）のそれぞれの最下位。

懈怠（けたい）　怠けること。

下知（げち）　命令。

結縁（けちえん）　神仏の縁。

掲焉（けちえん）　はっきりしているさま。非常に目立っているさま。

結解（けちげ）　決算。精算。

結構（けちこう）　計画。したく。企て。準備。支度など多用な意味がある。

月卿（げっけい）　公卿のこと。大臣・納言・参議および三位以上の貴族の総称。

月迫（げっぱく）　月末、特に十二月の末。

假令（けりょう）（仮令）　たとえば。およそ。たまたま。かりそめなどの意味。

懸隔（けんかく）　かけ離れていること。

言語の覃（およ）ぶ（げんごのおよぶ）　表現する。言及する。「言語の覃ぶところにあらず」などと用いる。

兼日（けんじつ）　それより以前。あらかじめ。

見證（けんじょ）　「けんぞ」とも。証拠、審判のこと。

勧賞（げんしょう）　恩賞と同じ。

涓塵（けんじん）　涓はしずく、塵はちりのことで、弱く勢いがなく、つまらぬもの。

見任（げんにん）　現在、任ぜられていること。

還任（げんにん）　一旦、退官した者が再び元の官職につくこと。

勧盃（けんぱい）　人に酒を勧める。

甄録（けんろく）　よく調べて記録すること。

こ

強縁（ごうえん）　強い縁故。

後勘（こうかん）　後日の咎め。

合眼（ごうがん）　目をとじる。対面すること。目を合わせる。「合眼の昵（むつみ）」などと用い、気の合う関係をいう。

光儀（こうぎ）　他人の来訪の尊敬語。光来・光臨に同じ。

嗷嗷（ごうごう）　口やかましいさま。声のやかましいこと。

黄昏（こうこん・たそがれ）　夕方。夕刻の頃。

後混（こうこん）　後世の人。子孫のこと。

膠漆（こうしつ）　にかわとうるし。転じて親密なことのたとえ。

恒沙（ごうしゃ）　仏教用語で「恒河沙」の略。無限の数量のたとえ。

拘惜（こうじゃく）　身柄の引渡しを渋る。

高声に名謁（こうじょうになのる）　大音声で名乗りをすること。

強盛（ごうじょう）　勢力が強くなる。信心や信念などが強いさま。

荒神（こうじん）　三宝荒神の略。竈（かまど）の神のこと。

強竊（ごうせつ）　力ずくで盗むこと。

嗷訴（ごうそ）　徒党を組み強く訴えること。

降伏（ごうぶく）　法力で仏敵・魔障（ましょう）を降し伏せること。

蒙る（こうむる）　受ける。いただく。

厚免（こうめん）　赦免されること。

告文（こうもん）　神に告げ奉る文。つげぶみ。「ごうもん」「こうぶん」とも。

金作（こがねづくり）　黄金またその鍍金（めっき）で装飾したもの。

御歓楽（ごかんらく）　貴人の病気。不都合なこと。

沽却（こきゃく）　売渡す。売却すること。

御禊（ごけい）　河原（鴨川など）でのみそぎの儀式。

固関（こげん）　三関（伊勢の鈴鹿、美濃の不破、越前の愛（あら）

発）を固めること。その使者が固関使。

五穀の登り（みのり） 米・麦・粟（あわ）・豆・黍（きび）または稗（ひえ）などの成熟の様子。

小御所（こごしょ） 内裏では親王などの居所。武家では将軍の居所。

爰に（ここ） 「此」・「是」・「茲」に同じ。

心操（こころばせ） 心がけ。心構え。性格。気立て。

巨細（こさい） 委細。大小。

誘える（こし） さそうこと。

轂を轅りて（こしき きし） 車が密集する。

扈従（こしょう） 付き従う。また、その人。供奉と同意。

御衰日（ごすいにち） 凶日。陰陽道で人の生年月日・干支・年齢によって忌み慎むべしと定められた日。

後世（ごぜ） 死後のこと。

挙って（こぞ） いっしょに。

許多（こた） 多くの。たくさんの。

乞匃（こつがい） 乞食と同じ。物を乞うこと。またその人。

忽緒（こつしょ） おろそかにする。

緈（こと） 事。事件。事態。

悉く（ことごと） すべて。甚だ。

事実者（ことじちならば） もし、事実であるならば。

事の次（ことのついで） 事を為すおりに、他の事をする機会。

事を左右に寄せ（ことをそうによせ） 種々の理屈をつけて。

巨難（こなん） 大いなる非難。

以降（このかた） それ以後のこと。

寤寐（こび） 寝てもさめても。

濃やか（こま） くわしく。詳細に。

顧眄（こめん） 顔見知り、親近者。

御物（ごもつ） 院・朝廷などに差し出す貢物。皇室の所持品。また貴人の所有物。

懲しめる（こら） 差しを押さえ制裁を加える。

悉之（これをつくせ） 実行せよの意で、下達文書の末尾に用いる場合が多い。

衣を倒にす（ころもをさかしまにす）　「倒」は逆様と同意。向きが反対であること。転じてあわてること

懇祈を凝す（こんきをこらす）　ねんごろに祈願すること。

欣求浄土（ごんぐじょうど）　死後極楽浄土へ行くことを願い求める。

昏黒（こんこく）　夕方。

勤仕（ごんじ）　勤めること。仕えること。

言上（ごんじょう）　上の機関や人物に申し伝えること。

紺村濃（こんむらご）　紺色のむらご。全体を薄い紺色で染め、所々を濃い紺色で染めたもの。

さ

遮って（さいぎって）　前もって。先手を打って。

柴愚（さいぐ）　おろかで、つまらぬこと。

在家（ざいけ）　農民の宅地・住居・田地を含む年貢収益の単位。

材儇（さいけん）　優秀な人材。

済々（さいさい）　「せいせい」とも。多くて盛んな様子。

歳星（さいせい）　木星のこと。

近會（さいつころ）　最近。

囀り（さえずり）　鳴き声。

棹す（さおさす）　時流に乗ること。時流に逆らうの意味ではない。

顛に（さかさまに）　つまずく。たおれる。

盞（さかずき）　小さな酒杯。

鍾（さかずき）　つぼ形、つり鐘形のさかづきの意。

詐偽（さぎ）　いつわり。真実でないこと。

朔旦（さくたん）　その月の一日（ついたち）の朝。

小筒（ささえ）　「竹筒」とも。酒を入れる容器。

支申（ささえもうす）　訴えに反論する。

捧物（ささげもの）　神仏や目上の人への献上品。

閣く（さしおく）　そのままにしておく。後回しにする。ひか

えること。

桟敷（さじき）　行列見物のために高く構えた床。

指図（さしず）　設計図。絵図。地図。

挟む（さしはさむ）　差し込む。

挿む（さしはさむ）　はさみこむ。心に含む。思いをいだく。

作善（さぜん）　善根をなすこと。仏像・堂塔などの造営、写経などの行為。

左典厩（さてんきゅう）　左馬頭の唐名（とうみょう）官職。

左道（さどう）　粗末。道に反すること。曲がったこと。

碍（さまたげ）　さまたげる。

褊みす（さみす）　「狭す」に同じ。狭い考え。見下げる。侮る。軽んじる。

曝す（さらす）　広く示す。目に触れるようにする。雨風や日光に当てる。

去文（さりぶみ）　「去状」に同じ。権利を他者に譲る書状。

障り（さわり）　さまたげ。さしつかえ。

慚愧（ざんき）　恥ずかしい。そしる。

産生（さんしょう）　出産。

散状（さんじょう）　関係者の名を配列した文書。交名のこと。回覧文書。

し

四至（しいし）　所領の四方の境。

四一半（しいちはん）　双六から転じた采を用いてする博打。

尸骸（しがい）　死体。

併しながら（しかしながら）　ことごとく。一切。すべて。結局。

都慮（しかしながら）　すべて、都合の意。

加之（しかのみならず）　かてて加えて。

自爾（しかりしより）　それ以後。

然而（しかれども）　それなのに。

然則（しかればすなわち）　そうであるなら。

時宜（じぎ）　時々の事情や状況。時にかなっている。都合がいい。

色代（しきだい）　「しきたい」とも。挨拶。世辞。辞退。

食堂（じきどう）　僧堂内での食事する場。

私曲（しきょく）　不正行為。よこしまで不正なこと。

頻（しきり）に　さかんに。

時雨（しぐれ）　秋から冬にかけての通り雨。

宍（しし）　食用の獣肉。

師資相承（ししそうじょう）　師から弟子へ道を伝える。

仕承（しじょう）　奉仕。案内、案内人。

四神相応（しじんそうおう）　東の流水＝青竜。西の大道＝白虎。南の汙地＝朱雀。北に丘＝玄武。こうした条件がある土地。

閑（しず）か　動かないさま。落ち着いていること。

矢石（しせき）　弓矢と石。

緇素（しそ）　緇は黒、素は白の意味で僧侶と俗人を表す。

指燭（しそく）　こよりを油に浸し灯火（ともしび）に用いるもの。

日域（じちいき）　日が出るところ。日本のこと。

侍中（じちゅう）　蔵人の唐名（とうみょう）官職。

執蓋（しつがい）　祭礼の折、長柄（ながえ）を持参する役。

昵近（じっきん）　親しく側に仕えること。

尻付（しりづけ）　「しりづけ」とも。除目（じもく）・叙位（じょい）のおり、新任者の名の下に叙任の理由を付したもの。

執啓（しっけい）　意見を取りつぎ、申し上げる。

執綱（しっこう）　大嘗祭などの祭礼や法会の時、蓋につけた綱を執る役。

四度計無（しどけな）し　きっちりしていない。方策がないこと。

御衾（しとね）　茵・褥に同じ。寝る時の下に敷く物。

指南（しなん）　教示すること。また教授する人のこと。古代中国で歯車の仕掛けで南の方位を設定した車。ここから転じて指南役などのことばが。

自然（じねん）　本来からそうであること。ひとりでに。

暫（しばら）く　少しのあいだ。「須臾（しゅゆ）」に同じ。

小時（しばらく）　少しのあいだ。

頃日（しばらく）・頃之（しばらくして）　時をおいて。

少選（しばらく）　少しのあいだ。時をおいて。

令（しめ）…給（たまう）　最高級の敬語。「御亭に帰せしめ給う」のように用いる。Ⅰ「訓読法」の6参照。

赤衣（しゃくえ）　「せきい」とも。罪人が着した衣。転じて罪人のこと。

射山（しゃさん）　上皇の御所。上皇・法皇のこと。

叉手（しゃしゅ）　「さしゅ」とも。仏の礼拝の時、両手を重ねること。

社稷（しゃしょく）　土地の神と五教の神。

自由（じゆう）　謂れのない。勝手なさま。

周闋（しゅうけつ）　周忌に同じ。死んだ日から一年または幾年か経た日。

舟檝（しゅうしゃ）　舟で物を運ぶ。舟運。

周章（しゅうしょう）　あわてること。

羞膳（しゅうぜん）　ごちそうをすすめる。

讎敵（しゅうてき）　「讐敵」に同じ。かたき・仇敵のこと。

重日（じゅうにち）　陽が重なったり、陰が重なったりで善悪が重なる日で、忌事や婚姻をさける日。暦注の一つ。

重服（じゅうふく）　重い忌服。父母の喪。反対は軽服（きょうぶく）。

戎服（じゅうふく）　軍服。戦時の服。

愁眉（しゅうび）　心配している状況。

雌雄（しゆう）を決（けっ）す　勝負を決めること。

入眼（じゅがん）　「にゅがん」とも。仏像に眼を入れることから転じ、完成すること。成功すること。

入興（じゅきょう）　興に入ること。

宿意（しゅくい）　兼ねてからの恨み、意趣。

宿徳（しゅくとく）　前世に行った福徳。

夙夜（しゅくや）　朝早くから夜遅くまで。一日中。

壽算（じゅさん）　長寿でめでたいこと。

頌讃（じゅさん）　偈に同じ。仏の讃歌。

呪詛（じゅそ）　のろうこと。

卒逝（しゅっせい）　死去すること。

出来（しゅったい）　出現する。登場する。生ずる。

須臾（しゅゆ）　しばらく、しばしの間。

楯戟（じゅんげき）　たてとほこ。転じて戦争のこと。

春秋（しゅんじゅう）　春から秋の期間で一年間。転じて歳月。

舂牙（しょうが）　「しょうげ」とも。上等の米。白米。

照鑑（しょうかん）（鑒）　神仏などが明らかに見給うこと。照覧に同じ。

賞翫（しょうがん）　珍重する。賞味する。尊重する。

障碍（しょうげ）　邪魔。障害。

鐘磬（しょうけい）　鐘と磬。ともに打楽器。「有時自発鐘磬響」（杜甫）。

成功（じょうごう）　造寺・造宮費用に充てるための売官制度。

招魂祭（しょうこんさい）　死者の霊を祀る儀式。

傷嗟（しょうさ）　悲しみ嘆くこと。

攘災（じょうさい）　災害をはらい除く。

勝事（しょうじ）　耳目を引く事件。悪い事。奇怪なこと。「希代（きたい）の勝事」などと用いる。

奨水（しょうすい）　どろりとした飲み水。

咲中（しょうちゅう）　笑う心。

生得（しょうとく）　「せいとく」とも。生まれつきのもの。天性のもの。

正日（しょうにち）　四十九日。一周忌の当日。毎年の忌日。

墻壁（しょうへき）　垣とかべ。さまたげ。

常篇（じょうへん）　通常のこと。「事常篇に絶へ」などと用いる。

聖霊会（しょうりょうえ）　聖徳太子の法会。旧暦二月二十二日に行った。

商量（しょうりょう）を失う　あれこれ考え、比べることができなくなる。転じて失敗すること。

上林（じょうりん） 上林苑の果実、くだものが転じて酒の肴（さかな）のこと。

所勘（しょかん） 指示するところ。命令。

庶幾（しょき） こいねがう。真似する。似ている。希望する。

属目（しょくもく） 注目すること。

如在（じょさい） ないがしろにすること。あるいは、あるがままにの意にも。

所詮（しょせん） 詮ずるところ。つまるところ。

所當を辨える（しょとうをわきまえる） 割り当てられたとおりに物納する。

鋤鋒（じょほう） 「鋤」はすき、「鋒」はほこのこと。先陣のこと。

叙用（じょよう） 承知すること。任命すること。

鞦（しりがい） 馬具の名。馬の頭・胸・尾にかける緒（お）の総称。

自戮（じりく） 自害。

却ける（しりぞける） ひっこめる。押し戻す。取り除く。かえって。

白者（しれもの） おろか者。

神威を責る（しんいをかざる） 神の威光を装う。

新羈（しんき） 新たなる旅。または新し馬。

辛蒜（しんさん） 蒜はにんにくのことで粗食のこと。転じて苦労すること。

進止（しんし） 進退と同意。人間・事物・土地の支配。

参差（しんし） 矛盾すること。

親昵（しんじつ） 親しみなじむ。昵懇。親しい。

斟酌（しんしゃく） 配慮する。

人主の體（体）に叶ふ（じんしゅのていにかなう） 君主としてふさわしい

神心惘然（しんしんぼうぜん） おぼつかない様子。

進退（しんだい） 支配。

進退谷まる（しんたいきわまる） 動きがとれなくなる。行詰まる。

真読（しんどく）　経典の学問を省略せずに全部読む。反対は転読（てんどく）。

津泊（しんぱく）　船を停泊する場所。

神変（じんぺん）　「しんぺん」とも。人知（じんち）ではわからぬ不思議な変化。

人力の覃ぶ所（じんりょくのおよぶところ）　人間の力の範囲。

す

垂翅（すいし）　つばさを垂れる。転じて活躍もしないでいるたとえ。

水菽の酬（すいしゅくのむくい）　水と豆を食べての貧しい生活の果てに成功する。苦労の末の成功のこと。

衰日（すいにち）　陰陽道で生まれた干支により、忌みつつしむべき日。

誦経（ずきょう）　経典を誦する。

軼ぐ（すぐ）　おい越す。まさること。

頗る（すこぶる）　とりわけ。特別に。

雙六（すごろく）　遊戯の一つ。二人が対座し、采を振り相手の陣に入った者を勝ちとする。

簀子（すのこ）　竹や葦（あし）で編んだ簀。

せ

西岳真人（せいがくしんじん）　西岳は中国の崋山（かざん）の別称。

西収（せいしゅう）　「東作」（とうさく）（春の種まき）の対語。秋の刈入れ。収穫のこと。

青女（せいじょ）　若い女性。

青鳥（せいちょう）　西王母（せいおうぼ）の使者から転じ、使いの者。使者のこと。

静謐（せいひつ）　静かなこと。

青蚨（せいふ）　カゲロウのこと。銭（ぜに）の別称。

青鳧（せいふ）　若い鴨のこと。銭の異名。

積殃（せきおう）　積悪（せきあく）の余殃（よおう）のことで、悪行を重ねわざわいが訪れること。

夕郎（せきろう） 五位の蔵人の唐名。夕拝郎。

勢子（せこ） 「列卒」とも。狩場などで鳥獣を駆りたてる人。

殺害（せつがい） 殺すこと。

切処（せっしょ） 難所。要害の地。

前勘を恥づ（ぜんかんをはづ） 以前に思っていた（考えていた）ことを恥じる。

僉議（せんぎ） 皆で相談すること。一同の評議。

詮句（せんく） 結局、つまるところの意。

先考（せんこう） 亡父。

先蹤・前蹤（せんしょう・ぜんしょう） 先例のこと。

先生（せんじょう） 本来は帯刀（たてわき）（皇太子を護衛する武官）の長。のち院に奉仕する武士の私称。

先登（せんど） 行く先。終局。最期。先駆け。

仙洞（せんとう） 上皇の御所。転じて本人。神仙。仙人の住まい。

詮なし（せんなし） しかたがない。無益（むえき）。

そ

素意（そい） 前々からの思い。日来（ひごろ）の思い。本心。もともとの意志、意向。

造意の企（ぞういのくわだて） 考えたくらむ。

忩々（そうそう） あわただしく、すばやい様子。

雑怠（ぞうたい） 怠りなまけること。

左右なく（そうなく） 色々なことを言わず。直に。

喪敗（そうはい） 敗れてちりぢりになる。

相博（そうはく） 所領などを交換すること。

造畢（ぞうひつ） 建物を作り終える。

宗廟（そうびょう） 天子や祖先をまつる所。

奏聞（そうもん） 天子に奏上する。

桑門（そうもん） 沙門に同じ。僧侶のこと。

属星祭（ぞくしょうさい）　開運のためにその年の属星を祭る行事。

若干（そくばく）　わずかながら。

楚忽（そこつ）　軽率。ぶしつけ。突然。

誹（そし）り　非難すること。

誹（そし）りを後代（こうだい）に貽（のこ）す　悪い評判などが世間に伝わり、後の代まで残ること。

灌（そそ）ぐ　灌頂（かんじょう）（法を受ける儀式）などの意で用いることも。

卒爾（そつじ）　急に。にわかに。

卒土（そつと）　地の果て。地の続く限り。

猜（そね）む　ねたむこと。

聳（そび）ゆ　高く立つ。そばだつ。すらりとしている。

乖（そむ）く　離反すること。

抑（そもそも）　元来、本来の意。

虚言（そらごと）　嘘、いつわりのこと。

蹲踞（そんきょ）　うずくまり祭礼すること。

損色（そんじき）　年貢や官物などの収穫物の損失。破損箇所の図面。または修復の見積書。

た

太一（たいいつ）　太一星・太一神のこと。道教で天神の常居とされる星。

太白星（たいはくせい）　「大白」ともいい、金星のこと。

対捍（たいかん）　服従しないこと。敵対する。

頽毀（たいき）　くずれこわれること。

泰山府君（たいざんぷくん）　道教で人の寿命を司る泰山の神。日本ではスサノオ命がこれに当るとされた。

退転（たいてん）　衰退、衰亡すること。

松明（たいまつ）　屋外の照明具。焚（たき）松の音便変化で松のヤニの多い部分を用いた。

対揚（たいよう）　つり合う、匹敵すること。対抗すること。

台嶺（たいれい）　比叡山のこと。

軼(たがい)に　たがいに。かわるがわる。

彙(たぐい)　同種の集り。

宅鎮祭(たくちんさい)　陰陽道での土地、宅地の地鎮祭のこと。

酣(たけなわ)　さなか。最中のこと。

闌(た)ける　高くなる。盛りになる。長ずること。

駄餉(だしょう)　かいばのこと。転じて遠出するさいの食料、弁当。

温(たず)ぬる　調べ探すこと。

彳(たたず)む　立ち止まる、徘徊する。

啻(ただ)に〜匪(あら)ず　たんに〜だけではない。

忽(たちま)ち　すぐに。

侘傺(たてい)　困窮。経済的な貧困。「たくさい」とも。

縦(たと)い　もし。かりに。よしんば。

喩(たとえ)を取るに物なし　比較できないこと。比べようもないこと。

立所(たちど)　「たてどころ」とも。物を立てる場所。筆づかいのこと。

掌(たなごころ)を指す　物事の明白なたとえ。

恃(たの)み思食(おぼしめ)さる　頼りにされていらっしゃる。

適々(たまたま)　偶然。時折。

輙(たやす)く　簡略、簡単なこと。軽率。

断金(だんきん)の契約　固い約束。

弾指(たんじ)　つまはじくこと。転じて人を非難すること。

歎状(たんじょう)　歎き訴える手紙。

丹誠(たんせい)を抽(ぬき)んず　真心を尽くす。「丹誠を凝(こ)らす」とも表現する。

丹府(たんぷ)　まごころ。

ち

知音(ちいん)　知り合い。友人。

値遇(ちぐ)　「ちぐう」とも。知り合う。出会う。めぐり会うこと。

逐電（ちくでん） 人知れず逃げること。逃亡。

竹葉（ちくよう） 酒のこと。酒は下若とも。

地下（ぢげ） 六位以下の昇殿を許されない官人。一般農民や庶民をも指す。

遅参（ちさん） 遅れてくること。躊躇すること。

蟄居（ちっきょ） 謹慎。家にこもり外出しないこと。出仕・外出を禁じること。

乳付（ちつけ） 新生児に初めて乳を飲ませること。乳母。

雉兎（ちと） 雉（きじ）と兎（うさぎ）。

重暈（ぢゅううん） 「ちょううん」とも。日輪が重なる異変のこと。

籌策を運（めぐ）らす（ちゅうさく） 作戦・計画をたてる。

誅戮（ちゅうりく） 殺すこと。

地夭（ちよう） 「地妖」とも。地上の怪しい変異。

調楽（ちょうがく） 公事の舞楽にさいしての予習の試楽。

張行（ちょうぎょう） 強引に表立って事を行うこと。非法な行動のこと。

朝覲行幸（ちょうきんぎょうこう） 天皇が父母の宮に行幸し拝する儀式。正月二日が多い。

停止（ちょうじ） とどめ、止めさせること。

重事（ちょうじ） 「じゅうじ」とも。重大、重要なことがら。

懲粛（ちょうしゅく） 懲らしめ正すこと。

重畳（ちょうじょう） 重なること。満足。好都合。

打擲（ちょうちゃく） 打ちすえること。

調伏（ちょうぶく） 煩悩や悪行にうちかつ。敵を呪う。呪詛（じゅそ）。種々の悪行を取り除くための祈禱。

凋弊（ちょうへい） 衰え没落する。

朝烈に厠（まじ）わる（ちょうれつ） 朝廷の政治にかかわること。

地利（ちり） その土地・所領からの収益・利益のこと。

鎮星（ちんせい） 「塡星」とも。土星の別称。

鴆毒（ちんどく） 鴆の羽にある猛毒。

つ

衝重（ついがさね）　「つきがさね」の音便。神供の食器をのせる膳具。

追却（ついきゃく）　追い出すこと。

悴れる（つかれる）　衰え弱ること。

級く（つく）　序列にしたがうこと。

効す（つくす）　「尽す」と同意。

竭す（つくす）　最後まで行く。終わる。きわまる。なくなる。

恙なし（つつがなし）　無事である。

倹に（つづまやかに）　倹約すること。

裹物（つつみもの）　布施または礼物すべき金銭。布帛（はくふ）などに包んだもの。

具に（つぶさに）　ことごとく備わっている様子。十分に。

委に（つぶさに）　具体的に。細やかに。

飛礫（つぶて）　石を投げつける。またその石。

露払い（つゆはらい）　蹴鞠（けまり）の最初に、鞠庭（まりにわ）で鞠を蹴って懸（かかり）の樹の露を払い落とすこと。またはその人。

頬（つら）　ほほのこと。かたわら。

倩（つらつら）　よくよく。念を入れる。

熟々（つらつら）　つくづく。よくよく。念入りに。

て

涕泣（ていきゅう）　大声で泣くこと。

亭午（ていご）　正午のこと。

為体（ていたらく）　すがた。ありよう。状況や様子。

泥塔（でいとう）　泥土で造り、中に経文を納めた小型の卒塔婆（そとうば）。

手長（てなが）　宴などのおり、御膳（おぜん）を給仕に渡す者。仲居。

衒う（てらう）　みせびらかす、ひけらかすこと。

掌を抵ち（てをうち）　手を打つこと。

天気（てんき）　天皇の気持。勅命。

諂諛（てんゆ）　こびへつらうこと。

天曹地府祭（てんそうちふさい）　陰陽道で祈禱のため冥官（めいかん）（地獄の役人）をまつる儀式。天地の災変を攘う祭り。

天地災変祭（てんちさいへんさい）　陰陽道の祭祀の一つ。

纏頭（てんとう）　歌舞などした者に褒美として与える衣類や金銭。

天膚（てんぷ）　天気のこと。

天譴（てんけん）　天罰。天の責め。

と

当給人（とうきゅうにん）　現在の知行者。

道虚日（どうこにち）　陰陽道で他出を忌むという日。

東作（とうさく）　「春作」に同じ。春の田植えのこと。春の種まき。

闘殺（とうさつ）　感情のままに喧嘩による殺人。

当時（とうじ）　いま。現在のこと。

頭人（とうにん）　鎌倉幕府の引付衆の長官。

過（とが）　度をこす。転じあやまりや失敗のこと。

土公祭（どくうさい）　土公神を祭ること。陰陽道で土をつかさどる神。春はかまどに、夏は門に、秋は井戸に、冬は庭に在り、その場を動かすことを忌む。

得替（とくたい）　没収すること。

得分（とくぶん）　儲け。利益。取り高。

露顕（ところあらわし）　婚礼の披露。

堵牆（としょう）　垣、垣根のこと。

斗藪（とそう）　「抖藪」とも。頭陀（ずだ）（修行すること）の漢訳。

突鼻（とつぴ）　不首尾。とがめを受けること。

諧う（ととのう）　かなうこと。

訪う（とぶらう）　訪問すること。

樞（とぼそ）　戸の框（かまち）にある穴。転じて扉や戸自体を指す。

弔う（とむら） 「とぶらう」の変化したもの。死者を弔問（ちょうもん）する、くやみを言うこと。

燭（ともしび） 室内の明かり。照明。

纜を解く（ともづな） 出帆する。

拏える（とら） 捕えるに同じ。つかむ。ひく。

鶏闘（とりあわせ） 鶏を戦わせる遊戯で、賭博をともなうことが多い。

頓写（とんしゃ） いそぎ書写すること。大勢が集まり一日で一部の経を書写すること。

頓滅（とんめつ） 急死。頓死。

貪婪（どんらん） むさぼること。強欲（ごうよく）なこと。

貪利に耽る（どんり／ふけ） 利益を貪ることに没頭する、おぼれる。

な

蔑（ないがしろ） 軽視する。

乃刻（ないこく） 即刻。

等閑（なおざり） 「とうかん」とも。物事をいい加減にすること。おろそかにする。

天一神（なかがみ） 「てんいちがみ」とも。暦神の一つ。十二神将の主将。あるいは地星の霊。己酉の日に天から下り東北の隅に六日居る。

中虚（なかぞら） 「中空」とも。中途半端なこと。

存う（なが） 存命すること。

就中（なかんづく） とりわけ。特に。

抛つ（なげう） 投げ捨てる。投げつける。惜しみもなく差し出す。顧みない。

名国司（なこくし） 「みょうこくし」とも。年官により名義上だけ補任され、職務をしない国司。

余波（なごり） 「名残」に同じ。心残りのこと。

泥む（なず） 「かこつ」とも。怠ること。

宥沙汰（なだめさた） 寛大な沙汰。

瞿麦（なでしこ）　「撫子」とも。秋の七草の一つ。

撫物（なでもの）　祓の時に災いを移す人形やその代わりの小袖の類。「人体（にんてい）」とも。

七瀬（ななせ）**の祓**　陰陽道で天子・将軍の身を禊（きよ）めるために人形を賀茂七瀬に流した。鎌倉でも由比浜・金洗沢・固瀬川・六浦・独川（いたち）・杜戸（もりと）・江島の各所で陰陽師が派された。

何事如之（なにごとかこれにしかんや）　何事も比べようがない。

名謁（なの）**る**　名乗りに同じ。

憖（なまじい）**に**　無理に、あえて、つとめての意。

并（ならび）**に**　および。かつ。もしくは、などの意。

難渋（なんじゅう）　うまく進行しない。遅滞すること。

盍（なん）**ぞ**　再読文字。「どうして〜しないのか」の意味。

に

日暈（にちうん）　太陽の暈（かさ）（太陽の周囲に見える光の輪）。ひがさ。

如法（にょほう）　形式どおり。

頓（にわか）**に**　急に。

ね

寝死（ねじに）　寝たまま死ぬこと。

舐（ねぶ）**る**　舌先でなめとること。転じてもて遊ぶこと、の意にも。

年序（ねんじょ）　相当期間の年数。

念人（ねんにん）　勝負事にさいし、世話役の人。

の

衲衣（のうえ）　僧衣。

乃具（のうぐ）　年貢のこと。

直衣（のうし）　貴族の平服。

曩時（のうじ） 往時。かつての昔。

逃れる（のが） 逃げること。

莅む（のぞ） 「臨む」に同じ。

野剣（のだち） 「野太刀」に同じ。

は

沛艾（はいがい） 馬が跳ねる様子。暴れ馬のこと。

敗傾（はいけい） 敗北する。敗色の様子がはっきりすること。国が衰亡すること。

拝趨（はいすう） 先方へ出向くことの謙譲語。参上すること。

陪膳（はいぜん） 膳の給仕を勤める。その人。「ばいぜん」とも。

唄師（ばいし） 法会の時、如来唄など梵唄（ぼんばい）を唄う僧の称。

癈忘（はいもう） 忘れ去ること。うろたえること。

配流（はいる） 流罪のこと。

度る（はか） 推量する。予期する。測定する。相談する。計画する。機をみる。だます。

白波（はくば） 「しらなみ」とも。盗賊の異称。後漢末、黄巾（こうきん）賊の残党が白波谷に籠って掠奪したことに由来。

伯楽（はくらく） 馬医。馬の鑑定者。転じて、人物を見抜く眼力者。

半蔀（はじとみ） 戸の一種。

鰭板（はたいた） 「端板」に同じ。壁あるいは塀の板のこと。

慙（はぢ） 「慚」に同じ。面目を失うこと。

八木（はちぼく） 米。「米」の字を分解したもの。

八龍（はちりゅう） 八大竜王のこと。または源氏相伝の鎧（よろい）。八領の一つ。

八専（はっせん） 暦で十干と十二支の五行が合う日。一年に六回。厄日。降雨が多い。法事・婚礼などの忌日。

鴿（はと） 鳩に同じ。

鼻突（はなつき）　であいがしらに。衝突。

太だ（はなはだ）　程度がはげしい様子で、とりわけの意。

餞物（はなむけもの）　別れのおり贈る金品。

憚る（はばかる）　進められないでいる。はびこる。慎む。遠慮する。

省（はぶ）**き充**（あ）**つ**　それぞれに分配する。

羽（はぶくら）**を飲**（の）**まざる莫**（な）**し**　弓矢の名手の形容。深く的を射ること。

時病（はやりやまい）　流行病。

胞（はらから）　同胞で兄弟のこと。輩は「ともがら」、族は「やから」とそれぞれ訓む。

逈に（はるかに）　はるかに遠くの意で、記憶や想い出にまつわる文脈で多く用いる。

半更（はんこう）　夜中。夜半。

半尻（はんじり）　後ろの裾を前より短くした狩衣（かりぎぬ）。貴族の子弟が着用。

半面（はんめん）　隠れ忍ぶこと。

ひ

被閲（ひえつ）　開封し見ること。

火威甲（ひおどしよろい）　緋縅（ひおどし）に同じ。赤い緒（お）で通した甲。中世では胄（かぶと）と甲（よろい）は用字が混用されることが多い。

扣える（ひかえる）　馬をとどめておく。

僻事（ひがごと）　道理に背くこと。

比興（ひきょう）　おもしろいこと。おかしく興味あること。不都合。つまらないこと。下品なことの意にも。

日来（ひごろ）　何日もの間。普段から。

日者（ひごろ）　日常。いつも。

跪く（ひざまづく）　敬意や屈服（くっぷく）を表す動作。膝を地面に付けてかがむ。

比須末志（ひすまし）　手洗いのこと。転じてこれを掃除する身分の低い者。

偸(ひそ)かに　かりそめに。隠れて。

直垂(ひたたれ)　もともと庶民の衣服であったが、鎌倉時代に武家の代表的衣服として幕府の出仕服となる。

偏(ひとえ)に　ひたすらに。むやみに。もっぱら。

人勾引(ひとかどい)　人をかどかわすこと。人さらい。単に「勾引(こういん)」とも。

唯(ひとり)　ひとり。

日次(ひなみ)　日記。日ごとすること。日柄。

終日(ひねもす)　一日中。ひもすがら。

晝(ひ)（昼）の御座(おまし)　清涼殿にある天皇の昼の御座所(ござしょ)。

紕繆(ひびゅう)　あやまり。あやまち。

眉目(びもく)　眉(まゆ)と目。転じて、面目、名誉のこと。

神籬(ひもろぎ)　神霊の場に玉垣を囲んだ所。

百怪祭(ひゃくかいさい)　日常外の災厄(さいやく)を除去する陰陽道の祭。

苗裔(びょうえい)　子孫。

兵革(ひょうかく)　兵乱、戦闘のこと。

披(ひら)く　開封すること。

蛭飼(ひるかい)　悪血を蛭に吸わせて治療すること。

平礼(ひれ)　ひれ烏帽子(えぼし)の略。

広廂(ひろびさし)　「広庇」とも。母屋庇(もやびさし)の外側の吹放ち部分。

便宜(びんぎ)　都合がよいこと。都合のよい時。好機。

蘋蘩(ひんぱん)の禮奠(れいてん)　神仏をあがめ物を供える行為。

ふ

怖畏(ふい)　おそれ心がすくむ。畏怖と同じ。

無為(ぶい)　何事もない状態。平穏。

諷諌(ふうかん)　それとなく遠まわしに諌める。婉曲(えんきょく)にいさめること。

風流(ふうりゅう)　衣服や車の上などに花などを飾った作り物。

不易(ふえき)の法(ほう)　変更のない普遍的な法。

不可説（ふかせつ）　ことばで説明できないこと。

奉行（ぶぎょう）　職務を執行すること。またはその人。

服応（ふくおう）　付き従い応じる。

服暇（ふくか）　喪に服するための暇日。

復日（ふくにち）　月の五行と、日の五行が重なる日。嫁取りや葬送は忌む。

銜む（ふくむ）　「銜（はみ）」は馬の口に入れる轡（くつわ）のこと。転じて説得する。命令するの意。

不日（ふじつ）　ただちに。日ならずすぐに。

不次（ふじ）の賞　順序にこだわらない恩賞。破格な恩賞。

燻鞠（ふすべまり）　いぶした皮でつくった鞠（まり）。

塞（ふせ）ぐ　ふさぐ。通れなくする。

無雙（ぶそう）　「むそう」に同じ。ならぶもののない。二つとない。

補陀落山（ふだらくさん）　「光明山」とも。観音菩薩が住む山。熊野の那智山が擬せられる。南方の浄土のこと。

扶持（ふち）　援助。

物忩（ぶっそう）　「物騒」に同じ。がさつき、あわただしいこと。

仏名経（ぶつみょうきょう）　数千の仏名を列記し、その受持・読誦を勧めたもの。

文函（ふばこ）　手紙・文書を入れる器。

不便（ふびん）　不便なこと。情がないこと。

武略（ぶりゃく）に性（せい）を禀（う）け　武門の家柄に生まれて。

翔（ふるまい）　行動、英雄的な動きのこと。

へ

炳焉（へいえん）　明らかなさま。

炳誡（へいかい）　明らかな戒め。

秉燭（へいしょく）　夕刻。火をともす時刻。

平癒（へいゆ）　病が治ること。

薜蘿（へいら）　かずらで織った布。隠者の服・住居。

霹靂（へきれき）　雷が落ちてくること。

蔑爾（べつじ）　いやしむさま。

蔑如（べつじょ）　さげすむ。見劣る。

諛（へつら）う　他者に媚び従うこと。

忭悦（べんえつ）　手を打ってよろこぶこと。

篇什（へんじゅう）　詩集のこと。

辺土（へんど）に半面（はんめん）す　田舎に隠れ住むこと。半面は物事の片側の意で隠れる意も。

偏頗（へんぱ）　かたよって不公平なこと。

反閇（へんばい）・返閇　貴人の外出のおり陰陽師の行った呪法。特殊な足の踏み方で邪気を滅す。

ほ

布衣（ほい）　庶民の平服。

蓬屋（ほうおく）　自宅の謙称。ヨモギで葺いた家。みすぼらしい家。

防鴨河使（ぼうかし）　加茂川の堤防担当の職。九世紀前半に設置。

防禦（ぼうぎょ）の術（すべ）　防ぎ守る方法。

報賽（ほうさい）　神仏へのお礼参り。

宝算（ほうさん）　天皇・院の年齢のこと。

茅茨（ぼうし）　茅や草で葺いた屋根。

豊稔（ほうじん）　豊作のこと。

放生会（ほうじょうえ）　不殺生の思想で、陰暦八月十五日に行う生類を池沼に放つ行事。

滂沱（ぼうだ）　雨が激しく降るさま。

芳躅（ほうちょく）　良い行跡。昔の人や他人の事跡の尊敬語。

傍輩（ほうばい）の好（よしみ）　同僚である縁。

芳約（ほうやく）　良い約束。固い契（ちぎ）り。

外居（ほかい）　食物を運ぶのに用いる木製の容器。

卜筮（ぼくぜい）　卜法と筮法のことで、亀甲（きっこう）や筮竹（ぜいちく）を用いた。

擅に（ほしいまま）　自由に。自分の思うとおり。

恣に（ほしいまま）　自由。自分の思うとおり。

臍（ほぞ）を食うに益なし　後悔しても及ばない。「臍を咬（か）む」とも。

殆（ほとん）ど　「ほとほと」とも。大方。いま少し。

風記（ほのき）　備忘のための折紙。

隍（ほり）　水のない空堀のこと。

凡下（ぼんげ）　侍以下の身分の者。地下人と同意。

ま

枉（ま）げる　道理や事実をゆがめること。

負態（まけわざ）　「負業」とも。負方が勝方を供応すること。

瞬（まじろ）ぐ　瞬くこと。

親（まのあた）り　眼前で。

護刀（まもりがたな）　神仏の礼が宿る護身の刀。

鞠足（まりあし）　蹴鞠（けまり）の担い手。

み

砌（みぎり）　軒下。庭。場所。時節。

御頭（みぐし）　頭の尊称で「大仏の御頭のごとく」のように用いる。

御厨（みくりや）　皇室や神社に料を献納するための領地。特に伊勢神宮の荘園を指すことが多い。

御気色（みけしき）　ごきげん。おぼえ。「ごきしょく」とも。

巫女（みこ）に託（つ）く　巫女の口を介し託宣すること。

御修法（みしほ）　「みずほう」とも。正月八日から宮中で七日間なされる真言の法。

御正体（みしょうたい）　神仏の尊称をいうが、多くは鏡の表面に線刻した神像・仏像。

御簾（みす）　貴人や貴所を隔てる遮蔽物（しゃへいぶつ）。すだれの尊敬語。

瑞籬（みずがき）　神社の周囲をめぐらした垣。

御衣木（みそぎ）　神仏の像を造るために用いる木。檜・白檀・梅檀など。

猥に（みだりに）　むやみに。わけもなく。

乱筥（みだればこ）　手回りの品または衣類を入れる漆塗りの浅い箱。

密懐（みっかい）　密通。

漲る（みなぎる）　あふれるほどに盛んなさま。

孤子（みなしご）　孤児のこと。両親のない幼児。「身無之子（みなし）」とも。

六月祓（みなづきばらえ）　「水無月祓」とも。「夏越祓」の別称で六月につごもりする大祓のこと。

水沫（みなわ）　水のあわのこと。

宮仕（みやじ）　朝廷や院宮などに仕えること、またその人のこと。

冥祭（みょうさい）　陰陽道における冥府での祭祀。

冥道供（みょうどうぐ）　閻魔王とその眷属（けんぞく）を供養する修法。

未来際（みらいさい）を限る　未来のはてまで。世のあるかぎり。起請の文言や売買の証文などに用いることが多い。

む

行縢（むかばき）　乗馬の際、両足を覆うはきもの。

無辜（むこ）　罪のない人。ケガレのない人。

貪る（むさぼる）　欲深くほしがる。

咽ぶ（むせぶ）　つまる。つめる。

無足（むそく）　所領がないこと。

策つ（むちうつ）　馬に鞭（むち）打ち励まし進めること。

鞭を揚ぐ（むちをあぐ）　急ぐこと。急の使者。

空しく（むなしく）　効果なく。

め

鳴弦（めいげん）　弦を鳴らし物怪（もののけ）や妖意を祓う。

囚人（めしうど） 獄中につながれている人、囚人。

召籠（めしこめ） 召禁と同義。牢舎の拘禁や身柄を預置くこと。

召文（めしぶみ） 訴訟のおりの召喚状。

乳母（めのと） 生母にかわり乳をのませる女。うば。

目増（めまし） 「目勝（めまし）」とも。さいころによる遊戯。目の数の多い方が勝ち。

面縛（めんばく） 両手を後ろ手に縛って、顔を前方に差し出すこと。捕縛されたおりの姿勢

も

鵙（もず） スズメ、モズ科。ヒヨドリくらいの大きさ。不気味な鳴き声で知られる。

擡げる（もたげる） 持ち上げる。

没倒（もっとう） 没収すること。

没日（もつにち） 「ぼつにち」とも。陰陽道で一切が凶とされる日。

専ら（もっぱら） そればかり。まったく。

翫ぶ（もてあそぶ） 慰み愛好する。慰み興ずること。

基（もとい） 原因。

職而（もととして） もとより、すべての起因するところは、などの意で用いる。

職而斯由（もととしてこれによる） 原因はこれによる。

髻（もとどり） 「元鳥」とも。頭髪の頂部の結い上げ。

許に（もとに） そば。近く。許は「ばかり」「ころ」の訓もある。

覔む（もとむ） さがし求めること。「覓」と同じで、覓挙（べききょ）で官職を求めることの意味に使う。

本自（もとより） 元来、本来の意。

懶く（ものうく） 心がはれないさま。

百日（ももか） 生後百日の祝い。

股解沓（ももぬきぐつ） 「股貫沓」とも。なめし革製の乗馬用の

深い沓（くつ）。

令洩申（もれもうさしめ）　上位の人に申し伝えていただくの意。

や

箭合の期（やあわせのご）　戦闘開始の時。開戦を通告する矢を敵味方から射出すことを合図とした。

頓面（やがて）　まもなく。

族（やから）　一族のこと。

役送（やくそう）　節会などのおり、陪膳（ばいぜん）に食べ物を取りつぐ役目。

夜寐（やび）　寝床のこと。

良久し（ややひさし）　しばらくして。

ゆ

遺跡（ゆいせき）　物事があったところ。旧跡。後継者に伝領された知行地。跡目。

猶子（ゆうし）　兄弟や親戚の子をわが子のごとく育てる。

優如（ゆうじょ）　許し免ずること。

幽棲（ゆうせい）　俗世をすてて隠れ住む。

遊年（ゆうねん）　陰陽道で、生まれ年でその人が移転・結婚などにさいし、忌み避けるべき方角。

所以（ゆえ）　「ゆえん」とも。理由、わけ、いわれなどの意味。

行方（ゆくへ）　行く末。前途。将来。

泔坏（ゆするつき）　鬢（びん）かき水を入れる蓋つきの器。

よ

用捨（ようしゃ）　「取捨」、用いることと捨てること。と同意。

用樞（ようすう）　「要樞」に同じ。社会的に重要な存在の意味。

鷹鸇（ようせん）の志　タカやハヤブサの如く、強く猛威を示す志のこと。

夭亡（ようぼう）　若く亡くなること。

漸く（ようや）　だんだんと。次第に。

養由（ようゆう）　春秋時代の楚の弓の名人。転じて弓の名手の代名詞とされる。

予議（よぎ）　協議・相談すること。

抑留（よくりゅう）　年貢をおさえ、留める行為。

余執（よしゅう）　「餘執」とも。仏教用語で心に残る執念。

粧（よそおい）　「かいつくろう」とも。みづくろいする。ふりをする。支度。準備。装飾。様子。

寄沙汰（よせさた）　訴訟人が権門の威をかり裁判を有利にする行為。

余苗（よびょう）　子孫のこと。

終夜（よもすがら）　一晩中。

寄人（よりうど）　合議の場での構成員。

ら

羅喉星（らごせい）　九曜星の一つ。日月に出会い食を起す。

落居（らっきょ）　平静な状況にもどること。

濫觴（らんしょう）　物のはじまり。起源。おこり。

濫吹（らんすい）　身勝手な行為。

り

陸沈（りくちん）　世の中から隠れること。世が乱れほろぶこと。がんこで時代の移り変わりを知らない人。

竪者（りっしゃ）　仏教用語。論題に義を立て、質問者に答える僧。

李部（りぶ）　式部省の唐名官職。北条泰時が一時に任に就いていた。

釐務（りむ）　事務をおさめること。

柳営（りゅうえい）　将軍の陣営。幕府。

立願（りゅうがん）　神仏に願掛け（がんか）する。

竜華樹（りゅうげじゅ）　弥勒（みろく）菩薩がその下で成道するという樹。

龍蹄（りゅうてい）　すばらしい馬。駿馬（しゅんめ）。

陵夷（りょうい）　次第に衰えること。

涼燠（りょういく）　涼気と暖気。寒暑。転じて春秋。歳月。

陵薗（りょうえん）　皇族のこと。

料簡（りょうけん）　よく考える。納得する。我慢する。

令旨（りょうじ）　元来皇太子・三后（太皇太后、皇太后、皇后）・中宮・親王の命を伝える文書をいったが、のちに皇族一般の命令を伝える文書をいうようになった。奉書（ほうしょ）・御教書（みぎょうしょ）の形のものが多い。

聊爾（りょうじ）　粗忽（そこつ）・粗相（そそう）・失礼に同じ。思慮が足りないこと。

悋惜（りんじゃく）　「りんぜき」とも。ものおしみすること。

領掌（りょうしょう）　「りょうじょう」とも。支配する。領有・領知。承諾する。

領状の奉（りょうじょうのうけたまわり）　承諾すること。

陵廃（りょうはい）　衰えすたれること。

陵礫（りょうりゃく）　踏みにじる行為。

虜掠（りょりゃく）　武力により奪うこと。

閭巷（りょこう）　世間。ちまた。

る

累代（るいだい）　代々。「累葉（るいよう）」と同じ意。

れ

伶人（れいじん）　音楽を奏ずる人。

禮奠（れいてん）　神仏や死者の霊に物を供えてまつること。その供物。

憐恤（れんじゅつ）　憐れみ物をめぐむ。

憐愍（れんみん）　あわれむ。なさけをかける。憐憫（れんびん）。

ろ

朗月（ろうげつ）　明るく澄みわたった月。

婁星（ろうせい）　たたら星。二十八宿の一つ。

狼藉（ろうぜき）　無法な行為。乱暴なふるまい。乱雑なこと。

狼唳（ろうれい）　「狼戻」とも。狼のように心がねじけていること。反乱や戦いのこと。

牢籠（ろうろう）　困迫する。牢屋にいれる。しりごみする。

六字河臨（ろくじかりん）の法　千手（せんじゅ）観音を本尊とする真言密教の秘伝。

露膽（ろたん）　膽は肝（きも）のこと。胆力を露すこと。

わ

辨（わきま）（弁）える　弁償する。つぐなう。

弁（わきまえ）を泥（なず）む　進納するべき税を出し渋ること。

弁（わきまえ）を致す　弁償する。

態（わざ）と　わざわざ。意図的に。

殃（わざわい）　悪い事態。「余殃」などと使う。

和市（わし）　「あまないかう」とも。無理な売買の強市に対し用い、転じて相場のこと。

煩（わずら）う　押妨すること。

和主（わぬし）　あなた。二人称。

二　歴史的事項

　ここでは、『吾妻鏡』にしばしば登場する用語や表現について、歴史的事項と題し説明をほどこした。すでに簡略な説明をした用語や語法のうち、留意を要するものを重点的に選び解説した。単に表面的な意味だけでなく、その出典までも掘り下げ解説をした事項もある。また陰陽道関係の用語が『吾妻鏡』には多用されており、これへの理解も不可欠となろう。したがって、仏教用語もふくめ、この方面の歴史的事項についても補説した。

闕字（けつじ）

　文章中に天皇や上皇などの貴人に関する文字を書く場合に、敬意を表すために、そのすぐ上の一字か二字を開けて書くこと。闕は欠とおなじ意味である。闕字は大宝律令で定められていたが、明治五年に太政官布告第二十四号を以て正式に廃止された。

『吾妻鏡』で闕字が用いられるのは、仙洞・勅勘・院・天子・上皇・羽林・皇御孫尊（すめみまごのみこと）・太上法皇・院宣・奏聞・院旨・宣下・院奏・勅許・勅免・勅使・朝恩・院庁・勅定・朝敵・院内・帝・天武天皇・桓武天皇・崇徳院・院所・皇憲・綸命・勅答・法皇・綸旨・天気・叡慮・朝大事・先帝朝・禁裏・朝家・

院殿・内裏・将軍家などである。

治承四年十月七日条においては、源氏の氏神である「八幡宮」においても闕字がもちいられている。「七日丙戌　先奉遥拝鶴岡　八幡宮給」。将軍家・羽林（頼家）などは、闕字が用いられる場合とそうでないケースがある。

敬意を表す書式としては、他に平出、抬頭、闕画がある。

平出は、上奏文において、高貴な称号を書く場合に、これを尊んで特に改行し、その称号を頭から書きはじめることである。これも唐制に範をとり、大宝律令に規定されている。それによると、皇祖・皇宗・皇考・皇妣・先帝・天子・天皇・皇帝・陛下・太上天皇・至尊・天皇の諱・太皇太后・皇太子・皇后の文字は改行して書く決まりであったが、闕字ほど厳格ではなかったようだ。

抬頭は、皇帝や貴人の名を書く場合に、文中で改行し、普通の行よりも一字または二字分上にだして敬意を表すものである。一字上げるのを一字抬頭、二字上げるのを二字抬頭という。この抬頭というのは清朝の科挙においても基本的な事柄で、しかも改行してもその行に空白ができないようにしなければならなかった。科挙においてももっとも優秀な答案は一番上におかれ、これを「圧巻」という。

闕画は皇帝や貴人の名を書く時に憚ってその字画を省略することである。たとえば康熙帝の諱、玄燁の玄の字画を省いて書くことである。『吾妻鏡』には見出されない。

仙洞（せんとう）

太上天皇ともいい、それをさらに略して上皇あるいは太皇といった。「太上」という語には至上のという意味がある。道教においては、この「太上」が神格化されて、「太上」「太上大道君」として最高神の名称として用いられた。

わが国ではじめて、太上天皇と称したのは、文武天皇元年（六九七）に譲位した持統天皇である。「仙洞」は上皇の御所を仙人の住まいにたとえたものである。「仙院」「緑洞」ともいう。「仙洞」も道教からきており、「洞」は道教において仙人の修行の場所を意味した。上皇はまた藐姑射山（はこやのやま）といわれるのは、藐姑射山が道教において、不老不死の仙人が住んでいる山とされるからだ。

荻生徂徠は、「徂徠先生南留別志　巻乃五」において、「太上皇の御所を仙洞といふ事は、藐姑射の山といふことよりをこる。本は嵯峨・仁明の比ほひ、昆陽池・河陽院にて文人をあつめ詩歌をたてまつらしめたまふ時に、姑射の山になづらへたるためしあるなるべし」と述べている。

『吾妻鏡』において上皇は「仙洞」と呼ばれることが多い。「仙洞」の上の一字は尊敬の意味から闕字とされる。上皇を「仙洞御所」というのに対して、天皇を「禁里御所」といったりした。出家した太上天皇を「太上法皇」といい、略して法皇という。

『吾妻鏡』文治三年四月二日条では、後白河上皇を「太上法皇」とよんでいる。法皇は、他に禅定法皇（禅皇帝）・禅定仙院（禅院）・法定・法院という言い方もある。「院」というのは上皇の住まいのことをいっていたのを、平安時代中ごろから上皇を指す言葉として用いられるようになったものである。

上皇の御所を「蓬壺」ということもある。道教では仙人の住むところを「蓬壺」という。『平家物語』の「興福寺牒」では上皇が「蓬壺」とよばれている。

また、帝王が位を去ることを「脱屣」ともいう。わが国では、本来は天皇の譲位を指した。『淮南子』に、堯が舜に天位を譲ること、屣を脱ぐが如くに易かったという故事による。

垸飯

垸飯とは椀飯のことであり、もともとは椀に盛った飯を意味した。のちに家人が主人を饗応するという意味を有するようになった。『吾妻鏡』では、有力御家人が正月に将軍家を饗応することをいう。治承四年十二月二十日に「三浦介垸飯を献ず」とあるのが初見である。治承五年正月一日には千葉介常胤が垸飯を献したが、それは贅を尽くしたもので、「三尺の鯉魚を相具す。また上林・下若その員を知らず」と記され、建保元年十二月二十一日には「明春正月の垸飯の事、殊に結構せしむべきの旨、雑掌等に仰せ付けらる。近年たびたび麁品の咎ありといへども、なほ刷ふの分なし」とある。実朝将軍の時、建暦三年正月一日から四日には、垸飯の詳細が記されている。

唐名官職

官職には「唐名」といわれる官職名もある。『吾妻鏡』では、貴人は敬意を込めて唐名で呼ばれることが多い。武衛（頼朝）、大相国（清盛）、小松内府（重盛）、羽林（重衡）、左典厩（義朝）、などである。たとえば右近衛少将の唐名官職は羽林であり、中納言の唐名官職は黄門である。道教において羽林というのは羽林天軍といって、北辰を護る星の名であって、天皇というのは、北辰を神格化したものであるから、羽林が北辰を護るがごとく、天皇を護るという意味である。

『吾妻鏡』で頼家は左金吾とよばれるが、金吾というのは衛門の唐名官職であり、金吾は不祥を避ける鳥の名である。漢に天子の護衛兵として執金吾が置かれ、それを略して金吾といった。唐代には左右金吾衛を置いた。天子が行幸するときは先導する役であるから、不祥を避けるためにその鳥の名を用いたといい、一説には金吾は、足に黄金を鍍金した銅製の棒で、天子出行するときには、この棒を持って護衛したことから名づけられたという。

検非違使の佐・尉を廷尉というのは、廷というのは平の意味で、『漢書百官表』の註に、「廷平也、治獄貴平、故以為号」とあり、尉は武官の称で下を安ずる意味であると『杜氏通典』にある。

左馬頭を左典厩というのは、唐に典厩署という役所があったからだ。『吾妻鏡』において義時は右京兆、泰時は左京兆とよばれるが、それぞれ右京職、左京職の唐名官職である。漢の武帝のときに長安の長官として京兆尹という官職がもうけられ、長安以下の十二県を治めた。京兆尹を略して京兆という。京職は左右に分れて京師を分管した。京職は次第に衰え、職権は検非違使に移った。唐名はそれ自体が敬詞であった。

また国名にも唐名があり、たとえば安芸の唐名は芸州、伊予の唐名は予州である。『吾妻鏡』において義時は相州、泰時は武州と敬意を込めて唐名で呼ばれている。

唐名を用いることは人に非常に敬意を払うことであるから、頼朝を「右兵衛佐」と呼ぶより、「武衛」と呼んだほうが、より敬意をあらわしたことになる。同様に義時を「相模守」と呼ぶよりは、「相州」と呼ぶほうが、泰時を「武蔵守」と呼ぶよりは「武州」とするほうが、また時房を「修理大夫」と呼ぶよりは、「匠作」と呼んだほうが、より敬意をあらわしたことになる。

二品

頼朝は、元暦二年四月二十七日に従二位に叙せられ（元暦二年五月十一日条）、それまで主として「武衛」と呼ばれていた頼朝は、元暦二年五月二十一日条において「廿一日　癸卯　二品、左典厩を相伴ひて、南御堂の地に渡御す」と初めて二品と呼ばれるようになる。

品というのは、三世紀初頭、後漢の禅譲を受けた魏が「九品官人法」によって官吏を登用したことに由来する。わが国では、品というには本来親王の位階で一品から四品まであった。親王でも品階のない者は無品親王と称した。親王には品田（ほんでん）という田地が下され、品封（ほんぷ）という封戸を下賜された。頼朝は親王ではないが、これを「二品」と呼んだのは、従二位という位階にあったからだ。建保六年十月十三日に、北条政子も従二位に叙せられ（建保六年十月二十六日条）、これ以降政子も、二位家や二品と呼ばれるようになる。

夢想告（むそうのつげ）

死、病気、天変地異などは、中世の人々にとっては、単に自然現象ではなく、常に超自然的作用を意味した。現世におけるすべてのことは前世からの宿命である、という仏教の宿世感に支配されていた。人間の禍福は鬼神神霊の司るところであり、地異天変や怪異なできごとは、吉事あるいは凶事の予兆、と捉えられたのである。

「夢想」や「霊夢」というのは、本来夢のなかに神仏が現れて告げ知らせることである。「霊夢」というのは仏の霊力による夢という意味である。

『延慶本平家物語』第六末〈肥後守貞能預観音利生事〉には、平家の家人貞能が捕らえられ、由比の浜で首を切られんとした時、頼朝の夢に清水の観音である老僧が現われ、自分が貞能の身代わりとなったから、貞能の命を助けるようにいい、貞能の命が助けられたという逸話がある。

『愚管抄』を書いた慈円は『夢想記』（慈鎮和尚夢想記）を書いており、これは、慈円が建仁三年六月二十二日の払暁に見た、神璽宝剣についての霊夢を記録し、これに天台密教的な解釈をほどこし、後鳥羽天皇に奏上した。明恵上人も『夢記』を書いている。『明月記』や『玉葉』にも夢想に関する記述は多い。

『吾妻鏡』においても、「夢想告」が特に大きな兵乱や事件の前にあらわれる。これは夢に不安を鎮め、希望を抱かせる作用があるからである。頼朝の挙兵の時には、諏訪上社の大祝篤光の夢想に、梶の葉の文（諏訪社の紋様）の直垂を着し、葦毛の馬に乗った勇士一騎が、源氏の味方であると称し、西にむかって駆けていった、とある（治承四年九月十日条）。寿永三年正月二十三日条では、鹿島社の社僧の夢想に、鹿島の神が、義仲ならびに平家を追討するために、京都に赴いたことが見えている。

壇ノ浦合戦の時には、梶原景時の郎従海太成光の夢想に、石清水の御使らしき浄衣の男が立文を捧げてあらわれ、披見するところ、平家は未の日に滅びるだろうという内容であった（元暦二年四月二十日条梶原景時書状）。

実朝暗殺の直前、義時が実朝に供奉したとき、夢の如くに白い犬が傍らに現れ心神違乱となり、仲章に役を譲って暗殺をまぬがれたが、そのとき大倉薬師堂の戌神は、堂中に坐していなかった、との話も記されている（建保七年二月八日条）。

承久の乱の直前には、政子の夢想に、由比の浦の浪間に二丈程の鏡（天照大神の化身）が浮かび「吾はこれ大神宮なり。天下を鑒みるに、世大いに濫れて、兵を徴すべし。泰時吾を瑩かさば、太平を得む」といったという（承久三年三月二十二日条）。この夢想の告は多分に政治的配慮にもとづくもので、実際にこのような夢をみたかということは疑わしいが、この夢の目的は、政子自身や鎌倉幕府の不安や動揺を払拭しようとするものであった。

北条史観の登場と近代史学

北条氏（北条義時）は、江戸時代には、朱子学の名分論の影響を受けた勧懲史観（順逆史観）において、明治以降は国体論にもとづく皇国史観のもとで、「乱臣賊子」「逆臣」「逆賊」「大逆無比」などの用語で形容され、実朝暗殺など、すべてが北条氏の陰謀にもとづくとの「北条史観」が形成された。

植木枝盛や福沢諭吉といった明治の民権派を代表する思想家でさえ、北条氏に言及する場合「乱臣賊子」という言葉を用いている。明治時代の知識人というのは、武士の出身であり、その教養の大部分を占めていたのは、漢学や国学の教養であり、朱子学の名分論に支配されていた。

『大日本史』『日本外史』『大日本史賛藪（さんそう）』などによって、「北条史観」が摺り込まれていた。戦前においては、「義時イズム」というような言葉まであった。それは義時の「大逆思想」を指しているらしい。勧懲史観・皇国史観にもとづく「北条史観」は、日本人の文化的「沈殿物」の一端を語っている。

北条氏が「逆臣」とされる主なる理由は承久の乱において、三上皇を流し、新帝を廃した（九条廃帝）からである。国学者はこれを「承久の大逆事」と呼んだ。

本居宣長は『玉勝間』十三の巻三五「九条廃帝」において北条氏を「東の賊（あずまぬすびと）」と呼んだ（このルビは宣長自身がつけたものである）。「東の賊（あずまぬすびと）北条義時、いたく荒びて、ゆゝしき世みだれおこりて、かの族（うがら）泰時時房などいふ賊ども、おしのぼり、同き六月に、京にみだれ入て、いともかしこく、三所の天皇たちを、遠所に遷し奉り、此新帝（いまみかど）をも、おしおろし奉りぬるは、あさましなどもよのつねのことをこそいへ、いはむかたもなき、逆事のまがことにぞ有ける」。

この国学者の北条史観は幕末に水戸学派に継承され、それがまた明治の国体論に引き継がれた。承久の乱において三上皇を流した北条氏は、国体にそぐわない逆賊とされた。

烏帽子（えぼし）親と烏帽子子

貴族は成人すると冠をかぶることになるので、元服を「初冠（ういこうぶり）」「御冠（みこうぶり）」あるいは「冠礼（かんむりれい）」といった。武家は元服すると烏帽子をかぶったので元服を烏帽子儀礼といった。元服する子は通常同族ではない有力な御家人をえらび、烏帽子親になってもらうのである。子のほうは烏帽子子といわれた。親子関係を擬した同盟関係である。

『吾妻鏡』の事例でいえば、三浦義村と泰時の弟である北条政村は烏帽子親と烏帽子子の関係であった。政子は「政村と義村とは親子のごとし」といい、義村自身も「故大夫殿（義時）の御時、義村微忠を抽んづるの間、御懇志を表せられんがために、四郎主（政村）御元服の時、義村をもつて加冠の役に用ゐられをはんぬ。愚息義村が男をもつて御猶子となす。その芳恩を思ふに、貴殿と四郎主と、両所の御事に就きては、いかでか好悪を存ぜんや。ただ庶幾するところは、世の安平なり」といっているように、烏帽子親と烏帽子子の関係はかなり強固なものであった。

烏帽子儀礼がおわると童名（わらわな）を捨て実名（じつみょう）を名乗ることになるが、この時烏帽子親の実名から一字をもらい、自分の実名の一字にする。これを「偏諱（いみな）頂戴」あるいは「一字拝領」という。烏帽子儀礼において烏帽子親は烏帽子子にあたえる一字を紙に書いて烏帽子子にあたえた。これを「一字書出（いちじかきだし）」といった。ただし烏帽子親が烏帽子子にあたえる一字は通字以外の一字があてがわれた。

泰時の烏帽子儀礼は建久五年二月二日におこなわれた。烏帽子親は頼朝であり、「名字、太郎頼時と号す」とあり「頼」は頼朝から拝領した偏諱であり「時」は北条氏の通字である。泰時は後に「頼時」を「泰時」に改名している。

感涙・非涙

「泣く」ということは、中世では否定的な事柄ではなかった。頼朝も泰時もよく泣いた。梶原景時さえ奥州より送られた義経の首を見て泣いた。「泣く」ということは、非言語的コミュニケーションとして大きな位置をしめていた。鎌倉時代は、泣くことを忌避するような文化的習慣がなかったといえる。だから「泣かない」ことはむしろ「心なし（情（なさけ）がない）」とされることもあった。

『延慶本平家物語』では、「涙」に相当する言葉がおよそ三百八十回。「泣く」に相当する言葉はおよそ二百回。「涙」に相当する言葉と「泣く」に相当する言葉を合せるとおよそ五百八十回にものぼるようだ。

『吾妻鏡』の世界でも当然個人差はあり、あまり泣かない人間もいた。たとえば大江広元である。『吾妻鏡』建保七年正月二十七日条、実朝暗殺の当日である。「前大膳大夫入道参進して申して云はく、覚阿成人の後、いまだ涙の顔面に浮かぶことを知らず。しかるに今昵近したてまつるのところ落涙禁じがたし」。広元は文人貴族の名門にふさわしい秀才であり、明経生の中から成績優秀なものが選ばれる明経得業生になっている。それ相応の文学的素養があった。おそらくは理性や言語能力が感情を上まわっていたのかもしれない。

涙には人を説得する力がある。これは現代においても変わりないが、感情というものが理性を圧している中世の時代はなおさらだった。『吾妻鏡』治承四年十一月二十六日条には、石橋山合戦で頼朝を射た山内瀧口三郎経俊が、老母の涙で命を救われる逸話が載せられている。

方忌（かたいみ）・方違（かたたがえ）

方角というのはわれわれにとっては、均一性をもっているが、中世の人間にとっては均一なものではない。日時や方角を意識せず自由に外出したり、行動したりすることは少なかった。

方位盤を二十四等分したある方（かた）（方角）は、それぞれに超自然的な意味をもっている。ある方角を凶とし忌む考え方があった。これを「方忌」という。「方違」とは、方角を違えて行くという意味で、方忌の方角にあたる場所に行こうとする場合に、その禁忌を避けるために、目的地とは異なる方角に一旦迂回することをいった。

これは単に外出や旅をする場合に限らず、移徙（いし）や嫁取りなどにも用いられた。方違は、「大塞（おおふさが）り」、「日の塞り」のほか、「時の塞り」もあった。

『貞丈雑記』（「十六神仏」）には、「たとえば、明日東の方へ行かんとおもふに、東の方其年の金神に当ル歟、又は臨時に天一神、太白神などに當り、其方へ行ば凶しと云時は、前日の宵に出て、人の方へ行て、一夜とまりて、明日其所より行けば、方角凶しからず、物したる方へ行也、方角を引たがへて行く故、方違と云也」とある。

金神、天一、太白、王相神の一つが行程の宿泊地に停る場合にこの方角を「方塞り」といった。方違の初見は貞観七年（八六五）清和天皇が東宮から内裏に向かう際、陰陽師が内裏は乾の方角にあたり、天皇の本命星は午で、乾の年は絶命にあたるので、方違をするように進言したとある。

『吾妻鏡』をみると方忌・方違の記述が圧倒的に多く、物忌は少ない。対照的に公家の記録には物忌が多く、方違が比較的少ない。九条兼実の『玉葉』にも物忌の記事は多い。貞永元年八月八日条に「八日　丙辰、御台所、精舎造営のため今夜より東御所におはします。百四十五日の御方違なり」。また嘉禎二年四月十四日庚子　将軍家、御方違のために下野入道が家に渡御す。これ四十五日御連宿あるべきの由と云々」とあるように方違が長期間に及ぶものが多い。

物（もの）忌（いみ）

「物」とは物怪（もののけ）のことばからもわかるように、不吉なこと、邪気（じゃき）、鬼神などの総称だった。したがって、これを避けるための、ある期間飲食や行動をつつしみ、身体を浄める行為が必要とされた。『御堂関白記』では、二十年間のうち物忌の回数は三百十数回にのぼり、年により五十を超え、月によっては十数回を数えた。物忌の期間は一日のこともあるが、三、四日に及ぶものもあり、半月以上にわたることもあった（『日本陰陽道史話』）。

『吾妻鏡』には物忌自体の記載は少ないが、鳥や黄色蝶、羽蟻、光物などの怪異に関する記載は多い。「怪異」というのは、人々の周辺で起こる不可解なできごとである。

建暦三年八月十八日条では、実朝が夜中に怪異に会い、宿直の者を陰陽師親職（ちかもと）のもとに奔らせた。親職も慌てて駆けつけるという一幕があった。怪異を見た（と思った）者は、とにかく陰陽師の所見を聞かないことには説明しようのない不安を払拭できなかったのである。

陰陽師の仕事の第一は主人ないしは依頼人の不安を取除くことにあった。

鬼門

「鬼門」の語は『平家物語』や『源平盛衰記』などの軍記作品にも見られるが、『吾妻鏡』の中で早い例としては、嘉禎元年正月二十一日条をあげることができる。「御願の五大堂建立の事、相州・武州度々巡検して、鎌倉中の勝地を選ばる。去年城太郎が甘縄の地を定めらるといへども、なほ相叶はず、すこぶる思しめし煩ふのところ、幕府の鬼門の方に相当りてこの地あり」と。ついでながら、頼朝時代に奥州合戦での戦没者の冥福を祈るために建立された永福寺は、大倉幕府の鬼門にあたる。

鬼門に対する信仰は、中国において邪気や穢れを祓い除くという辟邪(へきじゃ)の思想に由来する。古くは、六世紀の道教経典である『山海(せんがい)経』の中にも見えている。

『源平盛衰記』(巻九)には「山門に事出で来ぬれば世も必ず乱るといへり。理(ことわり)や鬼門の方の災害なり。これ不詳の瑞相(ずいそう)なるべし」とあり、慈円は「わが山ははなの都の丑寅に鬼いる門をふさぐぞときく」という歌を詠んでいる。『平家物語』にも「この日域の叡岳比叡山も帝都の鬼門にそばだちて、護国の霊地也」とある。

比叡山が京から見ると、ちょうど東北の位置にあることから、「鬼門安鎮之道場」「王城鬼門之鎮護」「皇帝本命之道場」といわれるようになるのは、鎌倉以降のようだ。桓武天皇が平安京に遷都したときには、最澄はすでに比叡山を開き修行していた。したがって延暦寺が比叡山に創建されたのは、京の鬼門とは関係なく、単に地理的な理由だけだったということができる。「王城鬼門之鎮護」というような思想は、後に延暦寺の権威付けのためにつくられたのだろう。

梟首（きょうしゅ）

梟首という漢語は、首を切る、首を獲る、首を晒す、という意味である。これは中国の俗信に起因する。梟（ふくろう）は夜行性、肉食の鳥で、性質が荒く、夜間に鼠や小鳥などを捕らえて食べる。そこから、長じては親鳥をも食うといわれ、不義の鳥、不孝の鳥、悪鳥とされた。

この俗信のために、中国では、梟というとこれを捕らえ、首を切り、その首を木に吊るした。「梟」という字自体が「鳥」と「木」からなっており、もともとが、木に晒される鳥であるということを意味している。そこから、中国においては、首を切り晒すことを「梟首」といったのである。

和様漢文体である『吾妻鏡』では「梟首」という言葉が用いられているが、『平家物語』や『保元物語』といった和漢混淆文では、「頸ヲ切ル」「首ヲ切ル」という言葉も用いられている。鎌倉時代の口頭語としては「首ヲ切ル」が用いられていただろう。

往亡日（おうもうにち）

暦注の凶日の一つが「往亡日」である。立春から七日目など一年に十二日あるとされ、その日は元服や出陣は忌むべき日とされた。

寛喜元年三月二十六日条に「新判官基綱京都より帰著す。二月廿七日に使の宣旨を蒙り、三月九日に畏（かしこま）りを申すと云々。譜代の職たりといへども、日来（ひごろ）数輩に超越せられおはんぬ。年歯四十九の今、たまたまこの恩に預ると云々。今日往亡日たるの由、諷諫するの人ありといへども、武家に於いてはこの日を忌まず」とあるように、日取吉凶において武家と公家では相違があったようである。

『吾妻鏡』と陰陽道

『吾妻鏡』には天文・陰陽道に関する記事が八百以上あり、百以上の陰陽師の所見がある。そこには泰山府君祭、鬼気祭、天曹地府祭、三万六千祭、天地災変祭、属星祭、土公祭、歳星祭など、およそ四十八種の陰陽道祭が見られる。

鎌倉でおこなわれた陰陽道の祭を村山修一『日本陰陽道史総説』（塙書房）を参考に『吾妻鏡』から列挙してみると、つぎの四十八種にのぼるという。それらはごく大まかに四つにグループ化できるようだ。

Iは、病気その他直接身体の障害や危険を取除き悪霊の祟を防ぐもの。

I　泰山府君祭（七二）　鬼気祭（二五）　天曹地府祭（二一）　三万六千神祭（一七）　百怪祭（一一）　呪詛祭（一一）　霊気祭（一一）　招魂祭（八）　鷺祭（二）　痢病祭（一）　疫神祭（一）

IIは、宿星の信仰を中心とし自然の異変に対する祈禱的なもの。

II　天地災変祭（三九）　属星祭（三二）　歳星祭（一四）　太白星祭（一三）　熒惑星祭（一一）　大将軍祭（六）　日曜祭（五）　月曜祭（五）　地震祭（五）　塡星祭（五）　代厄祭（四）　羅睺星祭（三）　大歳八神祭（二）　土曜祭（二）　木曜祭（二）　計都星祭（一）　北斗祭（一）　水曜祭（一）　夢祭（一）

IIIは、建築物の安全祈願のもの。

III　土公祭（二九）　宅鎮祭（三）　石鎮祭（二）　防解火災祭（二）　堂鎮祭（二）　厩鎮祭（一）　西岳真人祭（二）　七十二星祭（二）　大鎮祭（一）　拝謝祭（一）　竈祭（一）

IVは、祓いを中心としたもので神祇の作法に近い部分。

IV　四角四堺祭（九）　七瀬祓（九）　風伯祭（七）　井霊祭（三）　雷神祭（二）　霊気道断祭（二）　霊所祭（一）　五竜祭（一）

この四つの部類を各々の種類数とカッコ内の頻度について合計すると、Iは一一種一七九例、IIは一九種一五二例、IIIは一一種四六例、IVは八種三四例となるという。つまりI・IIが目立って多いことがわかるように、個人の病気や身体不調の除去が中心となっていたことがわかる。これはどうやら、社会的な不安の除去が圧倒的に求められていたことを示すという。一般に平安時代の公家社会でも同様な傾向はあったが、宿曜の祭などは、『吾妻鏡』に登場するほど多種類で頻繁なものは認められなかった。

泰山府君祭

鎌倉時代、もっとも頻繁におこなわれた陰陽道祭は泰山府君祭であり、『吾妻鏡』にはおよそ七一回の泰山府君祭が記録されている。

泰山府君は、中国五嶽の筆頭である泰山の主神である。泰山の山頂には金篋玉策があって、人の寿命が記録されているという信仰があった。この帳簿を禄命簿という。禄とはその人物が最終的に到達する官職や地位、俸禄であり、命とはその人物の寿命である。泰山府君は禄命を書き換えることができるので、人の禄命を司る神とされた。泰山府君祭は陰陽師の安倍氏のもっとも得意とする祭祀であった。

「百箇日泰山府君祭」は承久三年五月二十六日におこなわれたものが初見である。これは承久の乱に際して、幕府の強い危機感のもとに催されたものである。

嘉禎二年三月十三日条に、執権たる北条泰時が四位に叙せられたことに際し、泰時の「早く事の由を泰山府君に敬白したてまつるべし」という言葉が記されている。

天曹（曺）地府祭

天地の災害を除くための儀式をいった。天曹地府祭の「曹」と「府」はともに役所を意味し、天界と地祇の諸神を総称したものであって、天界と地祇・冥界の諸神をひろく祭るものである。天曹地府祭では昊天上帝・泰山府君をはじめとする陰陽道の主要な神々を祭壇に迎え、延命長寿を祈るのである。

治承四年八月十六日に、頼朝は挙兵に先立ち天曹地府祭をおこなっている。これが、『吾妻鏡』に見られる最初の陰陽道祭祀の記述である。この時期関東には官人陰陽師はいなかったので、筑前住吉社の神官であった住吉小大夫昌長が天曹地府祭を司祭した。同日条に「武衛みづから御鏡を取りて昌長に授けたまふと云々。永江蔵人頼隆、一千度の御祓を勤むと云々」とある。

陰陽道の安倍氏は曹のかわりに曺の字を用いた。曺は曹の異体字であるが、一説には天曹地府祭というのは天皇即位の時の一代一度の儀礼であり、畏れ多いことから、曹の字をわざと闕画させ曺の字を用いたのであるともいう。

三万六千神祭（さんまんろくせんじん）

『仏説大灌頂神呪経』にもとづき、もろもろの鬼神を祀るもので、とくに鎌倉期になってから多くみられるようになった祭祀である。承久の乱直前、幕府存亡の危機に、三万六千神祭がおこなわれた。承久三年五月二十日、義時追討の宣旨が鎌倉に到着した翌日には、世の安泰を祈禱して三万六千神祭がおこなわれた。「廿日　癸卯　世上無為の懇祈を抽んずべきの旨、荘厳房律師定豪等に示し付く。また三万六千神祭を行ふ。民部大夫康俊・左衛門尉清定これを奉行すと云々」とある。

招魂祭

招魂続魂祭ともいい、死者を弔い、人の息災を祈る祭祀である。「招魂」というのは中国の江南で六世紀、梁の時代に編纂された『文選』に宋玉の作である「招魂」が載せられているように、長江流域でひろくおこなわれていた病気平癒のための道教儀式であった。病や怪異などで遊離しようとする魂を招し復すという意味。

『小右記』万寿二年(一〇二五)八月七日条には、後朱雀天皇の皇后だった嬉子が薨じて、父の藤原道長が悲嘆のあまりに陰陽師恒盛・右衛門尉三善惟孝に嬉子の魂を招じる行法をおこなわせている。『吾妻鏡』嘉禄三年十一月二十五日には将軍頼経の病の苦痛が増したので、招魂祭がおこなわれたことが見えている。安貞二年六月二十三日条にも「廿三日　甲子　晴る。辰の刻、将軍家百日の招魂祭の御撫者、鼠これを喰らい損ずと云々」とある。

属星祭

開運のためにその年の属星を祭る儀式をいった。「属星」とは、人は生年の干支によって決められており、一生を支配する北斗七星のうちの一星に属するとの考え方があった。本命星を祭る祭事を陰陽道では「属星祭」といい、密教では、「本命星供」といった。日本において、属星祭には二つの形式がある。一つは通常の属星祭で、もう一つは正月元日におこなわれる四方拝である。

密教にあっては、妙見菩薩すなわち吉祥天と北斗と習合させ、これを「尊王星」あるいは「北辰尊星妙見大菩薩」となし、「尊星王法」などでこれを篤く祭ったため、一般の庶人も広くこれを祭るようになった。わが国の北斗信仰は「属星祭」という形をとって広く普及した。

『吾妻鏡』建暦元年六月二日条に「将軍家にはかに御不例、すこぶる御火急の気あり。よつて戌の剋、御所の南庭において属星祭を行はる。泰貞これを奉仕す」と見えており、属星祭は、病気平癒、延命を祈ったものであり、泰山府君祭の所願と共通している。

歳星祭（さいせいさい）

木星である歳星を鎮める祭祀である。歳星は、東方に位置し、春をつかさどる。この歳星が明るく輝いている時は、五穀滋盛し、国家安寧、民間には慶福がもたらされるという（暦林問答集）。

『史記』天官書では、「歳星は東方のしるしで、木にあたり、季節では春を支配し、日は甲乙にあたる。義が行われないと、その報いは歳星に兆候が現れる」とある。

太白星祭（たいはくせいさい）

太白星祭は金星である太白星を鎮める祭祀である。太白は金神（こんじん）として崇められ恐れられた。太白の運行が狂うと、兵乱が起こり、正しければ、天下泰平、五穀豊饒であるとされた。金神は金気（ごんき）の象徴であり、金気は万物を枯らし、伐事を司る。「金」は刃物に通じることから、殺人や裁きにより人に死をもたらす不吉の星とされた。金神七殺（しちせつ）といい、その方位を犯せば七人まで死者がでるという。

『吾妻鏡』には太白星の運行に関する記述はきわめて多い。元仁二年十月二十七日には、陰陽師国道が泰時亭を訪れ、今暁太白星が氏宿に入ったので、御所の造営を延引したほうがよいと進言した。寛喜四年正月五日には、月が太白を犯し、貞応三年四月七日にも同様なことがあってほどなく義時が死んだことから、「およそ和漢共に佳例にあらず」と記している。

熒惑星祭（けいわくせいさい）

火星である熒惑星を鎮める祭祀である。「けいごく」とも。熒惑星は「災星」ともいわれ、火の精であるとされて、これが運行するところには、兵革、疫病、飢旱、火災が生ずると恐れられた星であった。『伊呂波字類抄（いろはじるいしょう）』に「熒惑星祭り、一名火曜祭り、御衣を以てこれを祭る」と見えている。『吾妻鏡』貞応三年三月二十一日条に「怪（け）異（い）等の事によつて御祈禱を行はる。属星（ぞくしょう）・月曜・熒惑（けいわく）・百怪五座、泰山府君七座、等の御祭なり」とある。熒惑星は天に存在する星であるが、熒惑星祭はこの星を仰いでおこなわれたわけではない。熒惑星が地に降って神になったものを祭っている。『吾妻鏡』弘長三年九月十四日条に「十四日　辛卯　天晴る。御悩によって、晴宗御所において泰山府君祭を奉仕す。初度の勤仕なり。星降臨す。効験掲焉（けちえん）なり」とある。

熒惑星は災い星ともよばれた。『史記』天官書では「南方で火であり、夏を支配し、日は丙丁に相当する。礼儀が行われないと、その兆候は熒惑に現れる」としている。

ちなみに八将神の一つである歳殺神は、熒惑星の精が地上に降りて神になったもので、名は侍神相転王。本地は大威徳明王（だいいとくみょうおう）とされる。殺気をつかさどり、万物を滅ぼす。ことに丑・未・戌の方角は凶とされている。

大将軍祭（だいしょうぐん）

遊行する太白の精である大将軍を祀る祭祀である。『吾妻鏡』嘉禄元年十二月十七日条では、陰陽師晴幸が大将軍祭を新御所の宅鎮の祭祀としておこなっている記事が見えている。「十七日癸卯　霽る。夜に入りて、新御所において御祭等を行はせらる。いはゆる太歳八神祭は晴賢、謝土公は有道、井霊は信賢、大将軍は晴幸、王相は文元、防解火災は泰貞と云々」とあるのがそれだ。

『中右記』康和四年（一一〇二）二月二十七日条にも、「御方違、常に鳥羽殿に行幸す。しかるに今日より、大将軍遊行して北に在り、よって方違のため還御す」とあり、同記長承三年（一一三四）正月三日条に「大将軍北方にあるべきにより、万人方違す」とある。長承三年は寅の年であり、北方が大塞りの年であった。

『保元物語』（「三条殿に行幸の事」）に、「義朝は二条を東に発行す。清盛は、明れば十一日、東ふさがり、其上、朝日に向かつて弓引かん事、恐ありとて、三条へさがり、河原を東へ打渡り、東堤をのぼりに、北を指てぞ寄たりける」と見えている。「大将軍」が東の方にあるときを東塞といい、東の方に向かって事をなすことは凶とされた。清盛のような武家にも、この「大将軍」の方忌が深く根をおろしていたことがわかる。

大将軍神は、八将神の一である。柳田國男は、「大将軍」というのは正しくは「だいじょうごん」と訓むべきであるという。『簠簋内伝金烏玉兎集』によれば、八将神は牛頭天王の王子である。春夏秋冬および各季節に配当された四つの土用の期間を通じて回る行疫神とされている。歳徳神は、大将軍の母である。俗説では、素戔嗚尊が稲田媛を娶って生んだ八人の王子の一人であるとされる。八将神とは、五星から生じたもので、大歳神・大将軍・大陰神・歳刑神・歳破神・歳殺神・黄幡神・豹尾神をさした。

大将軍は金星の精である。大陰神は大歳神の妃で、鎮星すなわち土曜星の精である。歳刑神は、辰星すなわち水曜星の精で刑罰を司る。歳破神は土曜星の精であるが、大歳神に相向かう方位にあって、大歳神に突き破られるため、この名が付いたといわれる。歳殺神は大将軍同様金星の精であり、大将軍と同様に凶星とされる。黄幡神は大凶星とされる羅睺星の精とされ、凶星とされる。豹尾神も凶星とされる計都星の精とされ、豹の如くに凶暴で、猛悪の神とされる。金気は五行説において物を枯らし、伐ることを司るため、建築、移徙などは禁忌とされる。

この大将軍信仰は神道にも入り込み、京都の四面にあったという東方南禅寺前の大将軍社、西方紙屋川の大将軍社、南方藤森神攝社、北方大徳寺門前の大将軍社を始め、諸国にも大将軍社は多い。京都の大将軍八神社は、西の空で多くみられた太白星を祭る京都西郊の祭場が恒久化して神社になったものである。大将軍たる太白の方角を犯すと三年以内に死ぬといわれ、建築・移徙・仏事などはすべて禁忌とされた。

土公祭

土公神は、三千大千世界の主、堅牢大地神のことである。鎌倉時代、土公祭は宅鎮の祭りには欠かせぬ祭祀であった。『吾妻鏡』では、宅鎮祭も多くの記録があり、二十九回ほどが確かめられる。

土公呪符は土地祭祀全般に使用する。建築祭祀に八卦を描いて五方に「土公・土母」を祭る形をとる。土中の精としての「土公・土母」を拝するためだ。

春・戊寅日から六日間は、土公は東宮青帝青龍王の宮殿に遊行する。この間は小土小吉。その後、甲申の日に本宮に帰る。それから十日の間は大土悪日。

夏。甲午日から六日間は、土公は南宮赤帝赤龍王の宮殿に遊行する。この間は小土小吉。その後、庚子の日に本宮に帰る。それから八日の間は大土悪日。

秋。戊申日から六日間は、土公は西宮白帝白龍王の宮殿に遊行する。この間は小土小吉。その後、甲寅の日に本宮に帰る。それから十日の間は大土悪日。

冬・甲午日から六日間は、土公は北宮黒帝黒龍王の宮殿に遊行する。この間は小土小吉。その後、甲午の日に本宮に帰る。それから八日の間は大土悪日。

土公神が本宮に座を占めている期間は、土を耕したり掘ったりなどの土いじりや殺生をしてはならないとされている。

風伯祭（ふうはくさい）

風伯は道教において、風の神とされるが、その詳細についてはさまざまな説がある。一説には、二十八宿の東方七宿のひとつである箕宿であるという。箕宿は風の神とされ、八方の風を司り、五運に通じる神とされた。ちなみに「鳳凰」の「鳳」と風の字はもともと同じで、どちらも冠をいただいた大鳥の姿である。「鳳」とは上帝から派遣される風神の使いである。また「凰」は「皇」や「王」と同系の語で、「鳥の王者」という意味であり、古代中国の殷の王朝では、鳥を自分たちの祖先（トーテム）としていたのである。後に「鳳凰」は、太平の世の到来を告げる吉兆であるという信仰が生じた。

風伯を風師・風神ともいう。『淮南子・本経訓』高誘注に「大風、風伯也。能く人屋舎を壊す」とある。風伯が男神であるのに対して、女の風神を風姨（ふうい）という。伝説によれば風伯は黄帝の臣下とする。風伯というのはもともと自然神の一つであったが、漢代以降擬人化され、民間では、左手に輪を持ち、右手には箑（せんす）を持つ白髪の老人として描かれている。

『吾妻鏡』寛喜三年六月小十五日条にも「十五日　庚午　晴る。戌の刻、由比の浦島居前において風伯祭を行はる。前大膳亮泰貞朝臣これを奉仕す。祭文は法橋円全仰せを奉りてこれを草す。これ関東においてその例なしといへども、去月中旬の比より、南風しきりに吹き、日夜休止せず。かの御所のために、武州これを申し行はしめたまふ」とあり、この祭祀が鎌倉中期以降に幕府でもなされている様子をうかがうことができる。

七十二星祭

北斗の神格化したものである妙見大菩薩を太上神仙鎮宅霊符神として祭る。鎮宅霊符神を祭る社祠を鎮宅霊符社、または霊符社といい、各地に現存している。摂関時代以降、七十二星祭と西嶽真人符の祭を合わせて宅鎮がおこなわれた。

西嶽真人とは中国五山の西嶽である崋山の神で、地霊として崇められた神である。妙見大菩薩は、北辰・北斗七星を神格化したものであるが、北斗七星の第七星が破軍星と呼ばれたので、武家はこれを弓箭の神として信仰した。

『吾妻鏡』では、建暦三年八月二十日、実朝が新御所に移徙（わたまし）（渡座）した時に、七十二星西嶽真人の符が新御所の寝殿御寝所の天上の上に置かれ、陰陽師泰貞がこれに奉仕したことが見えている。また同じく、治承四年十月九日条には、頼朝の新居として知家事兼道の山内の宅を移築したものを用いた。この宅は正暦年間に建てられた後、いまだに火災のわざわいにあっていないという理由からである。それは、安倍晴明が鎮宅の符を押したことによるとされた。

四角四境祭（しかくしきょうさい）

『吾妻鏡』元仁元年十二月二十四日条・二十六日条には疫病が流行ったため、泰時が心を悩まし、四角四境の鬼気祭をおこなったことが記されている。奈良時代以来、内裏の四隅に祭壇を立て、疫病が宮城に侵入するのを防ぐために四角祭をおこなっていたことが諸史料で確かめられる。当時疫病は疫神により他所から侵入してくるという俗信があった。

『続日本紀』にも「祭疫神於京師四隅畿内十堺」の表現が見えている。一般に京都の四境とは会坂・和邇・大枝・山崎とされている。鬼気祭と四角四境祭はともに疫癘鬼を祀るものであり、その祭儀も異なっていたが、しだいに習合して四角四境の鬼気祭といわれるものになったのである。

鎌倉の四角四境の鬼気祭というのは、この京都の四角四境祭を倣ったものだった。鎌倉においては寛喜三年五月四日、ついで嘉禎元年十二月二十日、頼経が御所の艮（うしとら）の角、巽（たつみ）の角、坤（ひつじさる）の角、乾（いぬい）の角の四隅と、小袋坂（山内）・小壺・六浦・固瀬河（稲村）で四角四境祭を営んだのが初見である。ついでながら鎌倉の四境というのは、『吾妻鏡』によれば、東は六浦（むつら）、南は小壺、西は稲村、北は山内（やまのうち）とされる。

六字河臨法（ろくじかりんぼう）

六字河臨法は密教と陰陽道の七瀬の祓えや霊所七瀬祓が結合した修法である。もともと密教の修法は陰陽道の祭祀の要素を多くとりいれている。六字は〈六字陀羅尼〉の略で、〈六字真言〉ともいう。六字法は文殊菩薩の「六字呪王法」や観世音の「諸観音経」などを本軌とし、六字経法ともいう。六字河臨法というのは川に船を浮かべて六字経法を修することである。六字河臨法は天台宗では大法扱いになっていた。建保四年七月二十九日、相模川において、小河法印忠快が奉仕し、将軍実朝が御家人随兵一万騎を従え、盛大なる六字河臨法がおこっている。小河法印忠快は門脇宰相平教盛の息男であるが、台密小河流の開祖であり、和田義盛の乱では不動法を修して北条の勝利に貢献したとして、北条氏の信任を得た。流人として伊豆国小川郷に流されていたので小川法印といった。『吾妻鏡』は「無双の壮観なり」と驚嘆をもって描写している。

III 主要人物

＊『吾妻鏡』に登場する主要な武士・貴族・女性・僧侶などの略伝を記す。頼朝・義経など事跡の際だって多い人物は省いた。
＊記載の順は概ね以下の通り　通称・系譜（氏姓・父母）・本貫（名字）地。『吾妻鏡』中の有名な活動。
＊父母以外の系譜、及び本貫（名字）地は、『吾妻鏡』における一族内の初出者にのみ付した。

あ　行

朝比奈義秀　あさひな・よしひで

三郎。桓武平氏忠通流。父は和田義盛。安房国朝夷郡。武勇に優れ、建保元年の和田合戦で奮戦。

足利家氏　あしかが・いえうじ

太郎・中務権大輔。父は泰氏。母は北条朝時娘。足利氏の庶流斯波氏の祖。将軍宗尊親王の鶴岡参詣などに度々供奉している。文応二年正月、御所御鞠始に鞠足として参加し、弘長三年正月、御鞠奉行の一人となる。

足利俊綱・忠綱　あしかが・としつな／ただつな

藤原氏秀郷流。下野国足利庄。又太郎忠綱は以仁王追討の宇治川合戦で活躍。野木宮合戦で敗北し、郎従である桐生六郎の諫言により西海に赴いた。父の太郎俊綱は、鎌倉から討手が下る前に桐生六郎に殺害された。

足利泰氏　あしかが・やすうじ

三郎・丹後守・宮内少輔。父は義氏。母は北条泰時娘。有力御家人であったが、建長三年十二月、幕府に断りなく下総国埴生庄で出家し、その咎により同庄を没収された。了行法師による北条得宗家打倒の陰謀に関わる事件と考えられる。

足利義氏　あしかが・よしうじ

武蔵守・陸奥守・左馬頭。父は義兼、母は北条時政娘。父が頼朝の挙兵へ早期に参加したことや、北条氏との姻戚関係により幕府内で重んじられ、自身も北条泰時娘を妻に迎えた。

足利義兼　あしかが・よしかね

足利冠者・上総介・武蔵守、法名鑁阿あるいは義称。清和源氏義光流。父は義康、母は藤原季範あるいは範忠娘。下野国足利庄。治承四年に挙兵した源頼朝のもとに参じ、翌年北条時政娘を妻とするなど、頼朝に重用され、平家追討・奥州合戦に参加した。

飛鳥井雅経　あすかい・まさつね

近衛中将・参議。藤原北家師実流。父は頼経。母は源顕雅娘。和歌・蹴鞠に卓抜な才能を示し、鎌倉において頼家・実朝に厚遇された。鴨長明を鎌倉に招いて実朝に引き合わせ、藤原定家が送った和歌文書を実朝に献上している。

安達景盛　あだち・かげもり

法名覚智。父は盛長。母は丹後内侍。正治元年、源頼家に妾女を奪われた。建保六年から秋田城介を称し、子孫も世襲する。承久の乱では東海道軍に従う。のち高野山に入る。宝治合戦では三浦氏排除の中心的役割を担った。

足立遠元　あだち・とおもと

藤原氏山陰流か。父は遠兼。武蔵国足立郡。公文所開設時に寄人となる。建久元年頼朝上洛の際、度々の勲功により左衛門尉となる。

安達盛長 あだち・もりなが
藤九郎。藤原氏山陰流か。父は兼盛。頼朝の配流期から近侍する。頼朝の挙兵時には近隣の武士の許に赴き参陣を促した。のち上野国奉行人・三河国守護となる。

安達泰盛 あだち・やすもり
城九郎・秋田城介・陸奥守。父は義景。母は小笠原時長娘。北条時頼・時宗を支えた。蒙古襲来後に恩賞奉行を務め、幕府内に重きをなすも、平頼綱と対立し敗死する（霜月騒動）。漢籍や仏教に通じた教養人でもあった。

安達義景 あだち・よしかげ
城太郎・秋田城介。父は景盛。母は武藤頼佐娘。延応元年に評定衆、建長四年四月に五番引付頭人となり、執権政治を支えた。宝治合戦では率先して三浦氏を攻撃し、合戦後安達氏は北条氏に次ぐ有力御家人となった。

安倍親職 あべのちかもと
陰陽大允・陰陽権助。実朝〜頼経将軍期に幕府の重要な仏神事・儀式・祭礼・造営等の日次の勘申や奉仕などを行う陰陽師の第一人者であったが、北条義時の葬送勤仕は辞退している。

安倍宣賢 あべののぶかた
大監物。父は資元。陰陽師。実朝時代より鎌倉に下向し、安倍泰貞や同親職らとともに幕府の陰陽道祭祀を掌る。長命を保ち、弘長三年当時八十四歳であったという。その家業は、子資宣や孫範元らに引き継がれる。

天野遠景・政景　あまの・とおかげ／まさかげ

藤原氏南家為憲流。藤内遠景の父は景光。伊豆国天野郷。遠景は治承四年、源頼朝挙兵に参加。文治元年に鎮西奉行となり、同三年に鬼界島（きかいがしま）への遠征を企てたが失敗。内舎人（うどねり）・左兵衛尉・民部丞を歴任。その子政景は左衛門尉・和泉守を歴任。法名は蓮景。

伊賀朝光　いが・ともみつ

所六郎・右衛門尉・伊賀守。藤原氏秀郷流。父は藤原光郷、母は源邦業娘。伊賀守の官途をもって伊賀氏を称する。頼朝・政子の側近に勤仕して信任篤く、実朝将軍期に至り「宿老」と称される。

伊賀光季　いが・みつすえ

所右衛門太郎・左衛門尉・大夫判官。父は朝光、母は二階堂行政娘。兄弟に光宗、北条義時室がいる。建保七年、大江親広とともに京都守護に就任。承久の乱に際しては京方への誘いを拒否し、討たれる。

伊賀光政　いが・みつまさ

式部兵衛太郎・左衛門尉・山城守。父は宗義あるいは光高。庇御所結番衆や昼番衆として将軍宗尊親王に仕える。弘長元年三月、引付衆に加えられる。建治三年十二月、上洛して六波羅越訴奉行となる。

伊賀光宗　いが・みつむね

次郎左衛門尉・式部大夫・入道光西。光季弟。侍所所司、政所執事を歴任。一条実雅を将軍、政村を執権とする陰謀が発覚した（伊賀氏事件）際に配流されるが、政子の死後に許され帰参。のちに評定衆を務める。

一条実雅　いちじょう・さねまさ

伊予守・宰相中将。父は能保、母は藤原家恒娘。北条義時と伊賀局の娘を妻とする。義時死後に、妻の同父母兄弟である北条政村を執権とし、実雅を将軍とすることが画策された（伊賀氏事件）が発覚し、実雅は越前に流され当地で没した。

一条高能・信能 いちじょう・たかよし／のぶよし

ともに能保の子。高能の母は源義朝娘で、高能は源頼朝の甥にあたる。建久五年八月、鎌倉に下向し、頼朝に歓待された。この時、大姫との縁談が進められるが破談。建久七年に参議に任じ、翌年従三位となるがまもなく病死した。信能の母は江口遊女慈氏。信能は蔵人頭・参議に任じ、後鳥羽院の近臣として、院分国播磨の国守となる。承久の乱に際し京方に参加するが敗北。乱後捕えられ、美濃国遠山庄において斬首される。

一条能保 いちじょう・よしやす

摂関家頼宗流。父は通重、母は藤原公能娘。源頼朝の同母妹を妻としていた縁で頼朝の勢力確立後に急速に昇進し、権中納言に至る。文治二年に京都守護となり、頼朝の「耳目」の役割を果たす。

伊東祐親・祐清 いとう・すけちか／すけきよ

藤原氏為憲流。伊豆国久須美庄。祐親の父は祐家。工藤祐経から伊東庄を奪い取る。平家に仕えて頼朝を監視。娘が頼朝との間に一子を儲けた事に激怒してその子を殺害。祐親の子祐清は、祐親が頼朝を殺害しようとした際、その急を頼朝に知らせた。祐清の妻の母は頼朝乳母（めのと）の比企尼であった。その後父子ともに平家方に属し、祐親は頼朝軍に捕縛され自害し、祐清は北陸道の戦いで戦死。

稲毛重成　いなげ・しげなり

三郎。秩父平氏。父は小山田有重。妻は北条時政娘。武蔵国橘樹郡稲毛庄。平家追討軍、奥州合戦に従軍。北条氏による畠山氏討伐に加担したが、叛意の無い畠山氏を讒訴した罪により、三浦義村の軍に攻められ誅殺された。

宇都宮景綱　うつのみや・かげつな

下野四郎・左衛門尉。父は泰綱。母は北条朝時娘。将軍宗尊親王に近侍。正嘉元年十二月、廂衆や御格子番に勤仕。文永六年四月に引付衆、同十年六月に評定衆となる。蹴鞠や和歌にも造詣が深かった。

宇都宮朝綱　うつのみや・ともつな

三郎・左衛門尉。父は八田宗綱。上洛して平家に仕えるが、平家都落ちの後に関東へ下向し、宇都宮社務職を安堵された。平家家人の平貞能を匿い、頼朝に貞能の命乞いをした。奥州合戦や建久元年の頼朝上洛に供奉した。

宇都宮泰綱　うつのみや・やすつな

修理亮・下野守。父は頼綱。母は北条時政娘。寛元元年、評定衆となり、訴論沙汰を担当する。和歌に優れ勅撰集に入集している。また蹴鞠にも秀で、正嘉元年四月、泰綱の進言によって御所で蹴鞠の会が行われた。

宇都宮頼綱　うつのみや・よりつな

弥三郎。父は成綱。文治五年、奥州合戦に参陣。北条時政の女婿であり、元久二年の畠山重忠攻撃に参加。時政失脚後、謀反の嫌疑をかけられるが、出家し許される。法名を蓮生と号し、証空（浄土宗西山派）に帰依した。歌人としても有名。

大内惟義・惟信　おおうち・これよし／これのぶ

清和源氏義光流。平賀義信の子と孫。伊賀国大内郷か。惟義は内乱期には伊賀国守護として志田義広や平家残党に対処。文治元年相模守となり、建久三年美濃国守護として大番役を勤仕。伊勢・越前・摂津・丹波の守護にも任じ、京中の警固や御家人役の奉行、鎌倉での儀式に参列するなど活躍した。その子惟信は承久の乱で京方に属した。

大江佐房　おおえのすけふさ

左近大夫将監。父は大江親広。承久の乱で父の親広は京方に付くが、佐房は幕府方に付き摩免戸（まめど）の合戦などで活躍。

大江親広　おおえのちかひろ

父は広元。母は源仁綱娘。源通親の猶子となり源姓を称したが、実父広元と共に大江姓に復す。承久元年、京都守護として上洛。承久の乱では京方に属す。

大江広元　おおえのひろもと

因幡守・兵庫頭・大膳大夫。父は中原広季。頼朝の招きで鎌倉に下り、公文所（のち政所）別当として、鎌倉幕府の草創に活躍した。頼朝死後は北条氏の執権政治確立に寄与した。

大友能直　おおとも・よしなお

左近将監・豊前守。相模国大友郷。父は近藤能成、母は波多野経家娘とされる。中原親能の猶子。幕府初期の奉行人で、のちに在京活動などに従事。特に鎮西の事は「一方にこれを奉行す」と称された。豊後大友氏の祖。

大庭景義・景親　おおば・かげよし／かげちか

桓武平氏忠通流。ともに父は景宗。相模国大庭御厨。保元の乱で兄弟ともに源義朝に従う。平治の乱後、三郎景親は平家の「東国ノ御後見」

となる。治承四年の源頼朝挙兵の際、景親は石橋山合戦で頼朝軍を破るが、富士川合戦での平家軍敗北後に斬首された。平太景義は頼朝の挙兵に参加し、奥州合戦では頼朝に勅許なき出陣を決意させる。のちに冤罪で鎌倉を追放され、建久六年に頼朝上洛の供奉を願って許された。

小笠原長清　おがさわら・ながきよ

加々美次郎。清和源氏義光流。父は加々美遠光。平知盛に仕えていたが、治承四年に源頼朝のもとに参じる。承久の乱で東山道大将軍となり、戦後阿波守護となる。

小鹿島公業　おがしま・きみなり

橘次・左衛門尉・薩摩守。公成とも。橘氏。本貫は伊予国宇和庄で、出羽国秋田郡小鹿島を名字地とする。父は、平知盛家人でのちに小笠原長清との「一所傍輩(いっしょほうばい)の好(よしみ)」により頼朝の下に伺候した公長。故実に造詣深く、建久六年の上洛に際し山門衆徒が威嚇する前を下馬せず通過するよう頼朝に進言した。

小野義成・成時　おの・よしなり／なりとき

横山党。成綱の子・孫。野三左衛門義成は在京して大夫判官・防鴨河使(ぼうかし)に補任され承元二年に没。子息の野次郎左衛門尉成時は承久の乱では京方に属し、宇治川合戦で戦死。

小山朝長　おやま・ともなが

新左衛門尉。父は朝政。承久の乱では東山道大将軍の一人として大井戸で活躍。戦後、張本公卿の一人である中御門宗行を預かる。

小山朝政　おやま・ともまさ

小四郎、下野入道生西(しょうせい)。藤原氏秀郷流。父は政光。下野国寒河御厨（小山庄）。寿永二年の野木宮合戦で志太義広の追討を担う。下野国のほか播磨国の守護も務めた。在京中の宿所が三条東洞院にあったことが知られる。頼経将軍期に至り、幕府宿老として重きをなした。

小山長村　おやま・ながむら

五郎・出羽前司。父は長朝。母は中条宗長娘。弓に優れ射手を度々勤仕。建長二年、大神宮雑掌の訴により、十六代相伝してきた下野国大介職を改補されたが、愁訴して返された。

か　行

加々美遠光　かがみ・とおみつ

信濃守。清和源氏義光流。父は逸見清光、母は佐竹義業娘。甲斐国加賀美庄。治承四年に甲斐源氏の一員として反平家の兵を挙げる。文治元年に源頼朝の推挙で信濃守に任官。建久三年に頼朝から実朝の将来を託される。

葛西清重　かさい・きよしげ

三郎・右兵衛尉・壱岐守・入道定蓮。秩父平氏。父は豊島権守清光。下総国葛西御厨。治承四年、反平家の挙兵をした頼朝を武蔵国の隅田川で迎えた。その後平家追討、奥州合戦に従軍。その功により奥州総奉行となり、胆沢・磐井・牡鹿三郡内の数箇所を拝領。

梶原景時・景季　かじわら・かげとき／かげすえ

桓武平氏忠通流。平三景時の父は景長（一説に景清）。相模国梶原郷。景時は石橋山合戦で平家軍に属しながら源頼朝の危急を救い、その後子息である源太景季とともに頼朝に仕える。平家追討では源義経の副官となり、頼朝に讒言して義経との不和の原因を作ったとされる。播磨・美作守護、侍所所司・別当、厩別当、美作目代を歴任。頼朝の死後は頼家の補佐役となったが、正治元年、他の御家人の排斥を受けて鎌倉を追放され、翌年に上洛する途中、駿河国清見関で敗死。

上総広常 かずさ・ひろつね

介八郎・上総権介。桓武平氏忠常流。父は常澄。両総平氏の族長。保元・平治の乱では源義朝に属し、平治の乱後は平家に従う。治承四年に源頼朝の挙兵に大軍を率いて参加したが、寿永二年に鎌倉で嫡子能常とともに誅殺された。

糟屋有季 かすや・ありすえ

藤太。藤原北家冬嗣流。相模国大住郡糟屋庄。文治二年、義経家人の堀景光を生け捕り、佐藤忠信を討つ。建仁三年、舅の比企能員と共に討たれる。三人の子息有久・有長・久季は承久の乱で京方に属した。

加藤光員・景廉 かとう・みつかず／かげかど

藤原氏利仁流。父は景員。伊勢国の出身。兄弟共に頼朝挙兵の当初から活躍。加藤太光員は後鳥羽院西面に候し、伊勢祭主の大中臣能隆にも仕えた。加藤次景廉は梶原景時の朋友であり、比企能員を誅殺した。承久の乱の際は、光員は京方に属し乱後は行方不明、景廉は鎌倉に留まった。

金窪行親 かなくぼ・ゆきちか

太郎・兵衛尉・左衛門大夫。得宗被官。建保元年、北条義時の侍所別当就任に伴い所司を務めるなど、主に軍事・警察面から北条氏の幕府運営を支えた。

狩野為佐 かのう・ためすけ

民部大夫・大宰少弐。頼経将軍期の奉行人・評定衆・御厩別当。頼経の帰洛前に評定衆を解任されるが、のちに引付衆を務める。

観基（寛基・寛喜） かんき

土佐守源国基の子。園城寺派の僧。大進僧都、大進法印。承久元年将軍家の御持僧として下向し、将軍に近仕した。寛喜二年十一月八日には、陸奥国で石雨が降った不思議な現象を将軍御所へ報告し、その石を献上している。

義円 ぎえん

源義朝の八男。母は常磐御前。童名乙若丸。源義経の兄。初め円成。卿公（きょうのきみ）。平治の乱後、母とともに平家に捕縛される。処刑は免れたが、出家を強いられ、八条宮円恵法親王の坊官となる。治承四年兄源頼朝が挙兵すると関東に下る。翌年叔父源行家とともに尾張国墨俣川で平家軍を迎撃するが、敗死。

清原教隆 きよはらののりたか

三河守。父は仲隆。寛元二年までに鎌倉に下り将軍九条頼嗣・宗尊親王の学問を教導した。建長四年四月、幕府の引付衆に任ぜられ、正元元年九月には直講となる。鎌倉の文運興隆に貢献し、北条実時らに深い学問的影響を与えた。

清原満定 きよはらのみつさだ

左衛門尉・左衛門少尉。父は清定。早くから政所の奉行人として活躍する。仁治元年正月、評定衆となり、建長元年、引付衆となった。鎌倉の寺社修造や興行に携わるほか、鎌倉地奉行や官途奉行の任にあたった。

九条道家 くじょう・みちいえ

光明峯寺殿。父は良経、母は一条能保娘。四代将軍頼経の父。仲恭天皇の摂政だったが承久の乱により罷免。乱後、四条天皇の外祖父として朝廷に権勢を振るう。西園寺公経の没後、関東申次を独占するが、名越氏の乱に縁坐し罷免。

日記に『玉蘂（ぎょくずい）』がある。

九条兼実　くじょう・かねざね

月輪殿（つきのわどの）・後法性寺殿。父は藤原忠通、母は藤原仲光娘。文治元年、源義経の要求で後白河が頼朝追討宣旨を下した際に強く反対する。同年頼朝の推挙により内覧、議奏公卿に選ばれ、翌年摂政・藤氏長者となる。日記に『玉葉（ぎょくよう）』がある。

工藤景光　くどう・かげみつ

工藤庄司。藤原氏為憲流。父は行景。治承・寿永の内乱では、子息行光と共に安田義定の軍に参加。甲州を出発して波志太山において俣野五郎景久の軍を敗走させた。養和元年、行方不明になっていた平家方の平井紀六を相模国蓑毛において捕縛した。

工藤祐経　くどう・すけつね

工藤一﨟。藤原氏為憲流。父は祐継。平重盛に仕えた。伊豆国伊東庄と妻を同族の伊東祐親に奪われたため、祐親の嫡男河津祐泰を殺害。源頼朝に仕えて信任を得る。建久四年の富士野の巻狩りの際に曾我兄弟によって討たれた。

熊谷直実　くまがい・なおざね

次郎。父は直貞。武蔵国熊谷郷。当初は平家方に属したが、後に頼朝軍に参加。一ノ谷合戦において平敦盛を斬った。建久三年、久下直光との境相論に負け、それを契機に出家して法然門下となり、蓮生と号した。

厳恵　げんえ

真言宗随心院門跡。藤原高実の子。左大臣法印。建長二年三月三日随心院門跡厳海より、将軍家祈禱料所讃岐国神崎・吉原両荘地頭職を譲られる。同四年九月十六日幕府より同職を安堵される。鎌倉では供養・祈禱の導師を勤めるなど、所領安堵を含め、幕府との深いつながりが垣間みられ、鎌倉時代に全盛を迎える随心院繁栄の一端をうかがわせる。

河野通信　こうの・みちのぶ

四郎。越智氏。父は通清。伊予国風早郡河野郷。源義経の屋島攻撃に兵船を整え参加。奥州合戦では阿津賀志山で奮戦。元久二年、伊予国御家人三二人の御家人役の沙汰を任される。承久の乱では京方に属した。

後藤基清・基綱　ごとう・もときよ／もとつな

藤原氏利仁流。河内国の出身か。基清の実父は佐藤仲清、養父は実基。在京して嗷訴防御や平賀朝雅追討などで活躍、後鳥羽院西面に候す。承久の乱では京方に属し、鎌倉方に属した子息の基綱に斬首された。基綱は頼経の近習番となるほか、評定衆・恩沢奉行・引付衆をつとめた。

後藤基政　ごとう・もとまさ

佐渡守・左衛門尉・壱岐守。父基綱。保奉行人として鎌倉の市政を担当した。弘長元年三月、引付衆に加えられる。和歌に卓抜な才能を示し、将軍宗尊親王の命によって『東撰和歌六帖』を撰進する。鞠の堪能でもあった。

小早川遠平　こばやかわ・とおひら

土肥弥太郎。桓武平氏良文流。父は土肥実平。相模国早河庄。治承四年に源頼朝の挙兵に参加。安芸小早川家の祖であり、孫の茂平は安芸国沼田庄を本拠とした。

近藤国平　こんどう・くにひら

近藤七（こんどうしち）。藤原氏秀郷流。父は国澄。承安三年に流罪に処せられた文覚を伊豆に護送。治承四年に源頼朝の挙兵に加わり、文治元年に中原久経とともに鎌倉殿御使として京都、ついで九州・

四国に派遣された。

さ　行

西園寺公経・実氏　さいおんじ・きんつね／さねうじ

藤原北家閑院流。公経の父は実宗、母は持明院基家娘。一条能保娘の全子を妻としたことから、幕府と親密な関係を結び、関東申次を務めた。四代将軍九条頼経は公経の外孫。承久の乱後は、娘婿の九条道家とともに朝廷の実権を握った。実氏は、公経と全子との間に生まれた。実氏の娘姞子は、後嵯峨天皇の中宮として入内し、後深草・亀山天皇を生む。以後、西園寺家は外戚として朝廷に確固たる地位を占めた。父子ともに琵琶や和歌に秀でたことで知られる。

西行　さいぎょう

俗名佐藤義清（のりきよ）。父は左衛門尉康清、母は監物源清経の娘。法名円位。鳥羽院の北面の武士も勤めたが、保延六年二十三歳で出家。歌人としても秀でており、俗世から離れ各地を遍歴。文治二年八月炎上した東大寺再建勧進のため、陸奥に向かう途中、鎌倉の源頼朝とも対面。弓馬や和歌の道を深夜まで歓談した。陸奥から帰洛後、嵯峨、河内国弘川寺に居住し、晩年歌人として活動した。

佐々木定綱・経高・盛綱・高綱・義清　ささき・さだつな／つねたか／もりつな／たかつな／よしきよ

宇多源氏。近江国佐々木庄。五人の父の秀義は、頼朝挙兵当初から子息らと馳せ参じ、元暦元年頃近江に戻るが、伊勢・伊賀平氏の蜂起で落命。太郎定綱が跡を受けて近江守護となり、主に京・近江で活動する。建久二年、子息定重が在地で日吉社宮仕と紛争し、流罪宣下の前に逐電する。のち許され、近江守護を回復、長門・石見の守護職も得た。次郎経高は主に阿波・京で活動。正治二年、京中を騒がせたため淡路・阿波・土佐の守護職を没収された。承久の乱では男高重と共に京方に属す。三郎盛綱は伊予の守護職を得、越後の検断に関与した。主に鎌倉・越後・上野で活動。建仁元年、城資盛の蜂起の際は、越後・佐渡・信濃の御家人を率いた。四郎高綱は長門守護となり、東大寺大勧進の重源に協力した。五郎義清は主に鎌倉で活動。承久の乱後、隠岐・出雲の守護職を得る。建仁三年、後鳥羽の命で延暦寺堂衆を攻撃した際は、定綱・経高・盛綱が参戦。高綱の子息の重綱も加わったが、重綱は父の予言した通り戦死した。

佐々木氏信 ささき・うじのぶ

四郎・左衛門尉・対馬守。宇多源氏。父は信綱。母は平為重娘。京極家の祖。宝治合戦の際、北条時頼の使者として三浦泰村邸に赴き、三浦方の情勢を探っている。文永二年六月、引付衆となり、同三年十二月、評定衆に加えられる。

佐々木広綱・信綱 ささき・ひろつな／のぶつな

父定綱の没後、小太郎広綱が近江国守護を継ぎ山門堂衆追討や京の警固に携わる。承久の乱で広綱は京方に属し梟首。弟の四郎信綱は鎌倉方に属し、佐々木庄・近江国守護職・朽木庄地頭職などを与えられ、文暦元年に評定衆に列した。

佐々木泰綱 ささき・やすつな

三郎・左衛門尉・壱岐守。父は信綱。母は平為重娘。六角家の祖。将軍九条頼経・頼嗣に仕える。宝治元年十二月、京都大番役勤仕を命ぜられる。三男であるが佐々木氏の惣領職を継ぎ、父の遺領をめぐって兄重綱と争う。

佐竹隆義　さたけ・たかよし

四郎。清和源氏義光流。父は昌義。常陸国佐都西郡佐竹郷。治承四年に源頼朝が佐竹氏を攻めた際は平家に従い在京しており、子の秀義が抗戦した。

佐竹秀義　さたけ・ひでよし

佐竹冠者・佐竹別当。父は隆義。治承四年源頼朝が常陸を攻めた際、在京中の父に代わり金砂城に籠り抗戦、その後奥州花園城に逃亡。文治五年奥州合戦の際、御家人に列す。

佐原盛時　さわら・もりとき

五郎左衛門尉・三浦介。桓武平氏忠通流。父は盛連、母は三浦義村娘の矢部禅尼（北条泰時前妻）。三浦氏の傍流・佐原氏の出身であるが、宝治合戦の際に三浦本宗家と袂を分かち時頼の下に参ずる。後に三浦本宗家の表象たる三浦介を称する。

佐貫広綱　さぬき・ひろつな

四郎大夫。藤原氏秀郷流。父は広光。上野国邑楽郡佐貫庄。建久三年、頼朝を討とうと左眼盲を装って近付いた上総五郎兵衛尉を捕らえる。

志田義広　しだ・よしひろ

三郎先生（さぶろうせんじょう）。父は源為義。常陸国志太庄。野木宮合戦で小山朝政に敗れ、その後木曽義仲に従う。元暦元年、伊勢国羽取山にて波多野盛通・大井実春に討たれる。

七条院　しちじょういん

名は殖子。父は藤原信隆、母は持明院通基娘。後高倉院・後鳥羽天皇の母。建久元年に院号宣下。承久の乱後、後鳥羽が落飾した際、鳥羽殿にて対面し、その後、後鳥羽の配流先へ修明門院と共に歌を送る。安貞二年没。

島津忠綱　しまづ・ただつな

左衛門尉・周防守。父は忠久、母は畠山重忠娘。承久三年に父忠久が越前国守護に任じられると、その代官として越前国に移住、越前島津氏の祖となった。

島津忠時　しまづ・ただとき

左衛門尉・大隅守。父は忠久、母は畠山重忠娘。承久の乱の武功で若狭守護に任じられ、安貞元年に父の跡を継ぎ薩摩守護・島津庄総地頭などに任じられた。

島津忠久　しまづ・ただひさ

左衛門尉・豊後守、法名得仏。父は惟宗忠康で、同広言の養子とされる。薩摩国島津庄。当初は摂関家家人。頼朝の乳母比企尼の縁で鎌倉御家人となり、建仁三年の比企氏の乱で一時逼塞。薩摩・大隅・日向・越前守護を歴任。

下河辺行平　しもこうべ・ゆきひら

下河辺庄司。藤原氏秀郷流。父は行義。下総国葛飾郡下河辺庄。弓に優れる。養和元年、頼朝暗殺を図った左中太常澄を捕らえ、下総国衙への貢馬を免除された。建久六年、子孫を源氏門葉に準ずべしとする頼朝の御書を下された。

城長茂　じょう・ながもち

本名は助職(すけもと)。通称は城四郎。桓武平氏繁盛流。父は資国。養和元年に横田河原で源義仲に敗北。同年越後守任官。平家滅亡後に囚人となるも、奥州合戦に従軍し御家人に列する。建仁元年に幕府追討の宣旨を請うが許されず、吉野で討たれる。

昌寛　しょうかん

成勝寺執行。一品房。養和元年五月小御所御厨などの造営、同年七月鶴岡八幡宮若宮造営の奉行を勤める。さらに文治六年七月六波羅亭新造、翌二年十月法住寺殿の修造などにも奉行となるなど、建築技術・知識を有していた人物と考えられる。なお文治五年の奥州討伐にも参戦する。また娘は三浦胤義の妻となる。

定暁 じょうぎょう

鶴岡八幡宮第三代別当。若宮三位房、三位僧都。平大納言時忠一門。初代別当円暁・園城寺長吏公胤の弟子。建永元年七月三日別当。建保四年八月十九日鶴岡の境内に北斗堂を建立。神宮寺の役割強化のため、これら脇堂を加持祈禱施設とし、密教的性格を取り入れた。源頼家の遺児善哉（公暁）の師でもある。

貞暁 じょうぎょう

法名能寛。鎌倉上人、千阿上人、高野法印。源頼朝の三男であったが、母が藤原時長（伊達朝宗）の娘大進局であったため、北条政子の怒りを恐れ、鎌倉を離れ真言宗の僧侶として高野山に入る。三代将軍実朝殺害後、新将軍候補となるが、就任を固持した。

浄光 じょうこう

鎌倉大仏（現、鎌倉市長谷高徳院）建立を発願造立した僧。嘉禎四年三月二十三日、大仏造作の勧進を企てる。幕府の財政的援助・民衆の喜捨などにより、寛元元年六月十六日木像阿弥陀如来像・大仏殿を完成させ供養する。建立された木仏は現在の金銅製大仏の前身と考えられている。

定豪 じょうごう

鶴岡八幡宮第六代別当。民部権少輔源延俊の子。弁法印、弁僧正。建久二年三月、源頼朝より直接供僧に補任される。承久二年正月二十一日東寺系初の別当となる。承久の乱に際しては幕府方戦勝祈禱を執行。承久三年八月別当退任、その後幕府の推挙で熊野三山検校に就任。安貞二年八月東大寺別当となり、嘉禎二年十二月二十四日東寺一ノ長者となる。大寺院の長の歴任は、幕府の影響が大きいと思われる。

成尋 じょうじん

武蔵七党横山党流中条氏。小野成任の子、成田太郎成綱の弟。義勝房。治承四年八月石橋山の戦いで兄盛綱とともに参戦。文治元年九月梶原景季とともに幕府使節として上洛。建久五年十二月他の御家人ともども御願寺の奉行人になるなど、初期幕府御家人として活躍した。

親基 しんき

勧進上人。寛元四年三月十四日、信濃善光寺供養に際し、勧進上人として活動する。

審範 しんぱん

鶴岡八幡宮の供僧。熱田大宮司藤原季範の曾孫、明季の子。顕宗長舜法眼の門弟。貞永元年供僧となり、最勝講の講職などを勤める。没する直前、前執権北条時頼が最後の対面に来訪するなど、北条氏との密接な関係が推察される。

諏訪盛重 すわ・もりしげ

諏訪上社大祝。承久の乱の際には信濃国諏訪で世上無為の祈禱を行い、子息信重が東山道軍に属して進軍中との書状を北条義時に送った。のち、諏訪氏は得宗被官として北条氏の幕府支配を支える。

全成 ぜんせい

父は源義朝、母は常盤。幼名今若。平治の乱後、醍醐寺において出家。源頼朝の挙兵にいちはやく参加。妻は北条時政の娘阿波局。建仁三年、謀反の疑いのため捕らえられ、その後、八田知家により殺害される。

曾我祐成／時致　そが・すけなり／ときむね

通称は祐成が十郎、時致が筥王・五郎。藤原氏為憲流。ともに父は河津祐泰、祖父は伊東祐親。父が工藤祐経に討たれた後、母の再嫁により曾我祐信により養われた。建久元年、時致は北条時政を烏帽子親にして元服。同四年五月の富士野の巻狩りにおいて、兄弟でともに祐経を討ち取ったが、祐成は仁田忠常により討たれ、時致も梟首された。

曾我祐信　そが・すけのぶ

太郎。伊東祐親の甥で工藤茂光の孫。仇討ちで有名な曾我兄弟の養父。相模国曾我庄。当初は平家方に属して大庭景親に従軍したが、後に源頼朝に降伏して御家人に列し、平家追討、奥州合戦に従軍。

尊暁　そんぎょう

鶴岡八幡宮第二代別当。行恵法眼の子、母は源為義の娘、初代別当円暁の実弟。宰相阿闍梨、若宮別当。建仁元年二月一日別当就任。元久元年正月十八日源実朝の代理として二所詣へ進発。別当の代理二所詣はこれが最初。翌年十二月二日源頼家遺児善哉（後の公暁）を弟子とする。

尊長　そんちょう

二位法印。父は一条能保。後鳥羽院に近侍し、その御願寺最勝四天王院の寺務を務める。承久の乱において京方の中心人物となる。乱後、身を隠し各地を転々とするが、安貞元年六月、京都油小路において捕えられ自害。

た　行

平貞能　たいらのさだよし

桓武平氏貞季流。父は家貞。平家重代の家人として筑前守・肥後守を歴任。寿永二年の平家都落ちに一度は同行するが、その後脱落して出家。文治元年に宇都宮朝綱を頼って投降し、頼朝に宥免される。

平重衡　たいらのしげひら

本三位中将。桓武平氏正衡流。父は清盛、母は平時子。極官は従三位左近衛権中将。治承四年の南都焼討ちなどで活躍するが、元暦元年の一ノ谷合戦で捕らえられ、翌年南都大衆に引き渡され斬首される。

平時忠　たいらのときただ

大納言。桓武平氏高棟王流。父は時信。平清盛の妻時子の兄。清盛の政治的地位が高まると共に累進し、平氏政権を支える。壇ノ浦合戦において捕らえられ、能登に配流された。その剛腹な性格を物語る逸話は少なくない。

平信兼・兼隆　たいらののぶかね／かねたか

桓武平氏貞季流。信兼の父は盛兼。信兼は検非違使を経て出羽守・和泉守などを歴任し、寿永三年一月に源義経の京攻めに与力したが、翌年八月に伊勢国で討たれた。子息の兼隆は検非違使に任じたが、治承三年に父の訴えにより伊豆国山木に流罪され、山木判官と呼ばれた。翌年、平時忠が伊豆の知行国主になると目代に起用されたが、頼朝の挙兵により討たれた。

平盛綱　たいらのもりつな

三郎左衛門尉・左衛門入道盛阿。得宗被官・侍所所司として北条泰時・時房の幕府運営を支えた。尾藤景綱の後に泰時の家令（かれい）となる。

平盛時　たいらのもりとき

民部丞。幕府初期の奉行人、問注所寄人。頼朝の右筆・側近吏寮として重用され、幕府の使者・御家人への指令伝達・仏事などの奉行を務める。

平頼綱　たいらのよりつな

新左衛門三郎・新左衛門尉。父は盛綱。幕府の御的射手や元旦垸飯における御馬曳きを務める。執権北条時宗に仕え、寄合に出席して幕府に隠然たる地位を占めた。時宗死後、霜月騒動で安達泰盛を倒すが、まもなく北条貞時に滅ぼされる（平禅門の乱）。

高階泰経　たかしなのやすつね

父は高階泰重、母は藤原宗兼娘。後白河院近臣。元暦元年、後白河の使として、屋島に出立する源義経を制止。文治元年、義経挙兵に同意したとして大蔵卿を解官され、伊豆へ配流されるも翌年帰京。

高倉範茂　たかくら・のりしげ

甲斐宰相中将。藤原南家貞嗣流。父は藤原範季、母は平教盛娘。姉妹に修明門院重子がいる。後鳥羽近臣として、承久の乱では宇治川合戦等に出陣するも敗れ、合戦張本公卿として北条朝時に預けられる。鎌倉に護送される途中で入水。

武田有義　たけだ・ありよし

清和源氏義光流。甲斐源氏。父は信義。平重盛に仕え中宮侍長（さむらいのおさ）・左兵衛尉に任官。治承四年、反平家の兵を挙げて駿河目代橘遠茂の軍を破り、翌年解官される。正治二年、梶原景時の謀叛に与したことが露見し逃亡、八月に死去。

武田信光　たけだ・のぶみつ

石和五郎、法名光蓮。父は信義。甲斐国石和庄。

治承四年、父に従って反平家の兵を挙げ、富士川合戦で平家軍を潰走させる。兄有義の死後武田家惣領となり、承久の乱の戦功で安芸守護となる。

竹御所 たけのごしょ

父は二代将軍頼家。母は比企能員娘。三代将軍実朝室（坊門信清娘）の猶子（ゆうし）となる。北条政子の没後は鎌倉将軍家の仏事等を執り行う。寛喜二年、四代将軍頼経の室となる。文暦元年、難産のため没。

湛増 たんぞう

熊野第二十一代別当。湛快の子。熊野別当法印。治承四年源頼政挙兵に際しては熊野の源行家の動向を平清盛に伝えるが、やがて平氏と対立を深める。文治元年二月屋島の戦いでは源義経に従軍。同年三月壇ノ浦の戦いでは水軍を率いて参戦。建久六年五月上洛した源頼朝とも対面。元暦元年十月熊野別当となる。

千葉常胤 ちば・つねたね

千葉介。桓武平氏忠常流。父は常重、母は常陸大掾平政幹娘。下総国千葉庄。保元の乱で源義朝に従い、治承四年に源頼朝に参じる。長老として幕府内で重きをなし、平氏追討や奥州合戦でも功を挙げ、下総守護となる。

忠快 ちゅうかい

園城寺派の僧。平教盛の子。小川法印、中納言律師。大教房。早く仏門に入り覚快法親王の門下となる。安元二年に受戒、慈円や玄理に師事する。平家一門の都落ちに同道。文治元年三月壇ノ浦の合戦では鎌倉方に捕らわれ伊豆に配流。晩年比叡山横川楞厳院の長吏、法印権大僧都となる。歌人でもある。

中条家長 ちゅうじょう・いえなが

出羽前司。実父は義勝房法橋成尋、養父は八田知家。武蔵国埼玉郡中条保。建久元年、頼朝の内許を得ず右馬允に任官したが不興を買い辞官。建仁三年、頼朝法華堂の奉行となる。宿老として四代将軍頼経に近侍。嘉禄元年、評定衆に列す。

重源 ちょうげん

舜乗房。俗名刑部左衛門尉重定。紀季重（一説季良）の子。十三歳で醍醐寺に入る。平家の焼き討ちを受けた東大寺再建のため、養和元年八月造東大寺大勧進となり喜捨を集める。文治元年三月には源頼朝より米一万石・沙金一千両などの奉加物を受ける。建久六年三月、後鳥羽天皇や頼朝・政子など幕府関係者を迎え、東大寺供養が挙行された。

東胤頼 とう・たねより

六郎大夫。桓武平氏忠常流。父は千葉常胤、母は秩父重弘娘。下総国東庄。上西門院に仕え、従五位下に叙される。治承四年に伊豆の源頼朝を訪ねて密談し、頼朝の挙兵に際して父常胤に呼応を勧めた。

土肥実平 どひ・さねひら

次郎。桓武平氏頼尊流。父は中村宗平。相模国足下郡土肥郷。平家追討戦で活躍し、備前・備中・備後の総追捕使となるなど、頼朝の眼代として西国の巨細をまかされた。義経失脚後も上洛し、京畿内の警固にあたった。

な　行

内藤盛時 ないとう・もりとき

右馬允・左衛門尉。父は盛家。嘉禄二年、父の吹挙により検非違使となったが、父の恣意によるところであり、幕府で評議されたのち召名（めしな）を止められた。

中野能成　なかの・よしなり

五郎。出自未詳。信濃国志久見郷。『吾妻鏡』では源頼家の近習として建仁三年の頼家失脚に連座し、所領収公・流罪の処分を受けたとされる。実際には所領を安堵されており、北条氏のスパイとする説もある。

中原親能・季時　なかはらのちかよし／すえとき

親能は斎院次官・掃部頭・法名寂忍。季時は右京進・駿河守・法名行阿。親能の父は広季と伝えるが、実父藤原光能・外祖父中原広季とする説もある。親能は幼時に相模国住人に養われ源頼朝と「年来の知音（ちいん）」となる。のち上洛して源雅頼の家人となり、治承四年の頼朝挙兵後に頼朝のもとに参じる。公文所寄人・公事奉行人・鎮西奉行・京都守護や、豊後・筑後・肥後守護などを務める。親能の子の季時は京都守護などを務める。

中原仲業　なかはらのなかなり

右京進・民部丞。父は未詳。中原親能の家人。鎌倉幕府では公事奉行人・右筆・政所寄人・問注所寄人を務める。正治元年の梶原景時弾劾に際して訴状を執筆。

中原久経　なかはらのひさつね

典膳大夫。父は未詳、母は波多野遠義娘。源朝長の異父兄弟。内膳典膳に任官し従五位下に叙される。源頼朝挙兵後は鎌倉に下り、文治元年に近藤国平とともに鎌倉殿御使として畿内近国へ、ついで九州・四国に派遣される。

中原光家 なかはらのみついえ

小中太。父は未詳。頼朝の伊豆流罪中から仕えた吏僚で、幕府政所の知家事（ちけじ）となる。治承四年の頼朝挙兵直前に、安達盛長の副使として武士を動員。寿永元年に頼朝の愛妾亀前を自宅に預かる。

中原師員 なかはらのもろかず

助教・摂津守・大膳大夫。父は中原師茂。外記などを経て幕府に仕え、評定衆に名を連ねる。該博な知識を駆使して諸事の諮問に与り、頼経・頼嗣将軍期の幕政を支えた。

長井時秀 ながい・ときひで

甲斐太郎・宮内権大輔。父は泰秀。妻は安達義景娘。評定衆・引付衆などを歴任。正嘉元年の比叡山と園城寺の争論の際には幕府の使者の一人として上洛。

長井時広 ながい・ときひろ

父は大江広元。武蔵国幡羅郡長井庄か。長井氏の祖。建保六年、実朝の任大将神拝の前駈勤仕のため京から下向。再上洛の希望を実朝は不快とした。実朝暗殺の翌日に出家。

長井泰秀 ながい・やすひで

甲斐前司。父は時広。貞永元年、祖父広元の諸記録を送られる。仁治二年、評定衆に列す。寛元元年、訴論沙汰の三番に属す。宝治二年、将軍頼嗣が泰秀第に方違した。建長五年、四十二歳で没。

長沼宗政 ながぬま・むねまさ

五郎淡路守。藤原氏秀郷流。父は小山政光、母は宇都宮宗綱娘の寒河尼か。下野国芳賀郡長沼庄。建保元年、畠山重忠末子の重慶の生け捕りを命じられたが、その首をあげた。そのため将軍実朝から非難されたが、「当代は歌鞠をもって業となし、武芸は廃るるに似たり」と反論した。

名越光時　なごえ・みつとき

越後太郎・周防守・越後守・入道蓮智。父は北条朝時、母は大友能直娘。三浦光村らとともに将軍頼経の側近勢力を形成。父朝時の死後、執権時頼によって伊豆国江馬に流される。

二階堂基行　にかいどう・もとゆき

隠岐左衛門尉・入道行阿。父は行村。文士である二階堂氏に生まれるが、子孫に「武名」を継がせることを望み、実朝の任右大臣拝賀の随兵の役を志願した。

二階堂行方　にかいどう・ゆきかた

隠岐五郎・左衛門尉・大蔵少輔・入道行空。父は行村。主に頼嗣・宗尊親王将軍期の奉行人として引付衆、引付頭人、評定衆を歴任。

二階堂行政　にかいどう・ゆきまさ

主計允(かずえのじょう)・民部大夫・山城前司。藤原氏為憲流。父は藤原行遠、母は熱田大宮司家藤原季範妹。二階大堂が存在した鎌倉の永福寺近傍に屋敷を構えたので二階堂氏を称した。主に頼朝将軍期の奉行人として幕府の政所令、後に別当を務める。

二階堂行光・行村　にかいどう・ゆきみつ／ゆきむら

ともに父は行政。行光が民部大夫・信濃守、行村は大夫判官・隠岐守・入道行西。主に実朝将軍期、行光は政所執事を務め幕府の使者・将軍身辺の雑事や儀式の奉行などに、行村は侍所司を務め幕府内の警察業務などに従事。行村は頼経将軍期に至り評定衆に名を連ね宿老として重きをなした。

二階堂行盛　にかいどう・ゆきもり
信濃民部大夫・入道行然。父は行光。政所執事。政子をはじめとして北条氏の信任篤く、主に頼経・頼嗣将軍期の奉行人として評定衆・引付頭人など要職を歴任。

二階堂行義　にかいどう・ゆきよし
隠岐三郎・出羽守・入道道空。父は行村。頼経〜宗尊将軍期にかけての奉行人で、長く評定衆を務める。

日胤　にちいん
園城寺派の僧。千葉常胤の子。律静房。源頼朝の祈禱僧となり、御願書を受け、石清水八幡宮で参籠し大般若経の見読などを行う。治承四年五月源頼政の挙兵とともに参戦するが、討死する。

新田義重　にった・よししげ
新田冠者、法名上西。清和源氏義光流。父は義国、母は藤原敦基娘。上野国新田庄。平宗盛に仕え、左衛門尉・大炊助を歴任。治承四年の源頼朝挙兵の際に頼朝の招請を拒んだため、その後冷遇された。

能円　のうえん
父は藤原顕憲、母は二条大宮半物。平時忠・時子と同母。法勝寺上座。文治元年三月壇ノ浦の戦いで、源氏方に捕縛され、備中国に配流となる。なお土御門天皇生母承明門院は娘である。

は　行

畠山重忠　はたけやま・しげただ
庄司次郎。秩父平氏。父は重能、母は三浦義明娘。武蔵国男衾（おぶすま）郡畠山。当初は平家軍に属したが、後に頼朝軍に参加し、平家追討、奥州合戦に功があった。元久二年、子息重保と時政の後妻牧の方の娘婿平賀朝雅との対立から、北条氏によって武蔵国二俣川で討たれた。

波多野忠綱　はたの・ただつな

小次郎。父は義通、母は宇都宮宗綱娘。養和元年、伊勢国で平氏家人の伊豆江四郎と戦う。和田合戦では、軍忠を挙げたが、先登の功を三浦義村と争い、悪口により勲功賞を与えられなかった。

波多野経朝　はたの・つねとも

中務次郎。父は忠綱。正治二年、大庭野で二狐を射る。実朝の近習、学問所番。和田合戦では父と共に行動。承久の乱では摩免戸(まめど)・宇治川合戦で活躍。

波多野義重　はたの・よししげ

五郎。父は忠綱。承久の乱の際、墨俣合戦で右目に矢を受けるが、敵に矢を射返すなど活躍した。義重が越前国志比庄に道元を招いて永平寺が創建されたことが『建撕記(けんぜいき)』に記される。

波多野義常　はたの・よしつね

右馬允。父は義通。相模国足柄上郡松田郷。治承四年、挙兵した頼朝の誘いに応じなかった。同年十月、頼朝の討手到着以前に松田郷で自害。

波多野義通　はたの・よしみち

次郎。藤原氏秀郷流。父は遠義。母は藤原師綱娘。妹が源義朝男朝長を産んだ縁で義朝に仕えたが、保元三年に京を辞し、相模国大住郡波多野郷に居住。

八田知家　はった・ともいえ

四郎武者・右衛門尉。藤原氏道兼流とされる。父は八田権守宗綱。常陸国新治郡八田。奥州合戦では千葉常胤と共に東海道大将軍となり、常陸国御家人を率いた。承久の乱では宿老として鎌倉にとどまる。

葉室光俊 はむろ・みつとし

右大弁入道・法名真観。父は光親、母は藤原定経娘の経子。承久の乱では、父に縁坐し配流されるも翌年帰京。文応元年、鎌倉に下向し「当世歌仙」と称される。弘長三年に上洛するまで和歌会等に参加。

比企朝宗 ひき・ともむね

藤内。藤原氏。武蔵国比企郡。源頼朝の乳母であった比企尼の一族であると考えられるが詳しい系譜関係は未詳。元暦元年、北陸道勧農使として越前、若狭国内で戦後処理に当たる。文治二年には畿内において義経与党の追捕にも参加。

比企能員 ひき・よしかず

藤四郎。藤原氏。比企尼の猶子。平家追討、奥州合戦に従軍。上野・信濃国守護。娘である若狭局が源頼家の室として一幡を生み、将軍家の外戚として勢力を強めたが、後に北条氏と対立、一族は孫である一幡とともに討たれた。

尾藤景綱 びとう・かげつな

左近将監・入道道然。藤原氏秀郷流。得宗被官。承久の乱には泰時に属し従軍。泰時の次男時実の乳母夫、また泰時の後見として家令を務める。

平賀朝雅 ひらが・ともまさ

父は義信。母は比企尼三女。建仁三年、京都守護として上洛。元久元年、伊賀・伊勢平氏の反乱を平定、山内経俊にかわり両国守護に補任される。翌二年、朝雅を将軍にせんとする妻の母牧の方の陰謀が発覚し討たれる。

平賀義信 ひらが・よしのぶ

平賀冠者。清和源氏義光流。父は盛義。信濃国

平賀。平治の乱で源義朝に従う。治承四年に信濃国で挙兵したのち、源頼朝のもとに参じ、武蔵守に任官、妻は源頼家の乳母となる。源実朝の元服の際には加冠役をつとめる。

藤原宰子　ふじわらのさいし

御息所（みやすどころ）・中御所。父は近衛兼経、母は九条道家娘の仁子。六代将軍宗尊親王室。文応元年北条時頼の猶子として鎌倉に下着。文永元年には七代将軍惟康を、翌年には姫宮を産む。

藤原定員　ふじわらのさだかず

左衛門尉・伊勢守・但馬守。将軍九条頼経の側近として、諸事の雑務を奉行し、しばしば使者として上洛する。寛元四年の宮騒動において、名越光時に連座して出家し、安達義景に預けられた。子息定範も縁座している。

藤原親家　ふじわらのちかいえ

内蔵権頭・木工権頭。父は親任。将軍宗尊親王に従って関東に下向した廷臣。親王出行の諸儀式に供奉するほか、たびたび使者として上洛している。

藤原秀康　ふじわらのひでやす

左衛門少尉・上総介・能登守・右馬権助。藤原氏秀郷流。父は秀宗、母は源光基娘。後鳥羽天皇に滝口として仕え、のちに後鳥羽院北面に勤仕。承久の乱の張本の一人として、戦後斬首される。

北条有時　ほうじょう・ありとき

陸奥六郎・大炊助・駿河守。父は義時。承久の乱では兄の泰時に従い合戦に参加。結城朝広と共に頼経の近習番の一番を務める。

北条実時・顕時　ほうじょう・さねとき／あきとき

通称は実時が陸奥太郎、顕時が越後四郎。北条氏金沢（かねざわ）流。実時の父は実泰、母は天野政景娘。執権北条時頼・時宗を補佐し、文永元年に安達泰盛と共に越訴（おっそ）奉行となる。建治元年、六浦（むつら）庄金沢に引退し、金沢文庫を創設する。顕時は、実時と北条政村娘との間に生まれた。初名を時方と称し、引付衆・評定衆などを歴任した。安達泰盛の娘を妻に迎えるが、霜月騒動によって失脚。平禅門の乱の後に復権した。父子ともに鎌倉を代表する教養人であった。

北条重時　ほうじょう・しげとき

陸奥三郎・駿河守・相模守・陸奥守。父は義時、母は比企朝宗娘。北条氏極楽寺流の祖。二十二歳で小侍別当となり、北条時氏の後の六波羅探題北方を経て、宝治合戦の後鎌倉に戻り連署に就任。

北条資時　ほうじょう・すけとき

相模三郎・入道真照（真昭）。父は時房。兄の次郎時村とともに突然出家するが、のちに頼経～宗尊将軍期の評定衆・引付頭人を務める。和歌・管絃・蹴鞠などの諸芸に堪能であった。

北条経時　ほうじょう・つねとき

弥四郎・左近大夫将監・武蔵守。父は時氏、母は安達景盛娘の松下禅尼。祖父泰時の死去に伴い執権に就任。五代将軍頼嗣擁立を主導するが、病のため弟時頼に執権職を譲り出家。二人の子息も時頼の執権就任に際し出家している。

北条時章　ほうじょう・ときあきら

式部丞・尾張守。父は朝時、母は大友能直娘。宮騒動により兄光時が失脚した際、執権時頼に野心なき旨を述べて許され、ほどなく評定衆となる。反得宗勢力の中心であり、二月騒動に際して弟教時と共に討たれた。

北条時氏　ほうじょう・ときうじ

武蔵太郎・修理亮。父は泰時、母は三浦義村娘。妻は安達景盛の娘の松下禅尼。承久の乱では泰時に属し従軍。義時の死後、時房子息の時盛と共に六波羅探題となる。寛喜二年、父に先立ち没する。

北条時定　ほうじょう・ときさだ

平六。桓武平氏直方流。父は時兼。北条時政の弟あるいは甥・従弟にあたり、伊豆北条氏の本来の嫡宗とする説もある。傔仗（けんじょう）・左兵衛尉・左衛門尉を歴任。文治二年に時政の眼代として京都警衛にあたる。

北条時輔　ほうじょう・ときすけ

宝寿丸・相模三郎・式部少丞。初名は時利。父は時頼。母は讃岐局。時宗の異母兄。将軍出行の諸儀式に供奉している。蹴鞠や弓術に優れる。文永元年十一月、六波羅探題南方となるが、同九年の二月騒動で殺される。

北条時房　ほうじょう・ときふさ

五郎・武蔵守・相模守。父は時政。初め時連と称す。甥泰時とともに承久の乱では東海道の大将軍、乱後は初代の六波羅探題、義時死後は連署を務める。蹴鞠などの芸能を通じ京都の貴族社会にも精通する。

北条時幸　ほうじょう・ときゆき

越後四郎・修理亮。父は朝時。寛元元年七月、臨時御出供奉人に選ばれる。同四年、兄光時とともに執権北条時頼打倒の計画を立てたが失敗して出家した。その直後の六月に死去。自害ともいう。

北条時頼室　ほうじょう・ときよりしつ

父は北条重時。建長三年、松下禅尼の甘縄第にて時宗を産み、建長五年には宗政、翌年には女子を産む。

北条朝時　ほうじょう・ともとき

相模次郎・越後守・遠江守。父は義時、母は比企朝宗娘。時政の名越亭を継承し北条氏名越流の祖となる。建保合戦で活躍。承久の乱では北陸道大将軍となる。

北条朝直　ほうじょう・ともなお

式部丞・遠江守・武蔵守。父は時房、母は足立遠元娘。妻は北条泰時娘。北条氏大仏流。初め時直と称す。兄時盛が六波羅探題として長く在京したのに対し、朝直は鎌倉で評定衆・引付頭人などを歴任し頼経将軍期以降の幕政に関与。

北条長時　ほうじょう・ながとき

左近大夫将監・武蔵守。父は重時。妻は平時親娘。宝治合戦後、父重時が連署に就任したため、後任として六波羅探題北方に就任。執権時頼が病で出家すると、時頼の子息時宗に執権職を継がせるまでの中継ぎとして執権に就任する。

北条政村　ほうじょう・まさむら

陸奥四郎・式部丞・右馬頭・左京権大夫。父は義時、母は伊賀朝光娘。義時死後に一条実雅を将軍、政村を執権とする陰謀が発覚する（伊賀氏事件）。のち、連署・執権を歴任。

北条宗政　ほうじょう・むねまさ

福寿丸・相模四郎・左近大夫将監。父は時頼。母は北条重時娘。時宗同母弟。文永二年当時、小侍所を管轄。同年十一月、宗尊親王の御息所（みやすどころ）出産の際に宗政の亭が産所となるなど、幕府内の地位は高かった。

北条義時室　ほうじょう・よしときしつ

伊賀の方。父は伊賀朝光。元仁元年、夫である義時の没後、兄弟の光宗とともに、女婿の一条実雅を将軍・子の政村を執権に立てようと企てるも露顕し、伊豆国北条郡に籠居となる。

坊門信清・忠信　ぼうもん・のぶきよ／ただのぶ

藤原北家道隆流。信清は信隆の子、母は藤原通基娘。妹殖子は高倉天皇の後宮に入り、後鳥羽天皇を生んだ。この関係から信清は出世を重ねて内大臣に至り、後鳥羽院庁別当を務めた。信清の子供には、嫡子忠信（母は藤原定能娘）のほか、後鳥羽の寵姫坊門局や源実朝正室があり、公武と深い関係を持った。『吾妻鏡』には、坊門家の使者が鎌倉に派遣された記事が散見する。承久の乱において忠信は京方の大将として出陣、乱後越後に配流された。

ま　行

牧宗親　まき・むねちか

通称は牧武者所。北条時政の後妻牧の方の父あるいは兄弟と伝える。駿河国大岡牧。武者所・大舎人允を歴任。寿永元年に北条政子の命により源頼朝の愛妾亀前を追却するが、頼朝の激怒を買い髻（もとどり）を切られる。これを不快に思った時政夫妻は、鎌倉から伊豆へ一時退去した。

松下禅尼　まつしたのぜんに

父は安達景盛。北条時氏室。北条経時・時頼・五代将軍頼嗣室桧皮（ひわだ）姫の母。自ら障子の切り張りを行って時頼に倹約を説いたという話が『徒然草』に見える。

三浦泰村・光村　みうら・やすむら／みつむら

ともに義村の子。駿河次郎泰村は、承久の乱では東海道軍に参加。乱後、院御厩案主（いんのみまやあんず）に就任。暦仁元年、評定衆となる。駿河三郎光村は、将軍九条頼経の側近となり、寛喜三年四月、左衛門尉に任ぜられた。同四年、光村は名越光時とともに執権北条時頼打倒を図るが失敗。宝治元年六月、ついに両氏は激突し三浦氏は敗北。泰村・光村は法華堂において自害した。

三浦義明・義澄 みうら・よしあき／よしずみ

ともに通称は三浦介。桓武平氏忠通流。義明の父は義継。義明は源義朝に従い、義朝を婿とする。治承四年に源頼朝の挙兵に応じ、衣笠城の合戦で戦死。義明の子の義澄は平治の乱で義朝に属し、治承四年に衣笠城を脱出して頼朝と合流。平家追討・奥州合戦で戦功を上げ、相模守護に任じられるとともに、頼朝の死後に合議制を行った一三名に加わるなど重きをなした。

三浦義村・胤義 みうら・よしむら／たねよし

ともに父は義澄。義村の母は伊東祐親娘。承久の乱の際、在京中の弟九郎判官胤義は京方に属し、在鎌倉の兄駿河前司義村を勧誘したが、義村は鎌倉方東海道軍の大将として進軍。兄弟は美濃国摩免戸(まめど)で対陣する。敗れて帰洛した胤義は西山木島(このしま)で自害。義村は淀から京に迫った。義村は、二俣川合戦で活躍した他、和田合戦や公暁による実朝暗殺、伊賀氏事件など、重要事件の際に敗北する勢力から頼みとされた。しかし、いずれも直前に北条義時・泰時の側に属した。

源範頼 みなもとののりより

蒲冠者。清和源氏義家流。父は義朝、母は遠江国池田宿遊女。幼少時は藤原範季に養育され、のちに兄頼朝のもとに参じる。平家追討に活躍し三河守となるが、建久四年に曾我兄弟の仇討ち事件の余波で伊豆に流された。

源光行・親行　みなもとのみつゆき／ちかゆき

清和源氏満政流か。光行の父は豊前守光季。親行の父は光行、母は藤原敦倫娘。光行は父光季の平家加担の罪の許しを頼朝に嘆願し、親行は承久の乱における父光行の京方加担の許しを請い、それぞれ許されている。光行、親行の二代にわたり『源氏物語』の本文校合や註釈書を作成するなど文芸に才を発揮した。

源頼政　みなもとのよりまさ

清和源氏頼光流。父は仲政、母は藤原友実娘。大内守護、また歌人として活躍、治承二年に平清盛の推挙で従三位となる。治承四年に息仲綱とともに以仁王挙兵に参加し、平等院で自害。もう一人の息広綱は頼朝の吹挙で駿河守に補されたが、建久元年に頼朝の上洛に随行したのち突然出奔した。

源行家　みなもとのゆきいえ

十郎蔵人。父は為義。治承四年、以仁王の令旨を諸国に伝える。寿永二年、源義仲と共に入京。文治元年、源義経とともに挙兵し、大物浦から船出するも難破。翌年和泉国で捕らえられ、殺害される。

三善康連　みよしのやすつら

玄蕃允・民部大夫。父は康信。吏僚として幕府の諸実務を奉行する。北条泰時の信任あつく、『御成敗式目』の編纂に際して意見を徴され、天福元年十一月には職務勤勉を賞賛される。宝治元年八月、問注所執事となる。

三善康俊　みよしのやすとし

民部丞・民部大夫・加賀守。父は康信。承久三年八月、康信の老病危急により問注所執事を引き継ぐ。以後幕府の諸政策に関与。嘉禄元年十二月、評定衆となり、貞永元年七月、政道無私を誓う起請文を提出している。

三善康信 みよしのやすのぶ

中宮大夫属（ちゅうぐうたいふのさかん）、法名善信。父は康光。母は源頼朝の乳母の妹。流罪中の頼朝に京都の情勢を逐次知らせた。元暦元年四月、頼朝の招きで鎌倉に下向し、問注所執事となり、訴訟・裁判を担当した。頼朝死後は北条氏の執権政治確立を助けた。

三善康持 みよしのやすもち

民部大夫・加賀守・備後守。父は康俊。暦仁元年六月、父康俊の辞任をうけて問注所執事となり、評定衆を務める。宮騒動直後の寛元四年六月、評定衆・問注所執事を罷免されるが、その後も引付衆となるなど、吏僚として活動している。

武藤景頼 むとう・かげより

左衛門尉・大宰権少弐（だざいのごんのしょうに）。貞永元年、武蔵国六所宮拝殿の修造を担当。宝治合戦に際しては、安達泰盛とともに北条氏に付く。建長三年には了行法師・矢作左衛門尉・長次郎左衛門尉久連等を捕縛。

武藤資頼 むとう・すけより

藤原氏秀郷流。父は頼平。治承・寿永の内乱に際しては、平家方として参加したが、捕えられ、後に許されて御家人に列す。建久年間に鎮西奉行となる。また筑前・肥前・豊前各国の守護を歴任。大宰少弐（だざいのしょうに）の官途をもって少弐氏を称した。

毛利季光 もうり・すえみつ

蔵人大夫入道。大江氏。父は大江広元。相模国愛甲郡毛利庄。承久の乱では鵜沼渡・芋洗で活躍。評定衆に列す。宝治合戦では三浦泰村に属し、法華堂で自害。

毛利義隆・頼隆 もうり・よしたか／よりたか

清和源氏義家流。相模国愛甲郡毛利庄。義家の子と孫。陸奥六郎義隆は平治の乱で義朝に属し東国へ落ちる途中、竜華越(りゅうげごえ)で討死。生後すぐの遺児頼隆は下総の千葉常胤のもとに配流された。治承四年に源頼朝と対面した際は常胤の上座に着した。森氏・若槻氏の祖。

や 行

安田義定・義資 やすだ・よしさだ／よしすけ

清和源氏義光流。義定の通称は三郎。実父は義清。逸見清光の猶子となる。富士川合戦後、遠江を支配し、のち遠江守に補任される。建久二年、禁裏守護として在京中に延暦寺僧の嗷訴を防御。息義資は文治元年に頼朝知行国越後の国守となる。建久四年、艶書を女房に付したことを梶原景時に讒言され梟首。これにより父義定も頼朝の怒りを蒙り、所領を没収され翌年梟首。

山内首藤経俊 やまのうちすどう・つねとし

滝口三郎・刑部丞。藤原氏秀郷流。父は俊通、母は源頼朝の乳母山内尼。相模国鎌倉郡山内庄。石橋山合戦では平家に属すが、のち伊勢・伊賀守護に起用される。元久元年、両国で平氏が蜂起した際に逃亡したため守護を解任される。

結城朝広 ゆうき・ともひろ

上野七郎。父は朝光、母は伊賀朝光娘。承久の乱では北陸道大将軍となり越中国般若野で戦功を挙げた。

結城朝光 ゆうき・ともみつ

小山七郎。初名は宗朝。藤原氏秀郷流。父は小山政光、母は宇都宮宗綱娘の寒河尼。下総国結城郡。頼朝の乳母子（めのとご）・烏帽子子（えぼしご）。儀式で御剣奉持役を度々勤仕。承久の乱では東山道大将軍。嘉禎元年、評定衆に加わるが約一ヵ月後に辞す。

結城朝村 ゆうき・ともむら

上野十郎。父は朝光、母は伊賀光泰娘。弓にすぐれる。仁治二年、酒宴中に三浦の会所に誤って矢を放ち、三浦・小山両一族の喧嘩のもととなる。

吉田経房 よしだ・つねふさ

中納言。藤原北家勧修寺流。父は光房、母は藤原俊忠娘。文治元年、議奏公卿の一人として頼朝の推薦をうけ、関東申次に就任した。申次の立場から守護地頭問題などに関与した。公事に練達し、日記に『吉記』がある。

ら　行

隆円 りゅうえん

南都の住侶。武蔵得業。嘉禎二年三月二十一日南都衆徒の蜂起騒動を鎌倉方へ伝え鎮圧に助力する。その功により、同年十月南都領在所の新補地頭に補任、さらに暦仁元年十月四日幕府の後押しを得て、東大寺別当職に補任された。

良基 りょうき

松殿大納言藤原忠房の子。松殿法印、松殿僧正。将軍の病気平癒を始めとして降雨などの諸祈禱を執行する。将軍の尊崇も篤かったが、宗尊親王室・宰子との密通を疑われ、文永三年六月鎌倉を逐電し、高野山に遁れ絶食し死去すると伝える（さらに後年の死去とする説もある）。

良賢 りょうけん

三浦義村の子。大夫律師。弘長元年六月二十二日、謀叛の企てにより幕府に捕縛された。三日後、京都六波羅に都鄙騒動を鎮めるための御教書が発せられていることから、幕府を揺るがす大事件であったと考えられる。

わ行

和田胤長 わだ・たねなが

平太。桓武平氏忠通流。父は義長。建保元年、泉親衡の北条義時追討計画に加担した罪で陸奥国に配流。没収された屋敷地は北条義時に与えられたため伯父の義盛が激怒し、和田合戦の契機となった。

和田義盛 わだ・よしもり

小太郎・左衛門尉。桓武平氏忠通流。父は杉本義宗。相模国三浦郡和田。治承四年、源頼朝の挙兵に応じ、侍所別当となる。宇治川合戦・平家追討・奥州合戦で軍功を挙げ重きをなしたが、建保元年の和田合戦で敗死。

Ⅳ 系　図

一では主に天皇・公卿婚姻関係図と題し、その血縁関係を大局的に整理した。『吾妻鏡』の時代より少しさかのぼった人物たちも便宜上加えた。『平家物語』など、同時代の諸史料を読む上では利用価値も高いはずである。主に『尊卑分脈』や『本朝皇胤紹運録』などを参考に作製した。

二では『吾妻鏡』に登場する東国武士団や京都の貴族などの主要な一族について親子・兄弟関係について簡略に付載した。「人名」の部と対応させながら理解を深めていただきたい。

一　天皇・公卿婚姻関係図

天皇家婚姻関係図1（白河～六条）

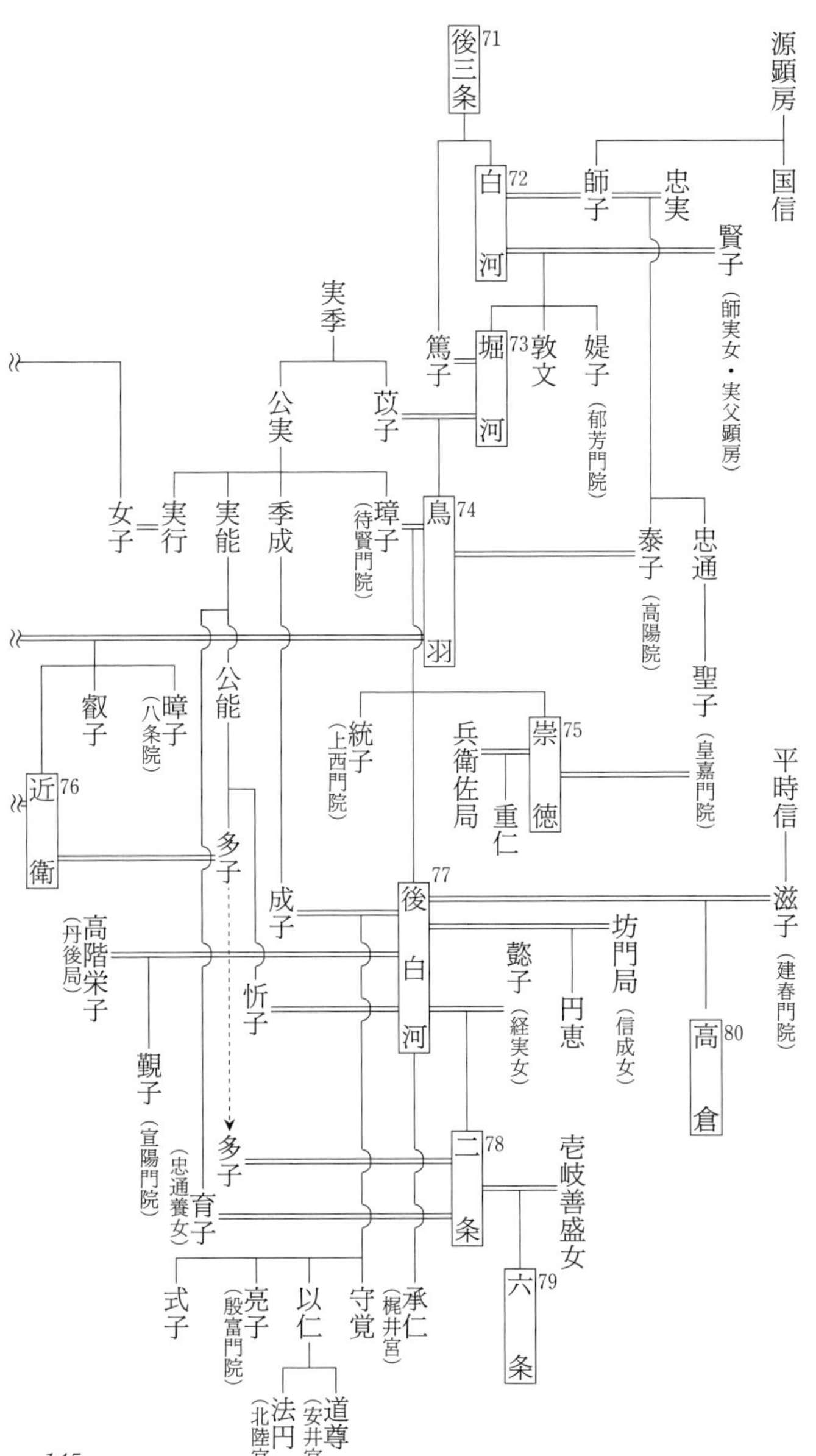

天皇家婚姻関係図2（高倉～亀山）

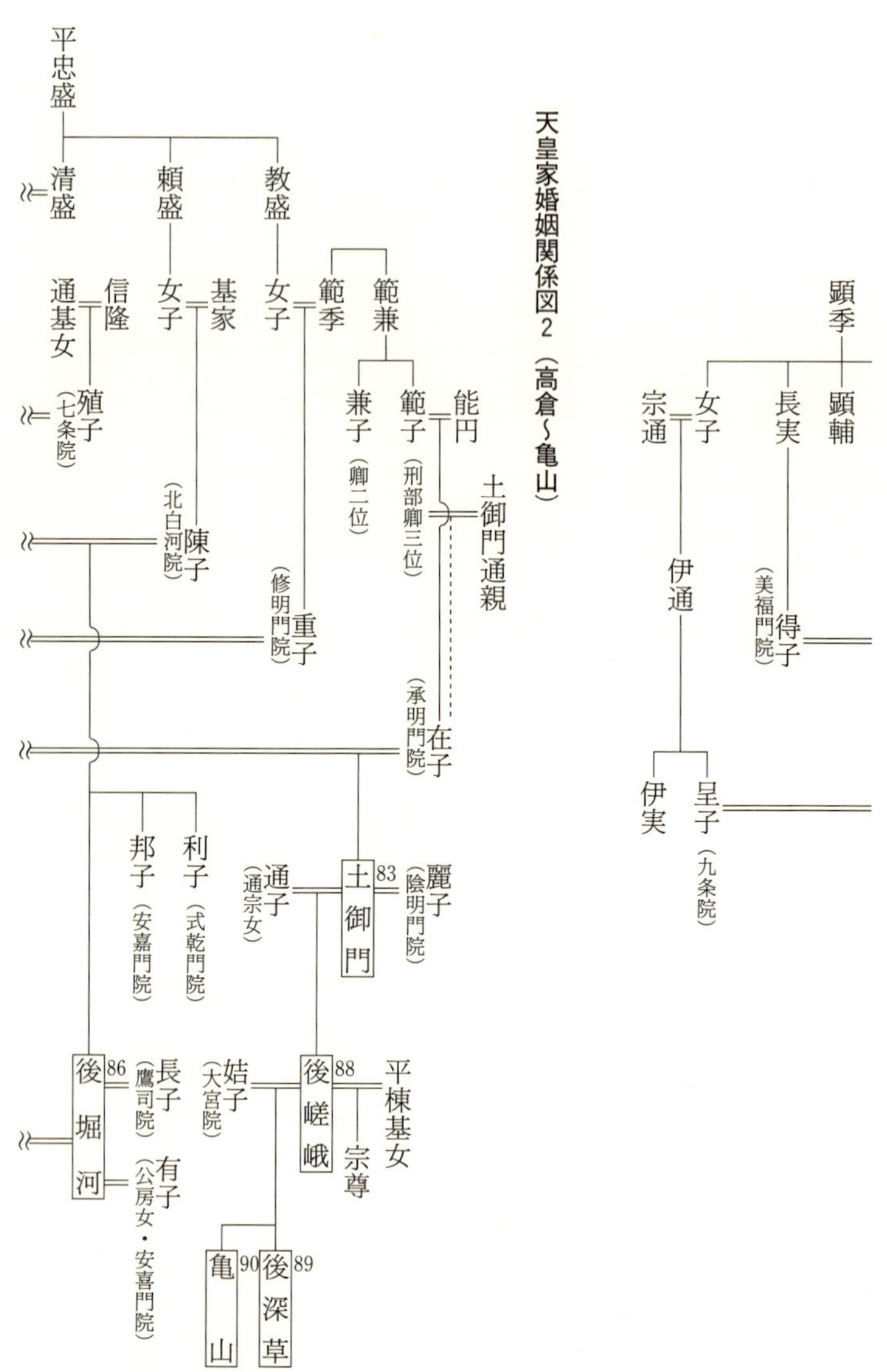

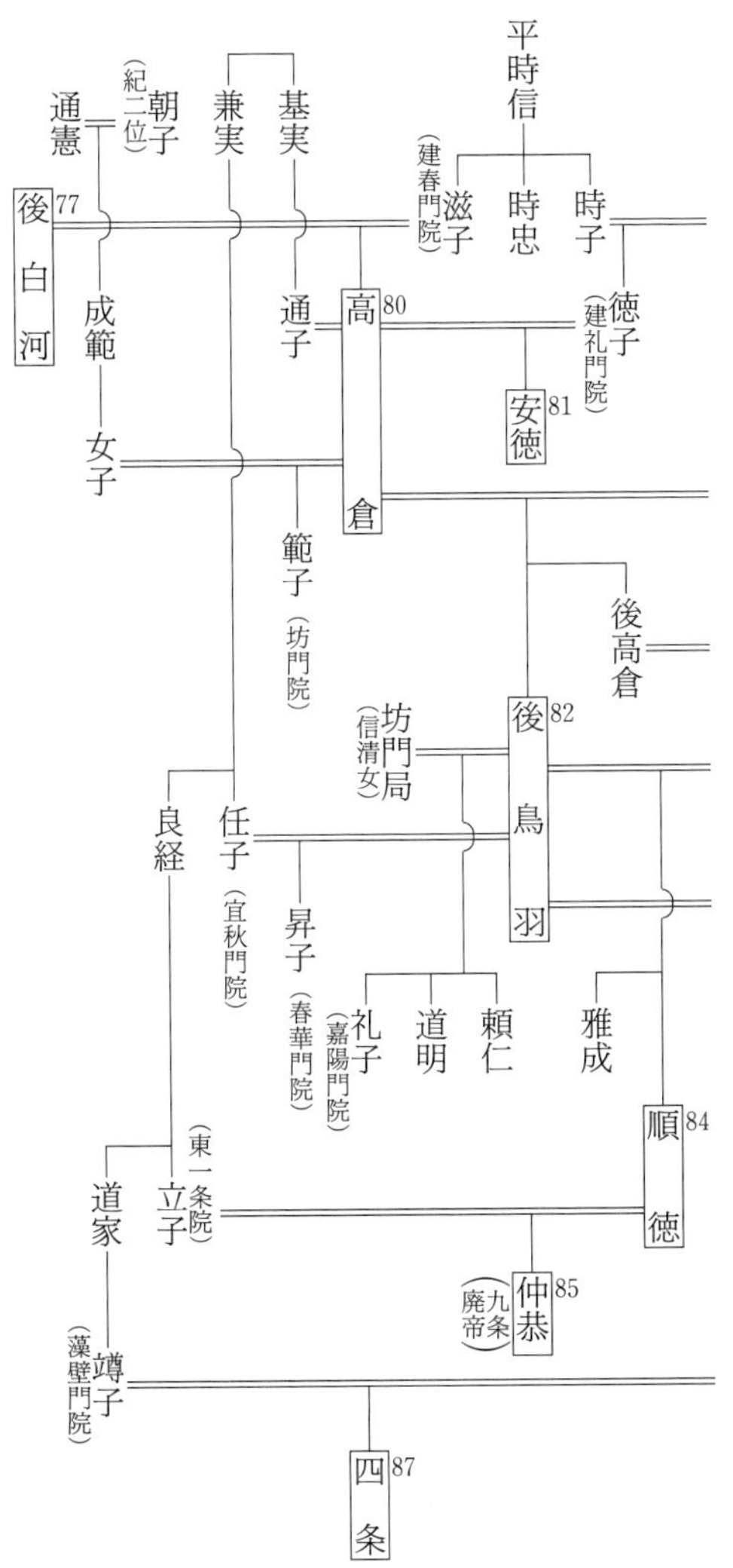
平時信
時子
時忠
滋子（建春門院）
基実
兼実
朝子（紀二位）
通憲
77 後白河
徳子（建礼門院）
80 高倉
通子
成範
81 安徳
女子
範子（坊門院）
後高倉
82 後鳥羽
坊門局（信清女）
任子（宜秋門院）
良経
昇子（春華門院）
雅成
頼仁
道明
礼子（嘉陽門院）
84 順徳
立子（東一条院）
道家
85 仲恭（九条廃帝）
竴子（藻壁門院）
87 四条

摂関家婚姻関係図

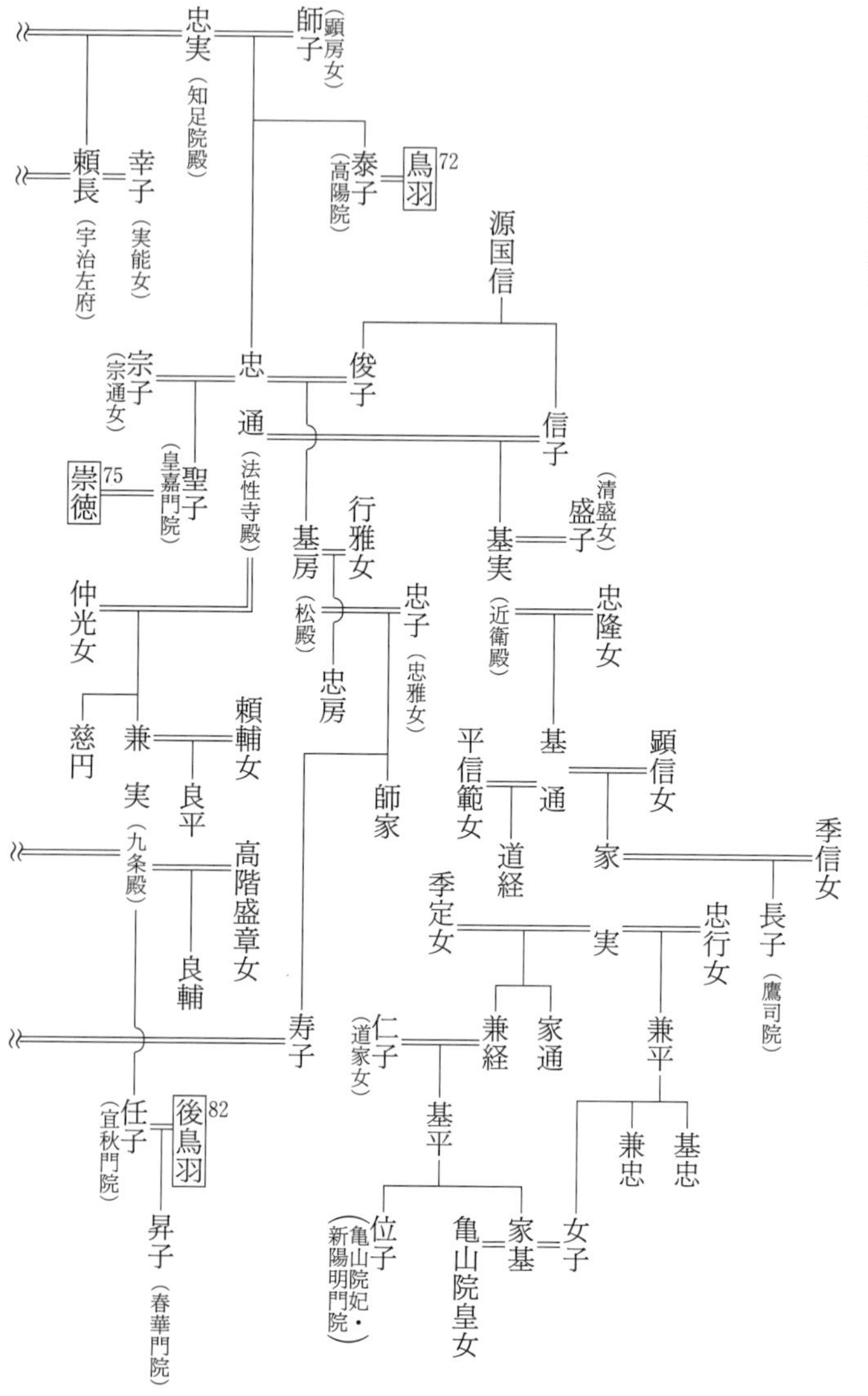
忠実（知足院殿）
師子（顕房女）
泰子（高陽院）
鳥羽 72
頼長（宇治左府）
幸子（実能女）
源国信
宗子（宗通女）
忠通（法性寺殿）
俊子
信子
崇徳 75
聖子（皇嘉門院）
基房（松殿）
行雅女
基実（近衛殿）
盛子（清盛女）
仲光女
忠子（忠雅女）
忠隆女
忠房
慈円
兼実（九条殿）
頼輔女
良平
師家
平信範女
基通
顕信女
道経
家実
季信女
高階盛章女
良輔
季定女
忠行女
長子（鷹司院）
寿子
仁子（道家女）
兼経
家通
兼平
任子（宜秋門院）
後鳥羽 82
基平
兼忠
基忠
昇子（春華門院）
位子（亀山院妃・新陽明門院）
亀山院皇女
家基
女子

盛実女
源信雅女
師長
成親女

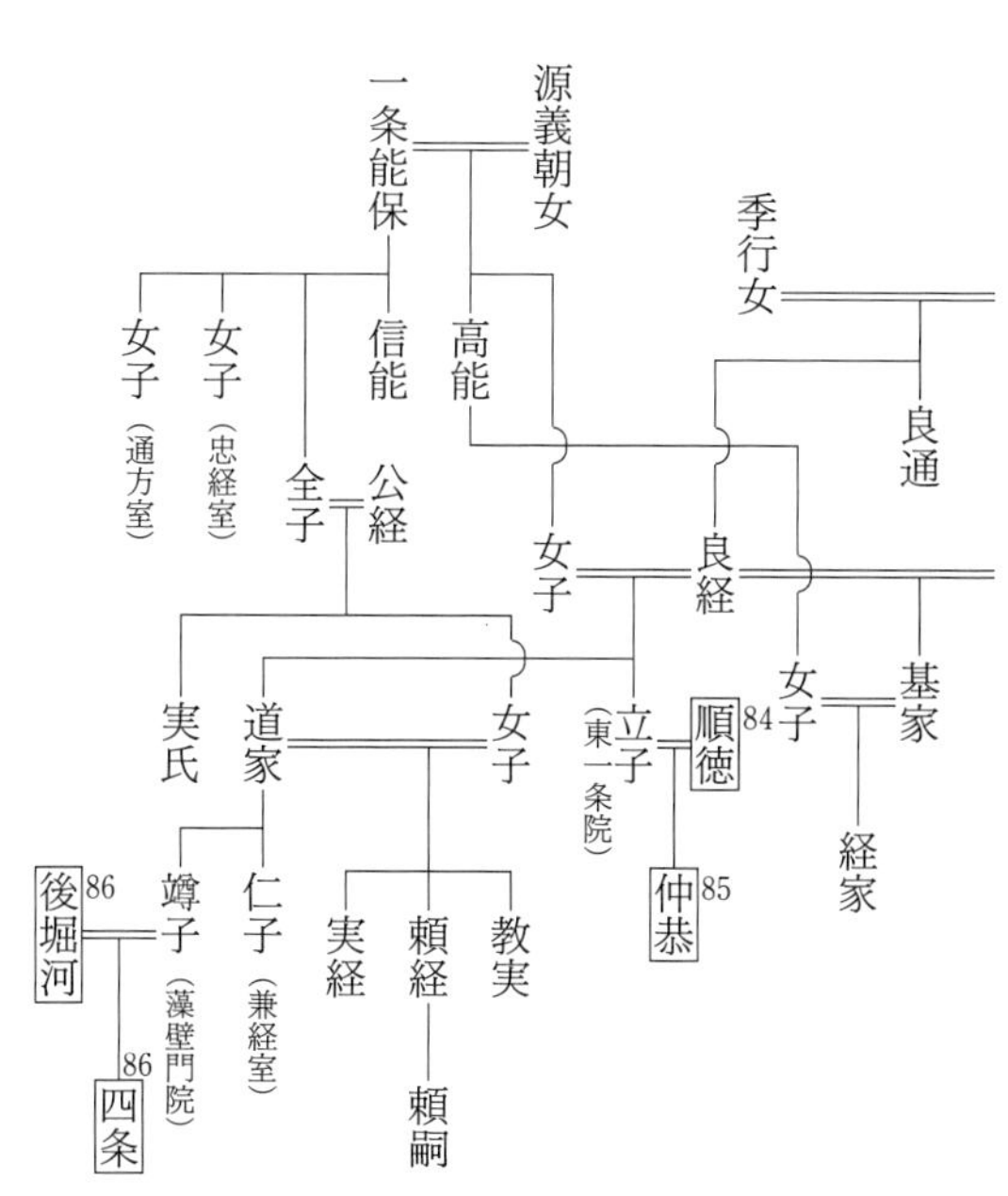
源義朝女
一条能保
季行女
良通
信能
高能
女子（通方室）
女子（忠経室）
全子
公経
女子
良経
女子
基家
経家
実氏
道家
女子
立子（東一条院）
顺徳 84
仲恭 85
後堀河 86
竴子（藻壁門院）
仁子（兼経室）
実経
頼経
教実
頼嗣
四条 86

村上源氏

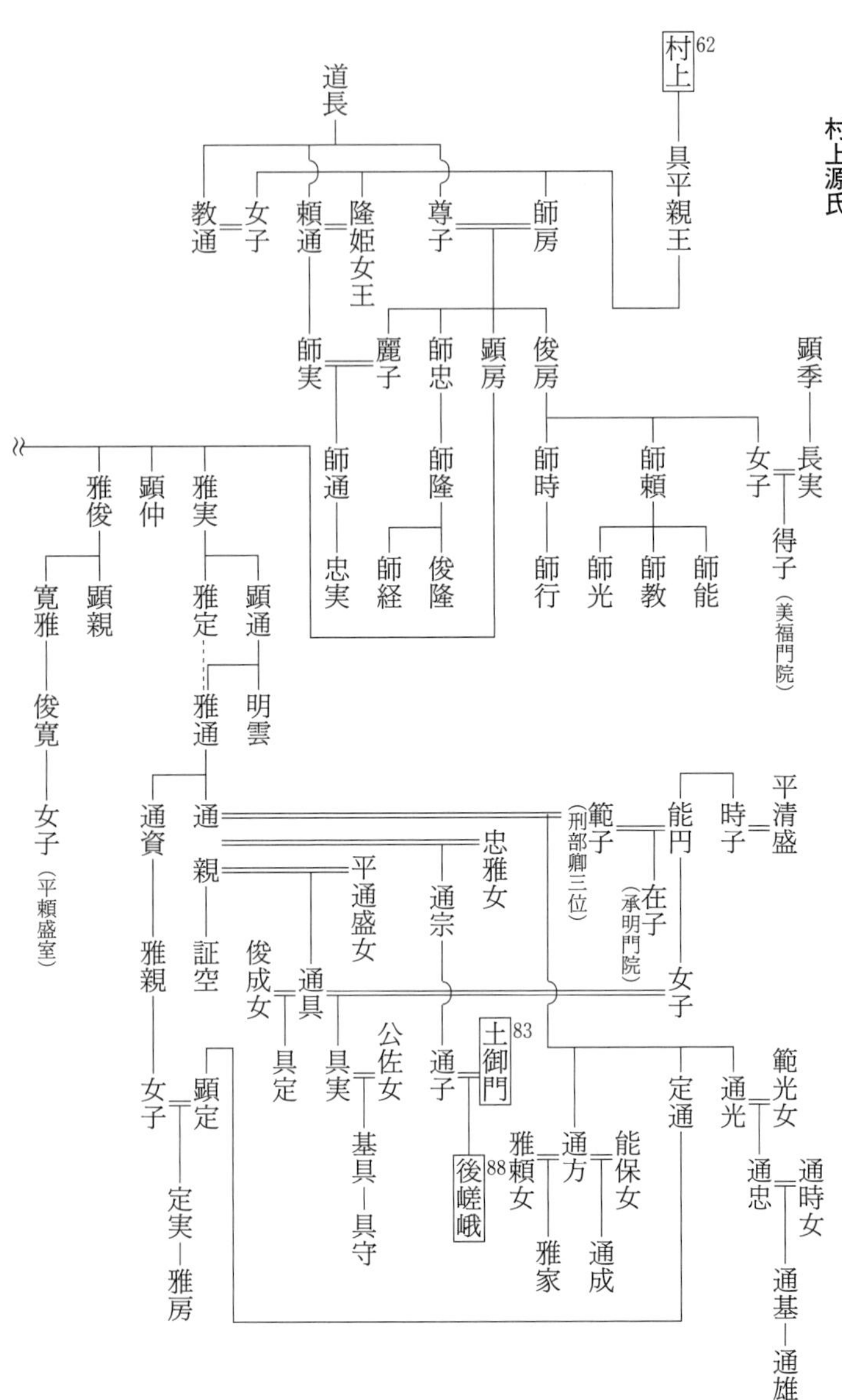
村上 62
具平親王
道長
教通
女子
頼通
隆姫女王
尊子
師房
師実
麗子
師忠
顕房
俊房
顕季
長実
女子
得子（美福門院）
師時
師頼
師行
師光
師教
師能
師通
忠実
師隆
師経
俊隆
雅実
顕仲
雅俊
顕通
雅定
明雲
雅通
顕親
寛雅
俊寛
女子（平頼盛室）
通資
通親
証空
雅親
女子
顕定
定実
雅房
平清盛
時子
能円
範子（刑部卿三位）
在子（承明門院）
女子
忠雅女
通宗
平通盛女
俊成女
通具
具定
具実
公佐女
基具
具守
通子
土御門 83
後嵯峨 88
雅頼女
通方
能保女
雅家
通成
定通
通光
範光女
通忠
通時女
通基
通雄

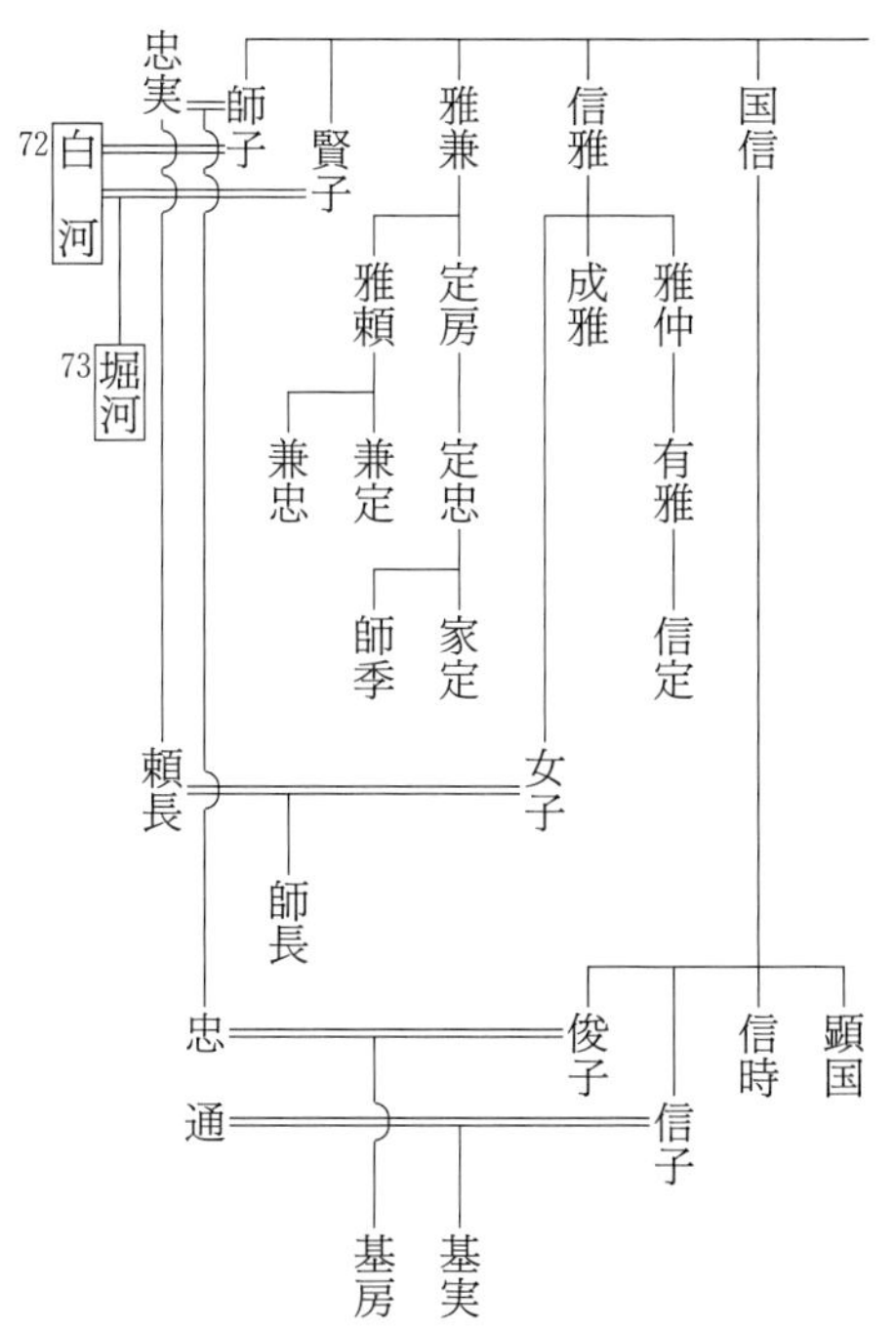
忠実
師子
賢子
雅兼
信雅
国信
72 白河
73 堀河
雅頼
定房
成雅
雅仲
兼忠
兼定
定忠
有雅
師季
家定
信定
頼長
女子
師長
忠通
俊子
信時
顕国
信子
基房
基実

隆家流・六条流

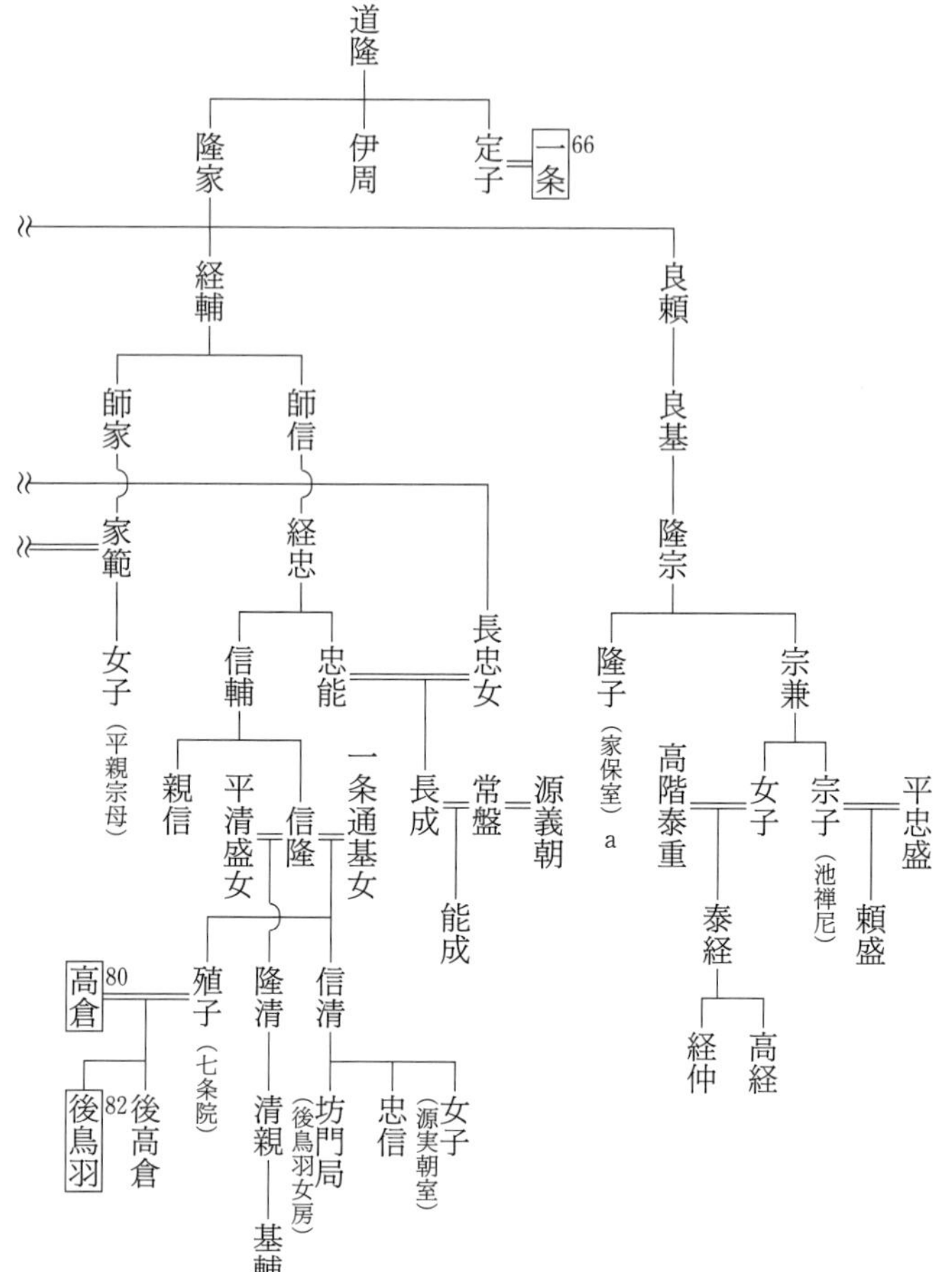

道隆
隆家
伊周
定子
一条 66
経輔
良頼
良基
隆宗
師家
師信
家範
経忠
長忠女
女子（平親宗母）
信輔
忠能
隆子（家保室）a
宗兼
親信
平清盛女
信隆
一条通基女
長成
常盤
源義朝
能成
高階泰重
女子
宗子（池禅尼）
平忠盛
泰経
頼盛
経仲
高経
高倉 80
殖子（七条院）
隆清
信清
後鳥羽 82
後高倉
清親
基輔
坊門局（後鳥羽女房）
忠信
女子（源実朝室）

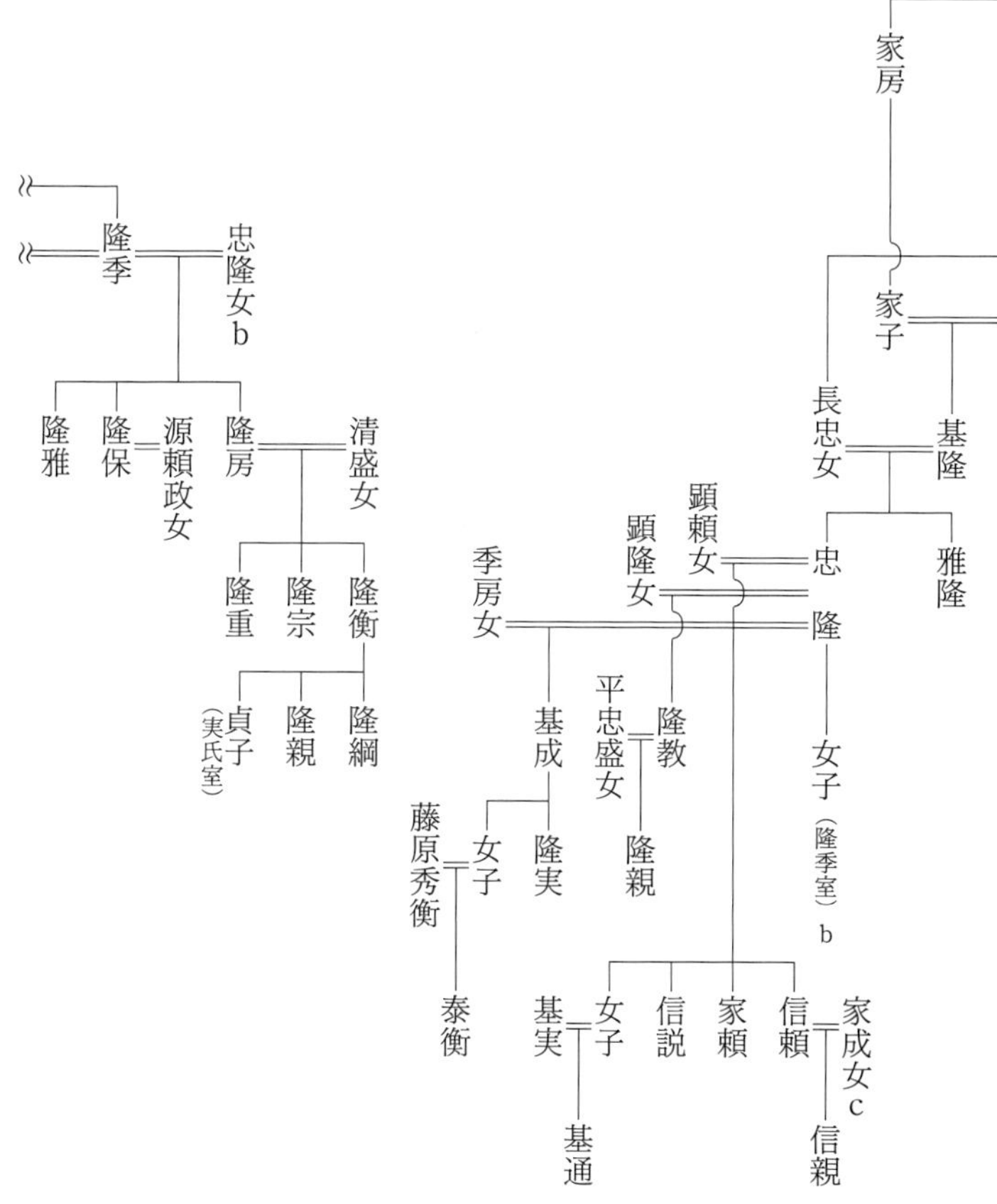
家房
家子
基隆
長忠女
雅隆
忠隆
顕頼女
顕隆女
季房女
女子（隆季室）b
隆教
平忠盛女
隆親
基成
隆実
女子
藤原秀衡
泰衡
信頼
家成女c
信親
家頼
信説
女子
基実
基通
隆季
忠隆女b
隆雅
隆保
源頼政女
隆房
清盛女
隆重
隆宗
隆衡
貞子（実氏室）
隆親
隆綱

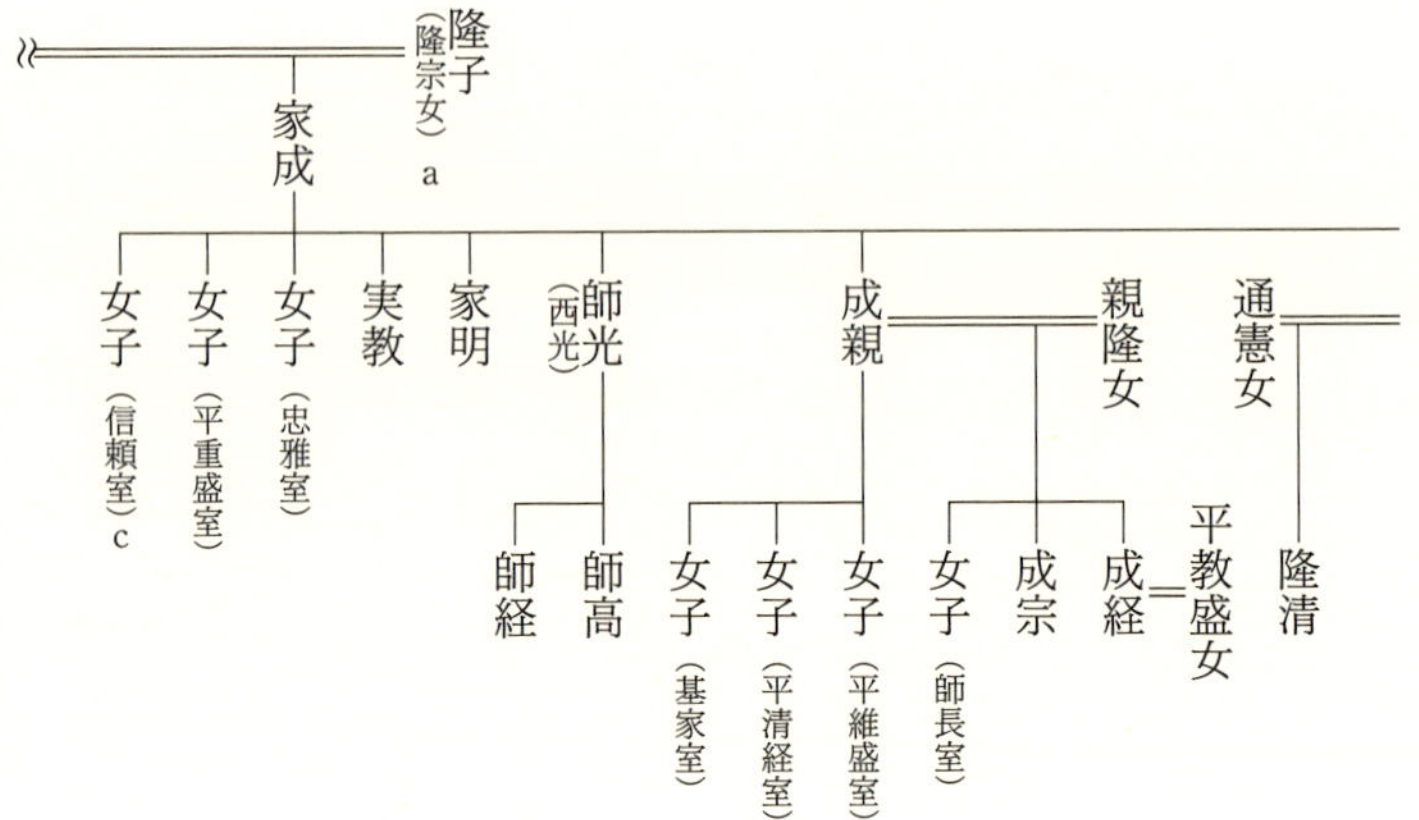

隆子（隆宗女）
a
家成
女子（信頼室）
c
女子（平重盛室）
女子（忠雅室）
実教
家明
師光（西光）
成親
親隆女
通憲女
師経
師高
女子（基家室）
女子（平清経室）
女子（平維盛室）
女子（師長室）
成宗
成経
平教盛女
隆清

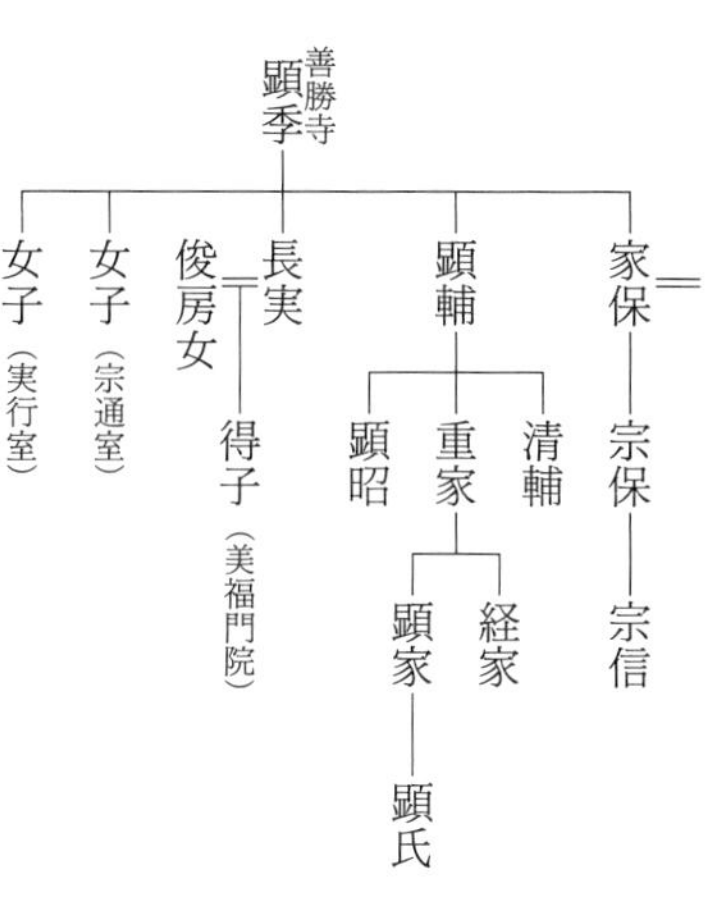

閑院流・勧修寺葉室流・北家長家流

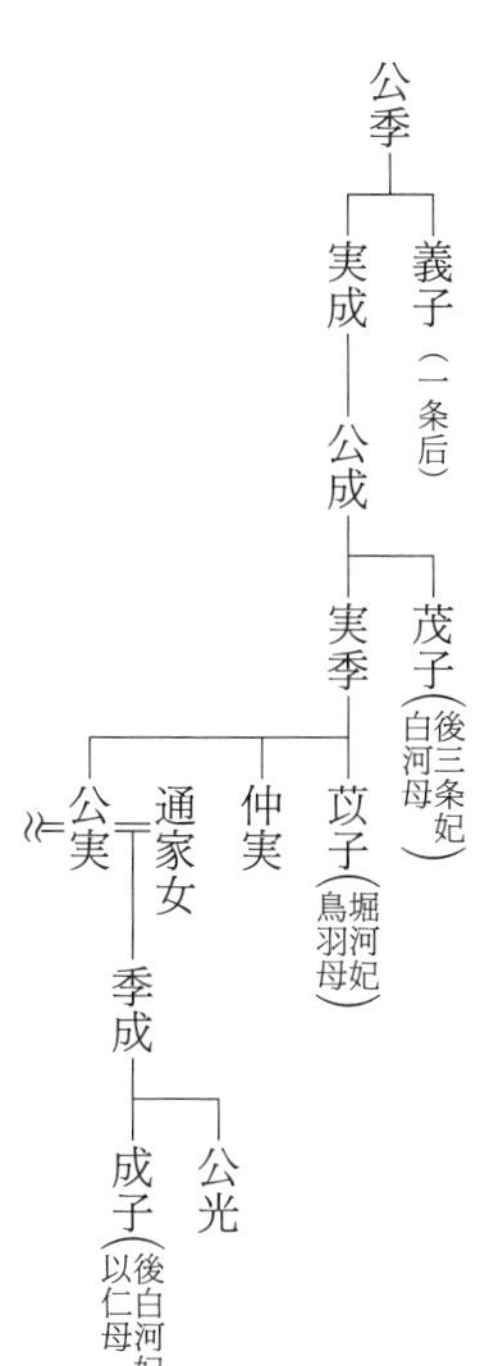

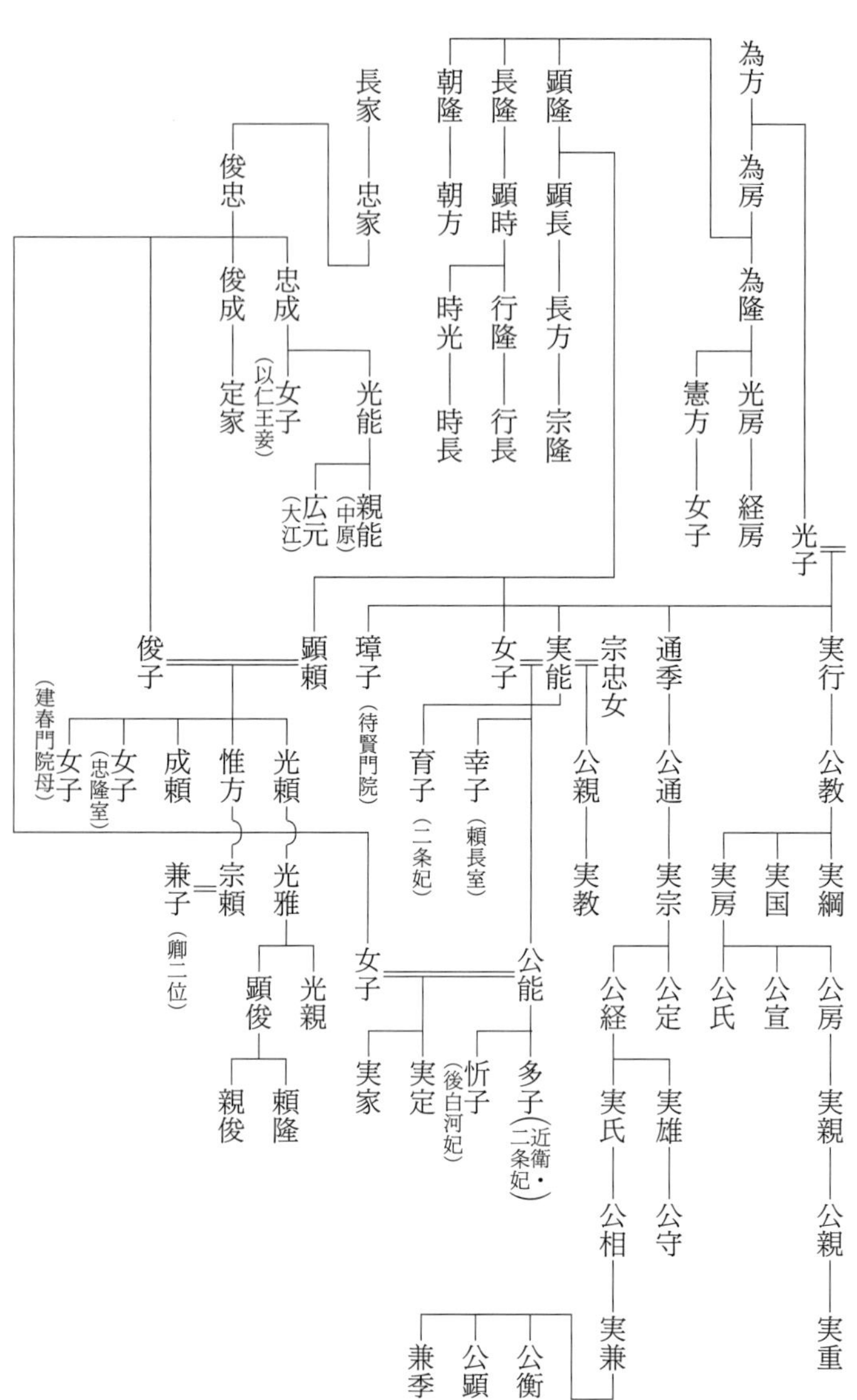
為方
為房
為隆
光房
憲方
経房
女子
光子
顕隆
長隆
朝隆
顕長
顕時
朝方
長方
行隆
時光
宗隆
行長
時長
長家
忠家
俊忠
忠成
俊成
定家
女子（以仁王妾）
光能
親能（中原）
広元（大江）
実行
通季
宗忠女
実能
女子
璋子（待賢門院）
顕頼
俊子
公教
公通
公親
幸子（頼長室）
育子（二条妃）
光頼
惟方
成頼
女子（忠隆室）
女子（建春門院母）
実綱
実国
実房
実宗
実教
光雅
宗頼
兼子（卿二位）
公房
公宣
公氏
公定
公経
公能
女子
光親
顕俊
実親
実雄
実氏
多子（近衛・二条妃）
忻子（後白河妃）
実定
実家
頼隆
親俊
公親
公守
公相
実重
実兼
公衡
公顕
兼季

藤原南家貞嗣流

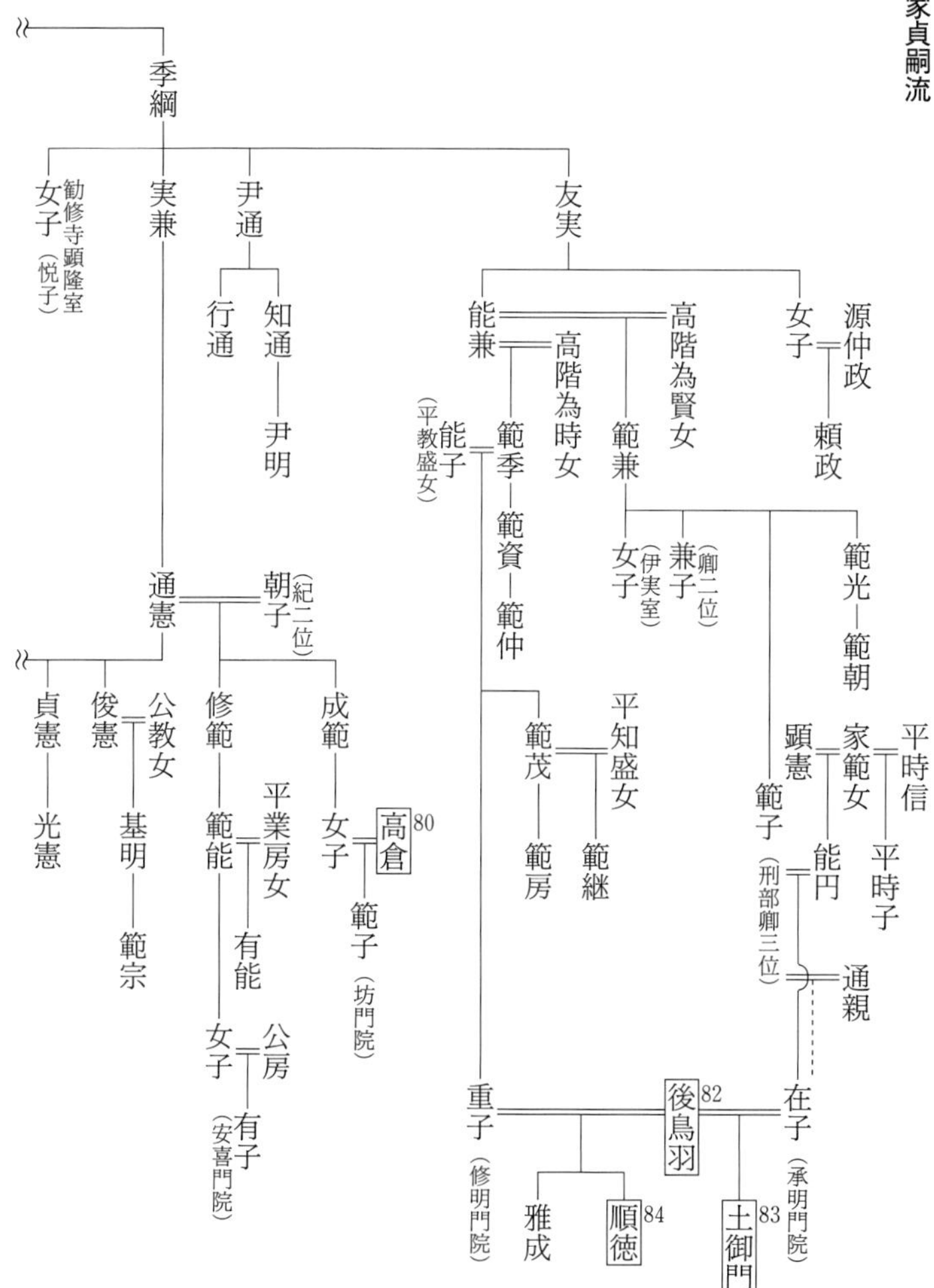
季綱
女子（悦子）勧修寺顕隆室
実兼
尹通
友実
行通
知通
尹明
能兼
高階為賢女
高階為時女
女子
源仲政
頼政
能子（平教盛女）
範季
範兼
範資
範仲
女子（伊実室）
兼子（卿二位）
範光
範朝
通憲
朝子（紀二位）
貞憲
俊憲
公教女
修範
成範
範茂
平知盛女
顕憲
家範女
平時信
範子（刑部卿三位）
光憲
基明
範宗
範能
平業房女
女子
高倉 80
範子（坊門院）
範房
範継
能円
平時子
通親
有能
女子
公房
有子（安喜門院）
重子（修明門院）
後鳥羽 82
在子（承明門院）
雅成
順徳 84
土御門 83

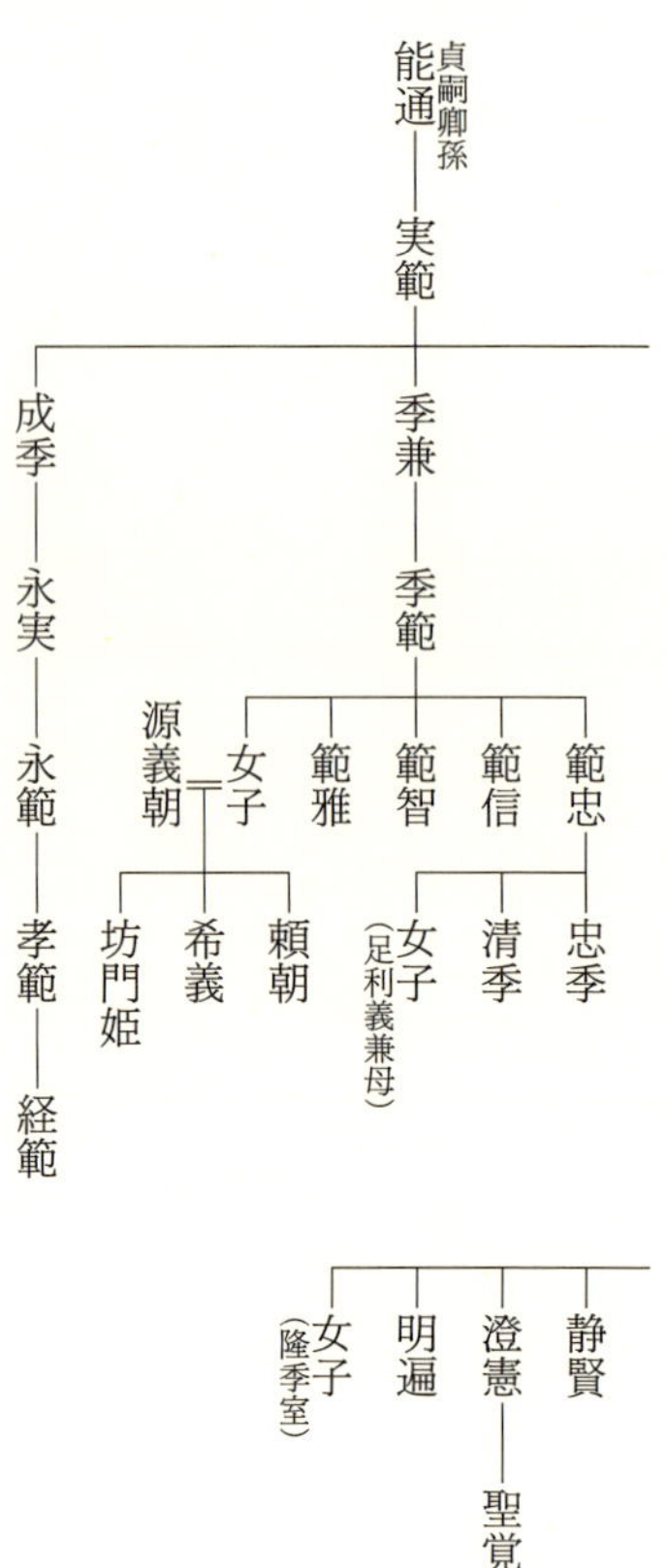
能通（貞嗣卿孫）
実範
季兼
季範
範忠
範信
範智
範雅
女子
源義朝
忠季
清季
女子（足利義兼母）
頼朝
希義
坊門姫
成季
永実
永範
孝範
経範
静賢
澄憲
聖覚
明遍
女子（隆季室）

二　関係諸氏系図

伊賀氏（藤原氏秀郷流）

藤原朝光が伊賀守に補任されてから伊賀氏を称す。元仁元年（一二二四）北条義時の死後、義時の妻で伊賀朝光娘の生んだ北条政村を執権とし、政村の妹を妻とする一条実雅を将軍とする計画が失敗し、兄妹ともに配流された。のち許され、光宗は評定衆に列している。

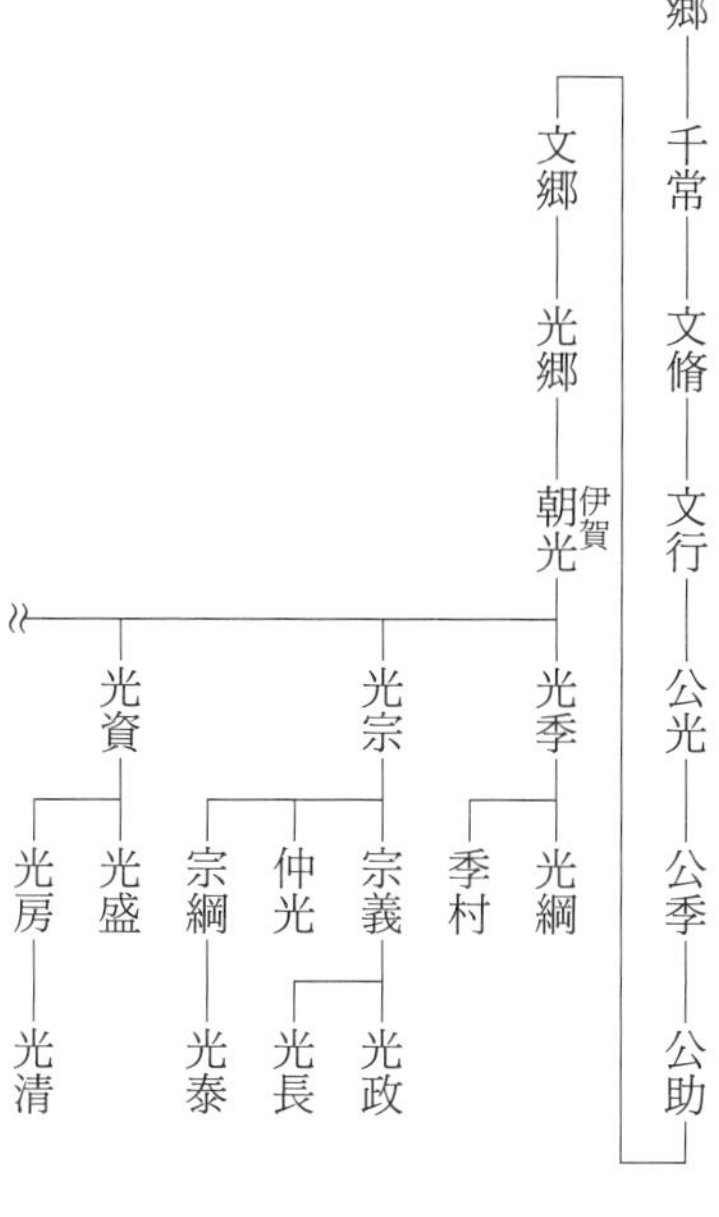

三浦・和田・佐原氏（桓武平氏忠通流）

相模国の有力御家人。義盛が侍所別当をつとめた和田一族は建保元年（一二一三）の和田合戦で、北条氏に次ぐ勢力を誇った三浦一族は宝治元年（一二四七）の宝治合戦で、それぞれ族滅した。

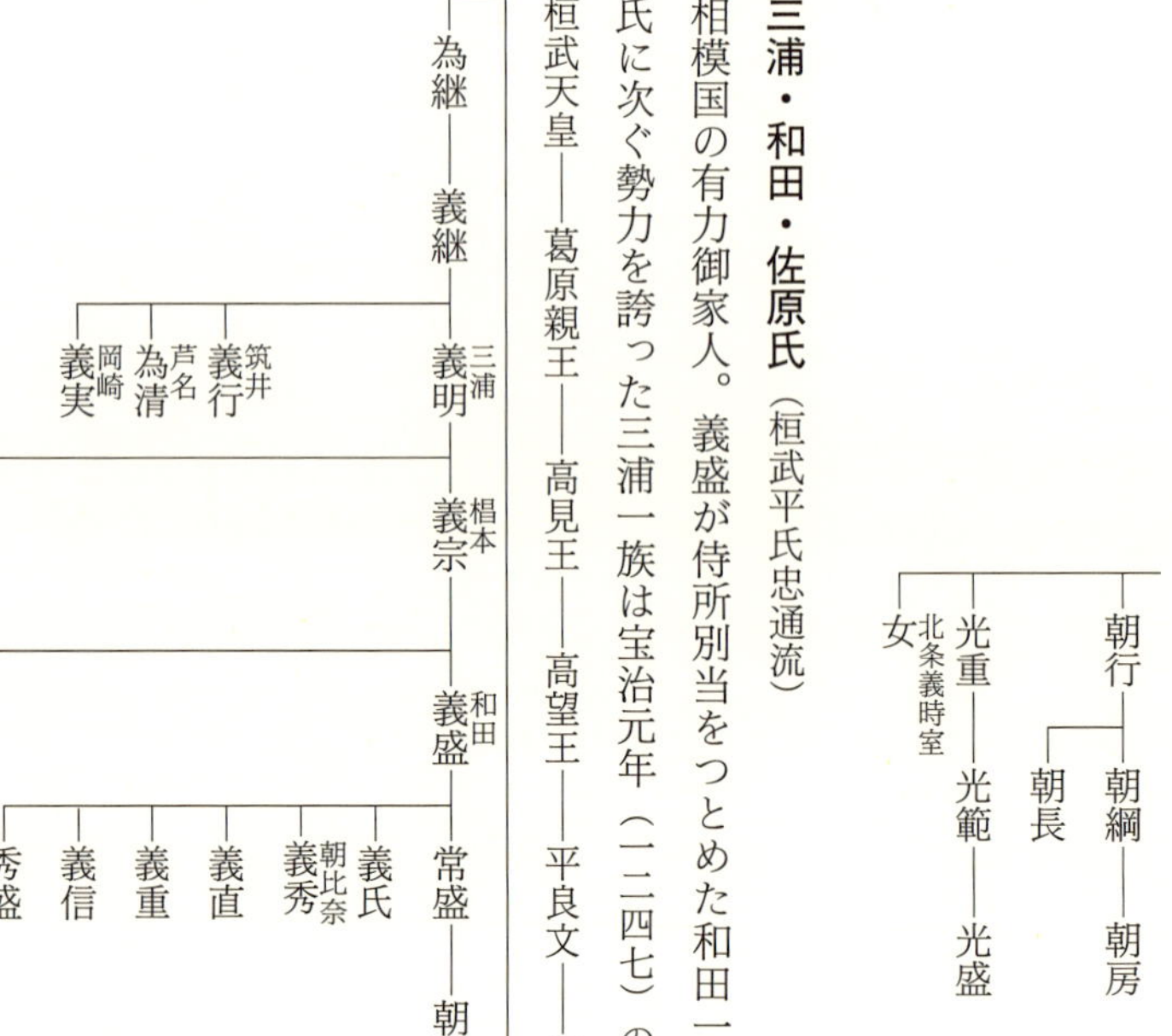

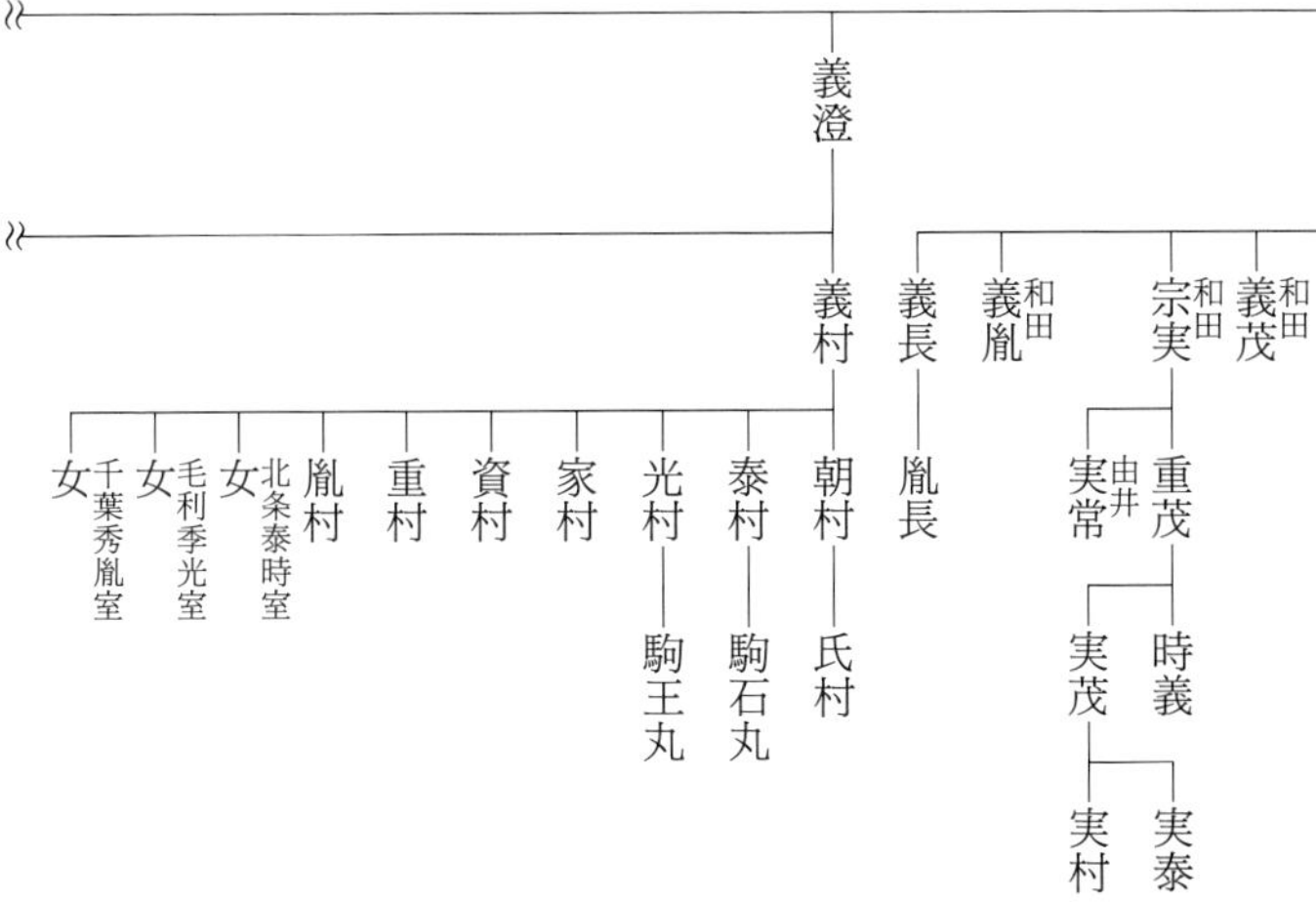
義澄
義村
和田義茂
和田宗実
和田義胤
義長
朝村
泰村
光村
家村
資村
重村
胤村
女 北条泰時室
女 毛利季光室
女 千葉秀胤室
氏村
駒石丸
駒王丸
胤長
重茂
由井実常
時義
実茂
実泰
実村

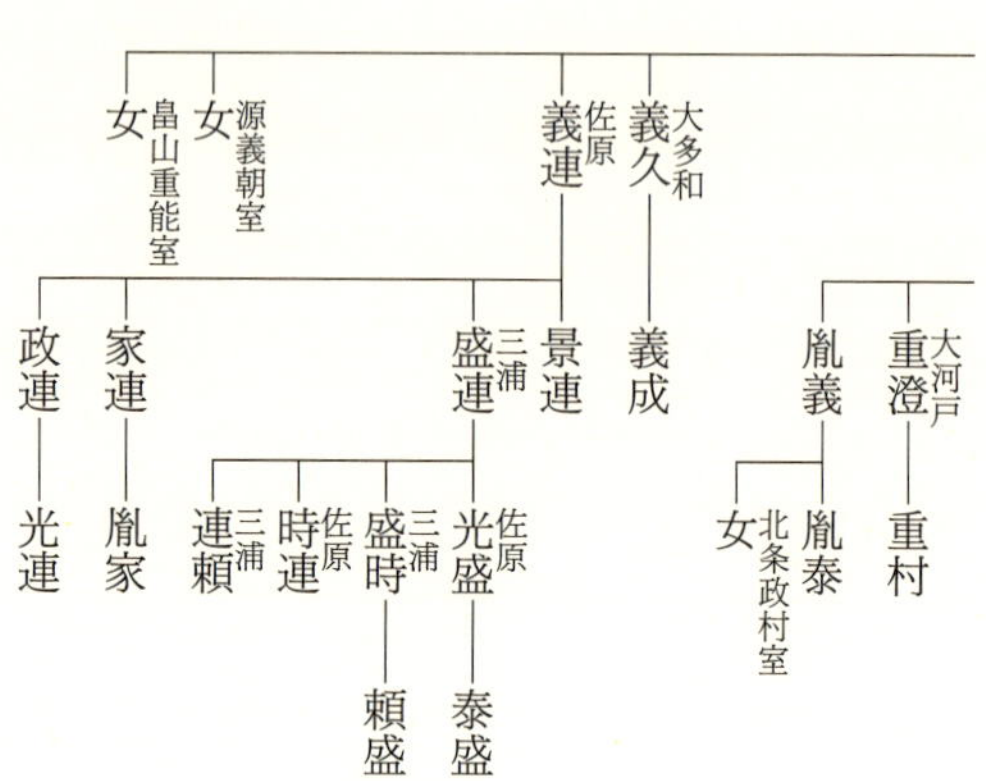

女 畠山重能室
女 源義朝室
義連 佐原
義久 大多和
政連
光連
家連
胤家
盛連 三浦
景連
義成
胤義
重澄 大河戸
連頼 三浦
時連 佐原
盛時 三浦
光盛 佐原
頼盛
泰盛
女 北条政村室
胤泰
重村

甲斐・信濃源氏（清和源氏義光流）

幕府内の名門、清和源氏の庶流。治承・寿永内乱の当初は頼朝から相対的に独立した行動をとる者もあったが、やがて粛清される。反面、頼朝に従った者は厚遇され、甲斐・信濃を中心に繁栄した。

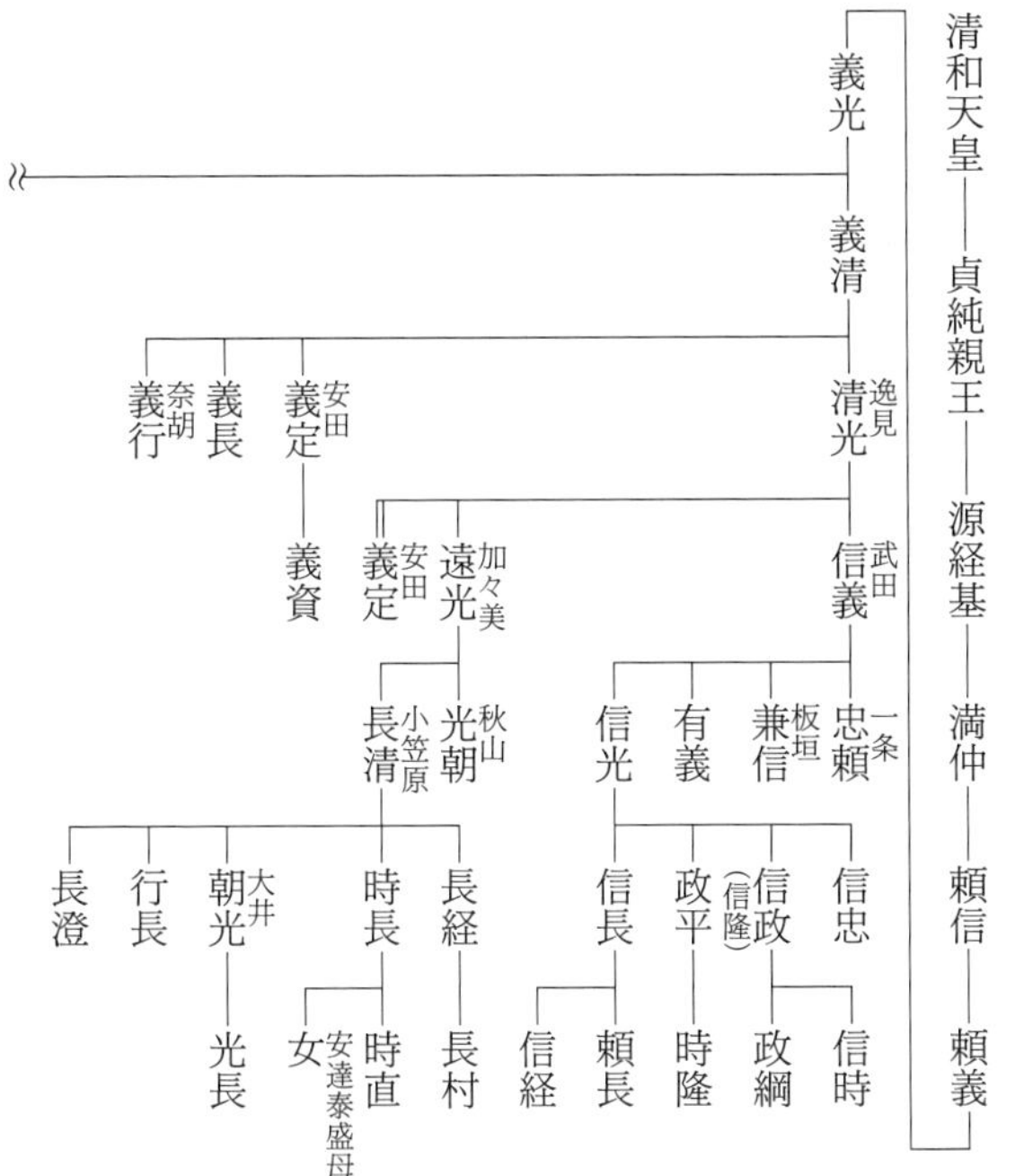

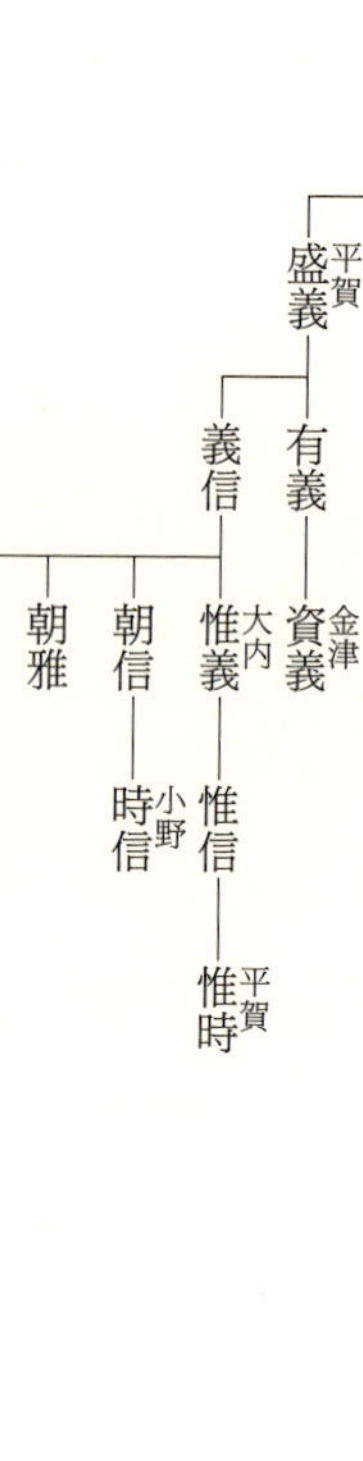

工藤・狩野氏（藤原氏為憲流）

伊豆国の武士団。狩野介・工藤介を称していた。有名な建久四年（一一九三）の曾我兄弟による敵討ちは、近親間の争いに端を発している。

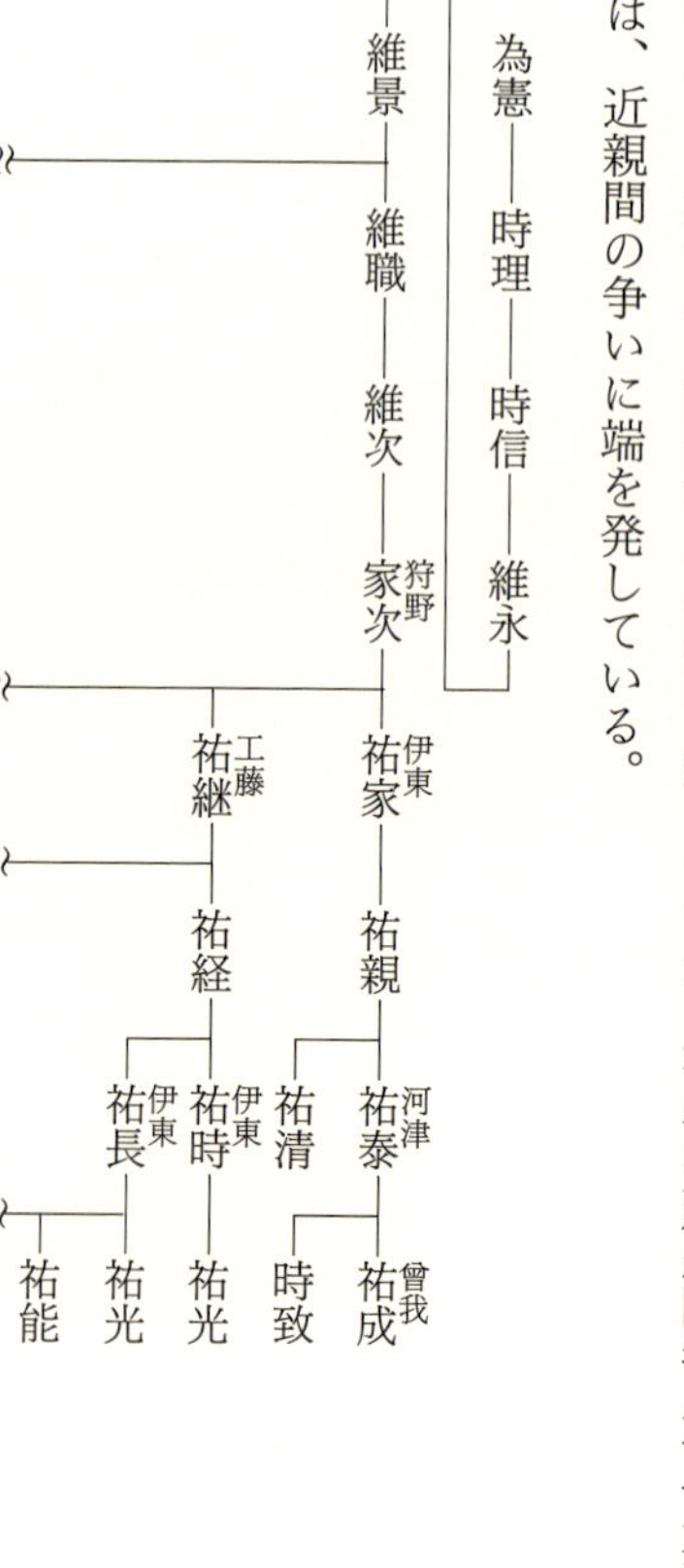

景任—資広—行景—景澄—景光（工藤）—行光

茂光（工藤）
- 宗茂（狩野）—信綱（田代）
- 行光（狩野）
- 親光—長光

祐茂（宇佐美）—祐政

祐氏

祐広

佐々木氏（宇多源氏）

近江国蒲生郡佐々木庄を本貫地とし、頼朝挙兵の当初から秀義とその子息たちが参陣、定綱ら兄弟五人で十七カ国の守護に補されるなど（『吾妻鏡』弘長元年五月十三日条）、大きく発展した。

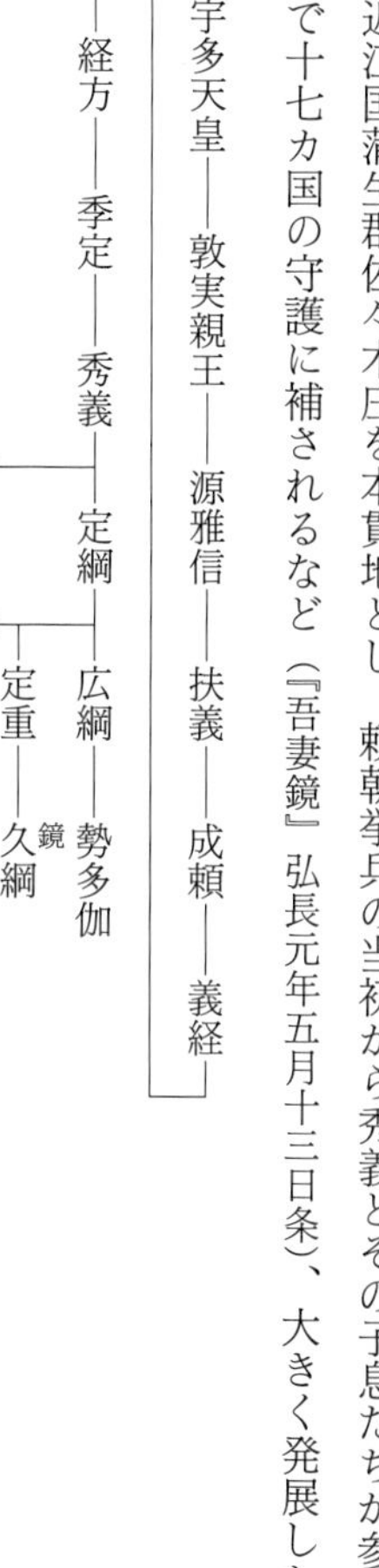

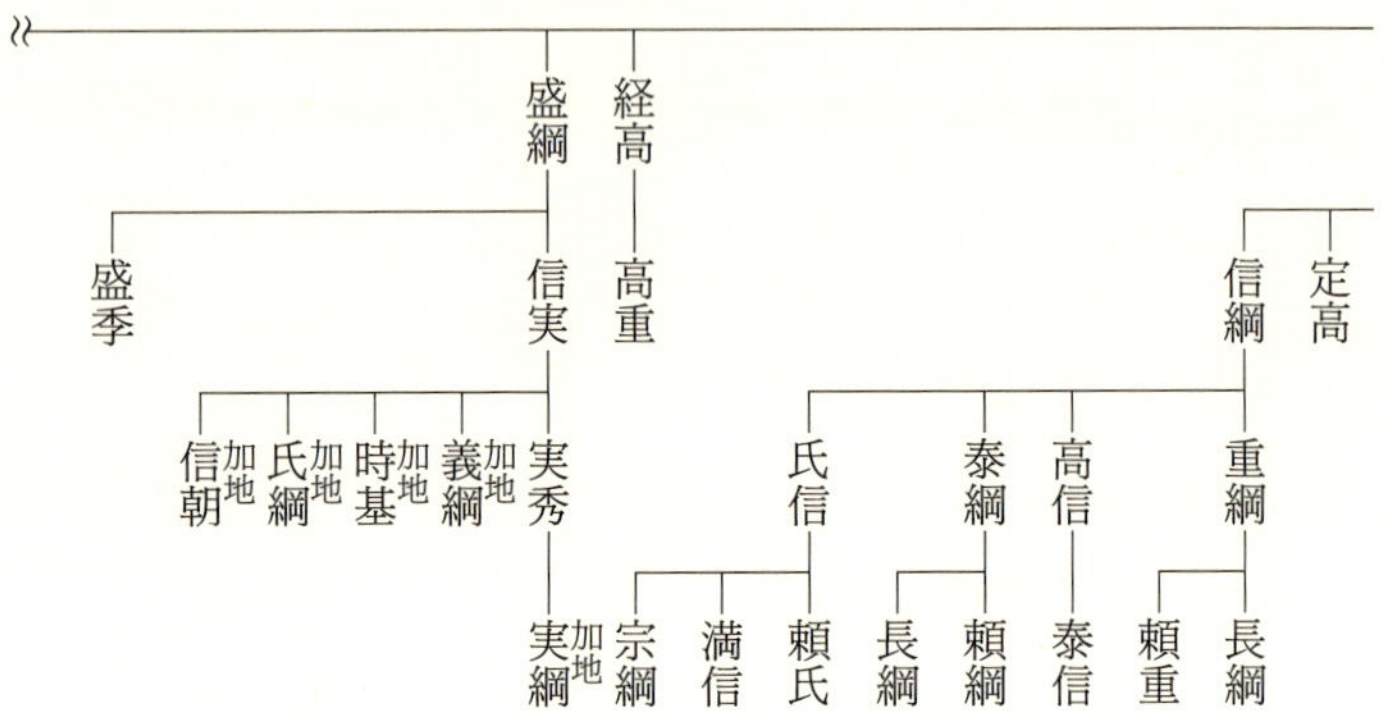

盛綱
経高
盛季
信実
高重
信綱
定高
信朝
加地
氏綱
加地
時基
加地
義綱
加地
実秀
氏信
泰綱
高信
重綱
実綱
加地
宗綱
満信
頼氏
長綱
頼綱
泰信
頼重
長綱

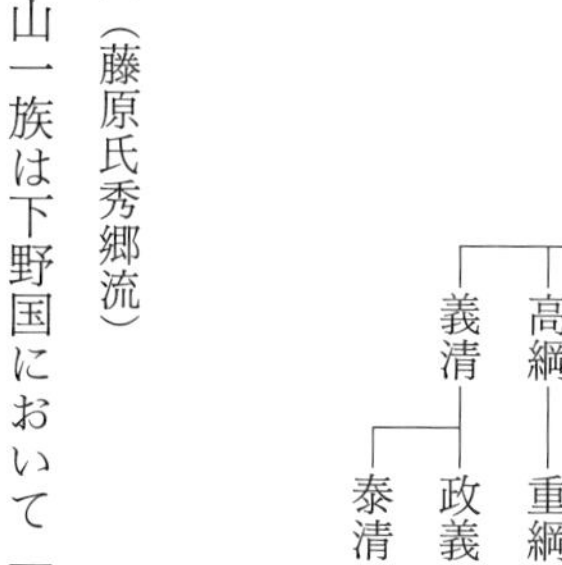

足利・小山氏（藤原氏秀郷流）

足利一族と小山一族は下野国において「一国之両虎」と称されたが、両者が戦った野木宮合戦で足利忠綱が敗れる。足利系の佐野・阿曾沼・佐貫といった庶流は御家人として存続する。小山系の小山・長沼・結城は守護や評定衆に列するなど繁栄した。

秀郷—千常—文脩—兼光—頼行—兼行—成行（足利）
成行—成綱
成行—家綱
家綱—俊綱—忠綱—忠広
家綱—高綱（山上）—高光
家綱—有綱—基綱（佐野）
基綱—国綱—実綱—成綱
基綱—宗綱
基綱—清綱

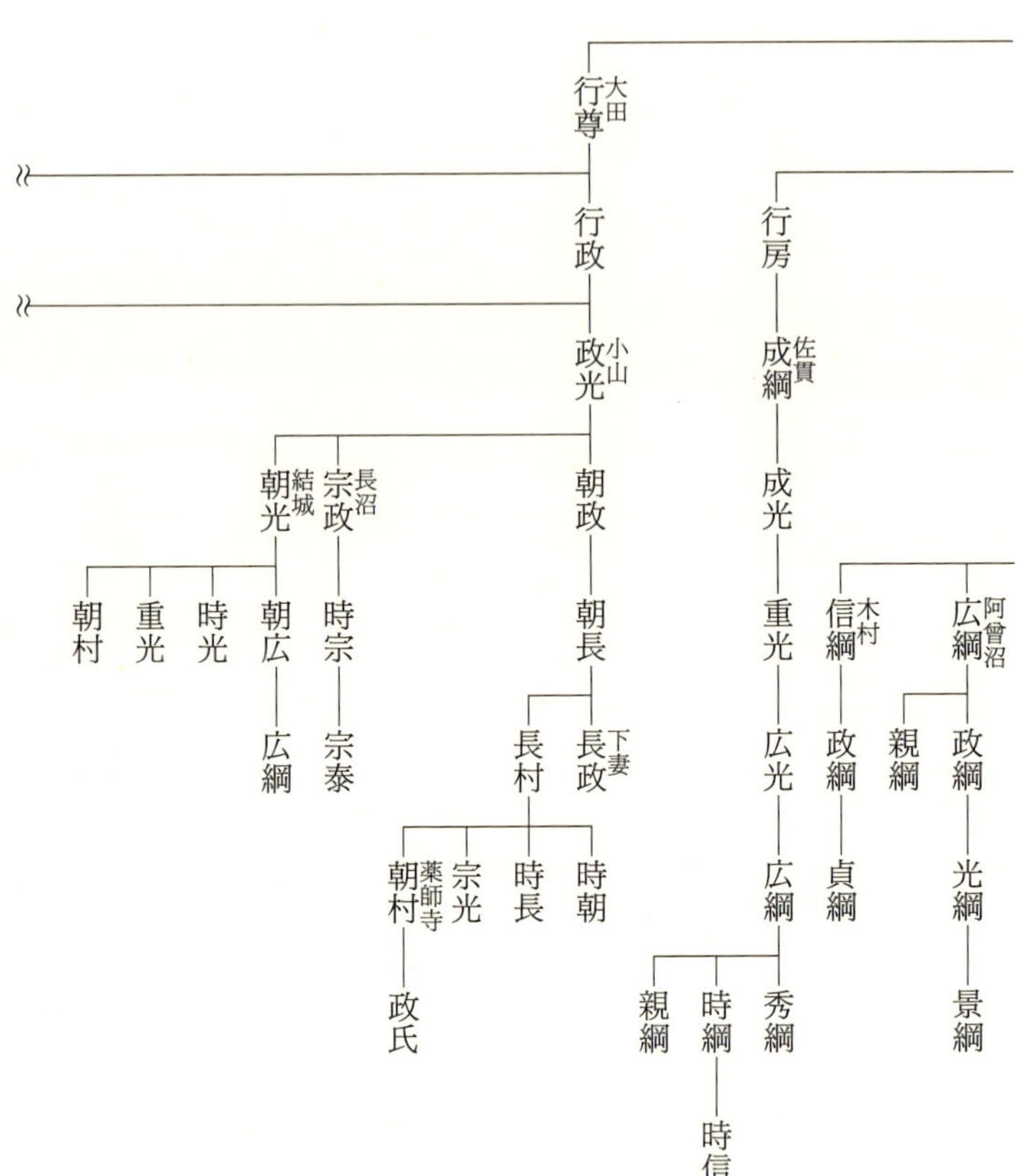
大田
行尊
行政
小山
政光
結城
朝光
長沼
宗政
朝政
朝村
重光
時光
朝広
時宗
朝長
広綱
宗泰
長村
下妻
長政
薬師寺
朝村
宗光
時長
時朝
政氏
行房
佐貫
成綱
成光
重光
広光
広綱
秀綱
時綱
親綱
時信
木村
信綱
政綱
貞綱
阿曾沼
広綱
親綱
政綱
光綱
景綱

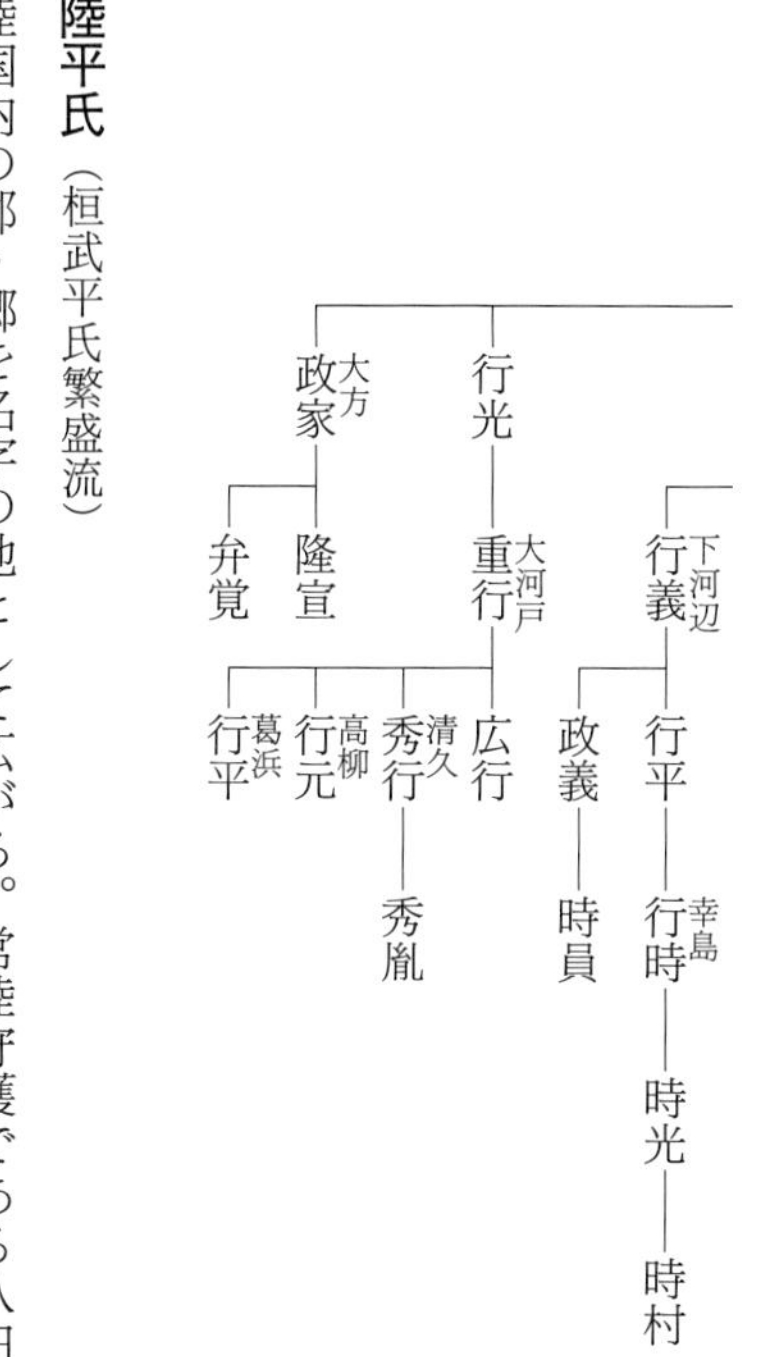

常陸平氏（桓武平氏繁盛流）

常陸国内の郡・郷を名字の地として広がる。常陸守護である八田（小田）氏と緊張関係にあり、建久四年（一一九三）の曾我兄弟の敵討ちをきっかけに、多気義幹・下妻弘幹が処罰され、一族の勢力も大きく後退した。

桓武天皇―葛原親王―高見王―高望王―平国香―繁盛―維幹―為幹―繁幹―致幹（多気）―直幹―義幹

繁幹―≈

直幹―弘幹（下妻）

直幹―長幹（真壁）―友幹―時幹―盛幹

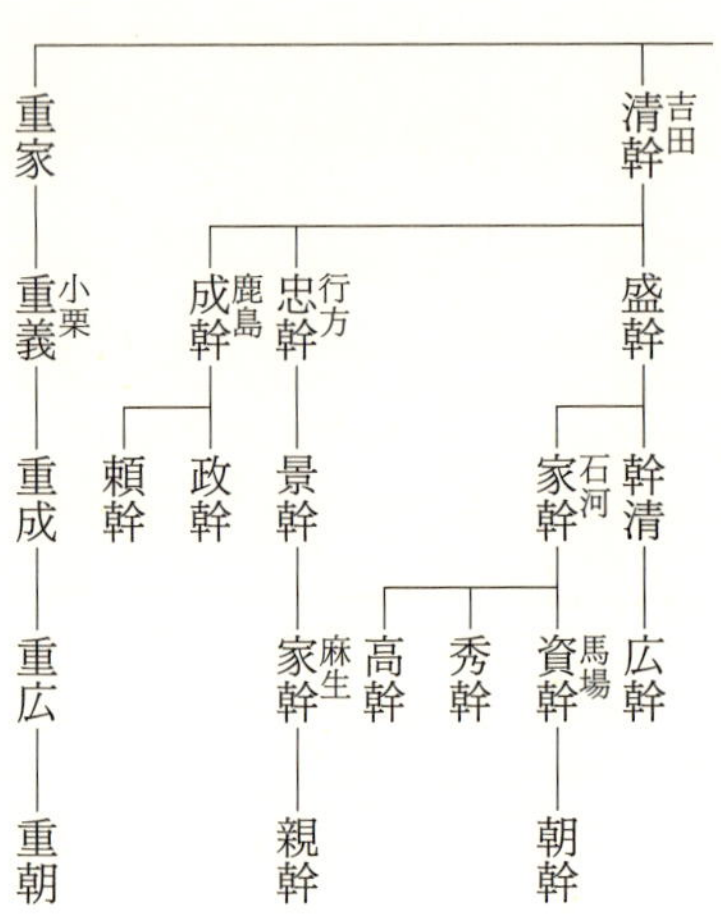

大江氏

幕府草創期の功臣広元の子孫。吏僚的活動のみならず、長井氏は守護職をも得た。

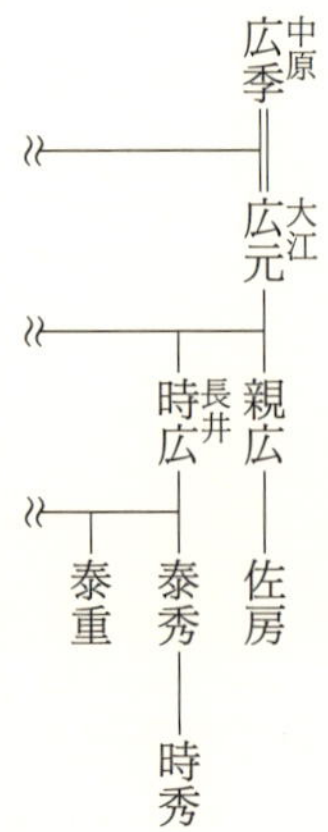

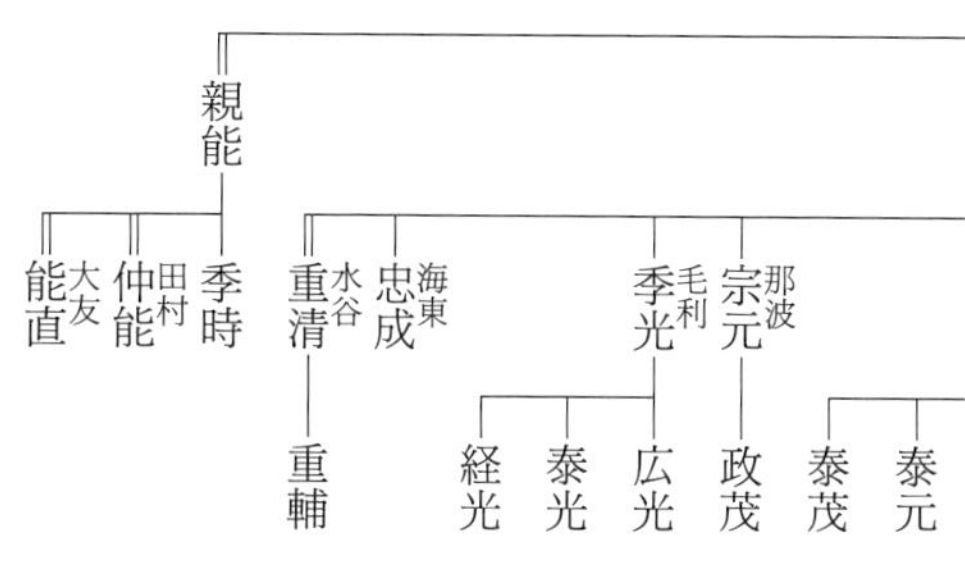

秩父平氏（桓武平氏良文流）

秩父牧を中心として武蔵国一帯に広がる。武蔵国留守所惣検校職を世襲し、一族内でもその獲得をめぐって対立した。

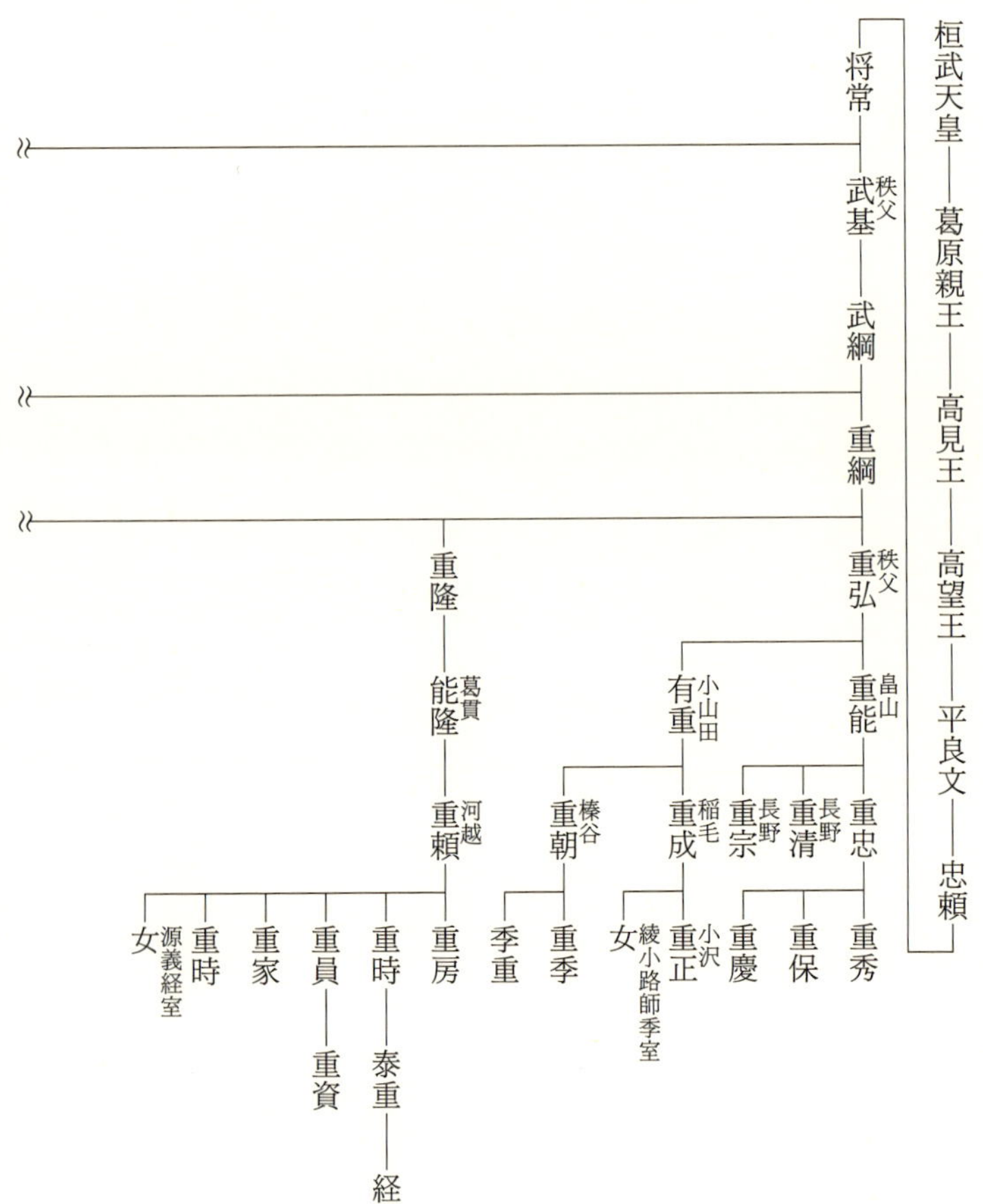
桓武天皇
葛原親王
高見王
高望王
平良文
忠頼
将常
秩父
武基
武綱
重綱
秩父
重弘
重隆
葛貫
能隆
河越
重頼
畠山
重能
小山田
有重
重忠
長野
重清
長野
重宗
稲毛
重成
榛谷
重朝
重秀
重保
重慶
小沢
重正
女
綾小路師季室
重季
季重
重房
重時
泰重
経重
重員
重資
重家
重時
女
源義経室

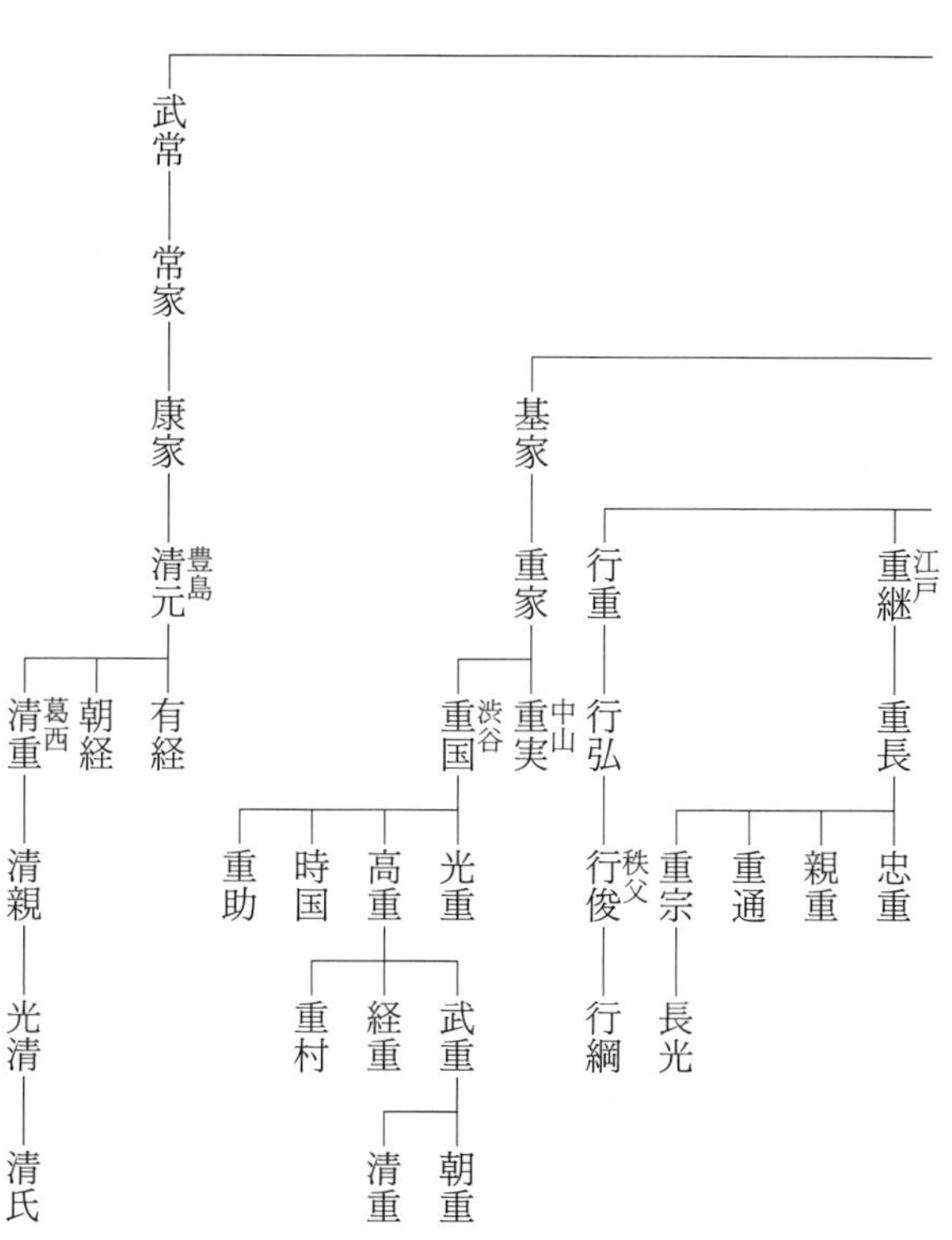

二階堂氏（藤原氏為憲流）

諸公事の奉行人や評定衆など、吏僚として活躍する。政所執事を世襲した。

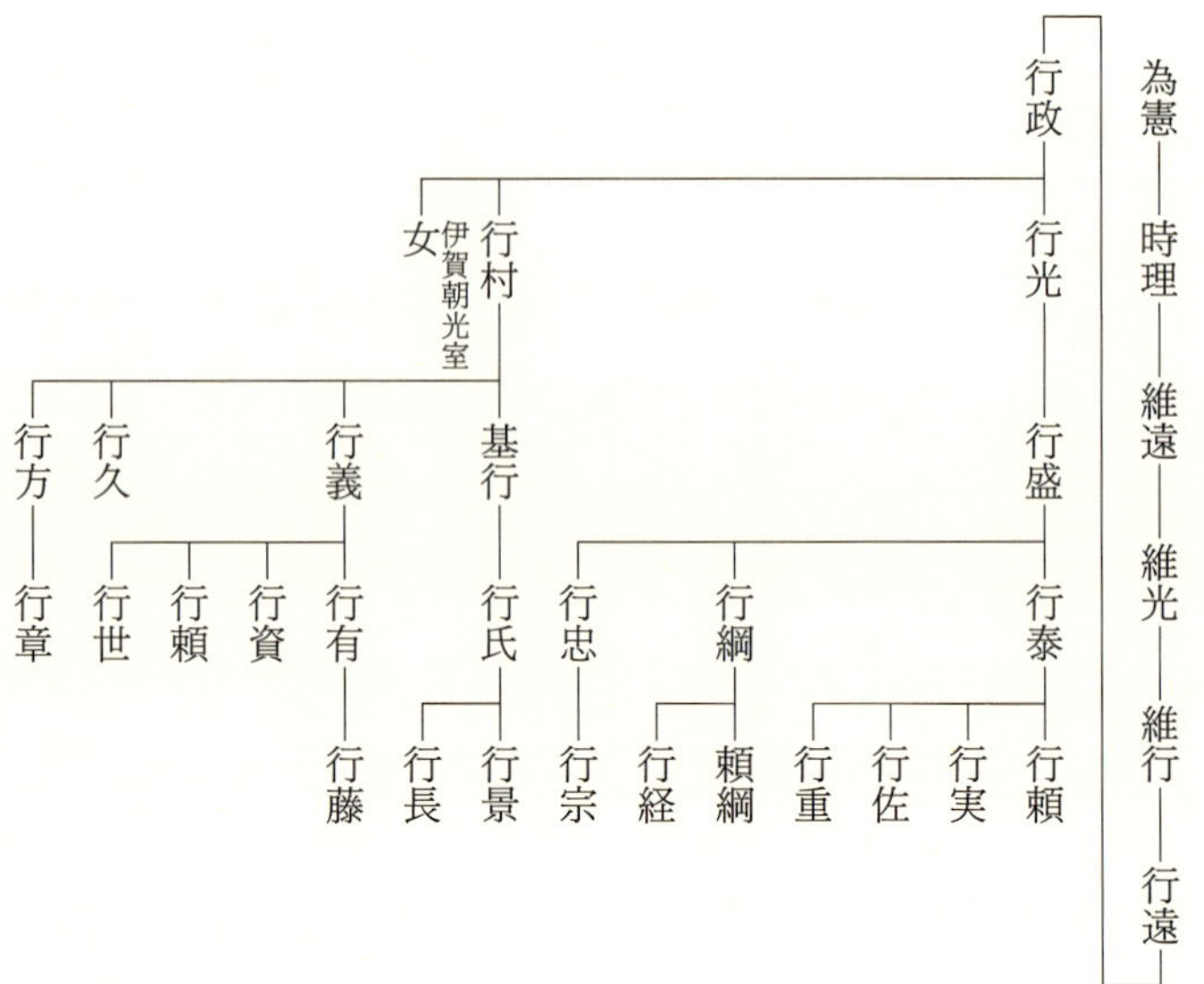

為憲
時理
維遠
維光
維行
行遠
行政
行光
行盛
行泰
行綱
行忠
行頼
行実
行佐
行重
頼綱
行経
行宗
行村
女
伊賀朝光室
基行
行氏
行景
行長
行義
行有
行藤
行資
行頼
行世
行久
行方
行章

鎌倉党（桓武平氏良文流）

平忠通一族の総称（三浦氏を除く）。忠通の子である景通・景村・景正はいずれも鎌倉を名乗り、その子孫は相模国鎌倉郡・高座郡・大住郡を基盤として発展した。

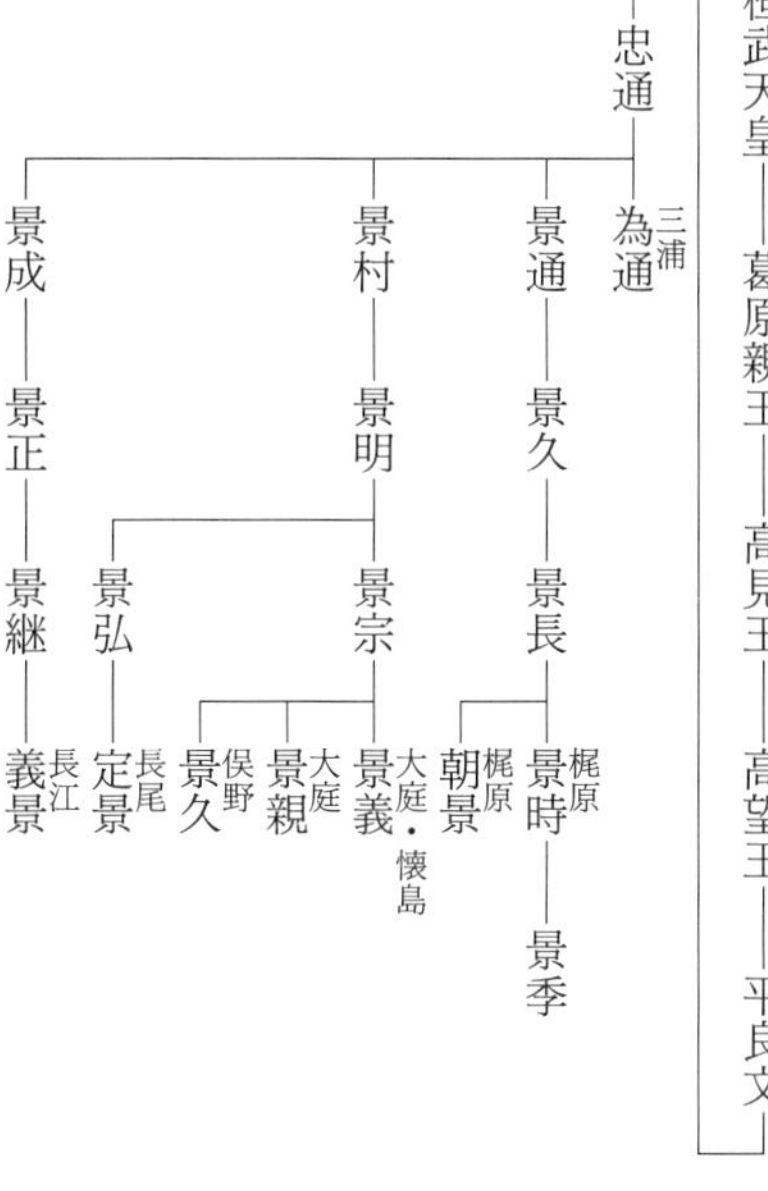

一条家（摂関家頼宗流）

藤原道長の次男頼宗の子孫。能保の一条室町邸にちなんで一条と号した。能保の妻が源頼朝の同母妹であったことから、頼朝の権力確立にともない急速に勢力を伸張させた。

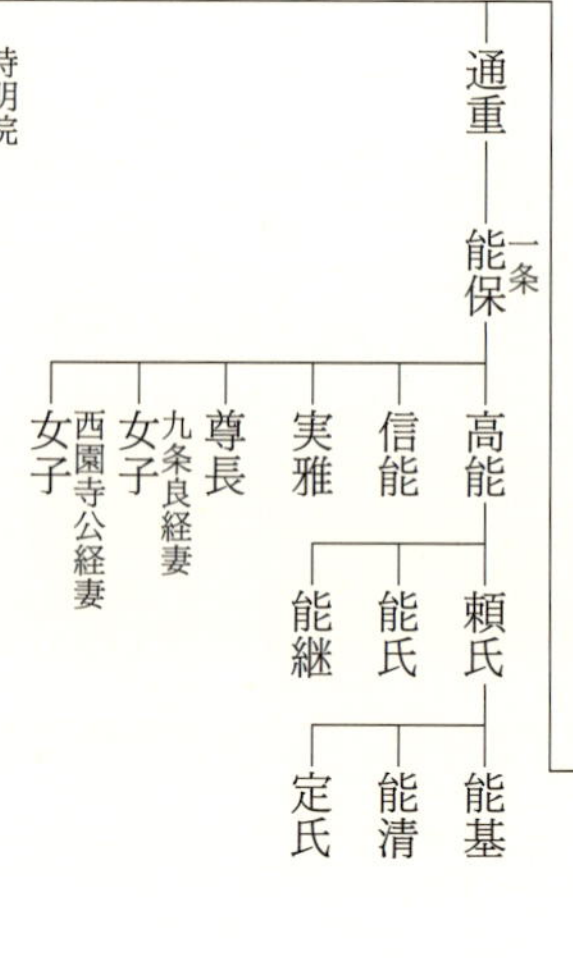

坊門家（藤原氏北家道隆流）

信隆の娘殖子（七条院）は後鳥羽天皇の生母であることから、同家は宮廷に権勢を振るった。信清の娘には、後鳥羽の寵愛を受けた坊門局や、源実朝の正室がいる。忠信は承久の乱に参画し、乱後越後に配流された。

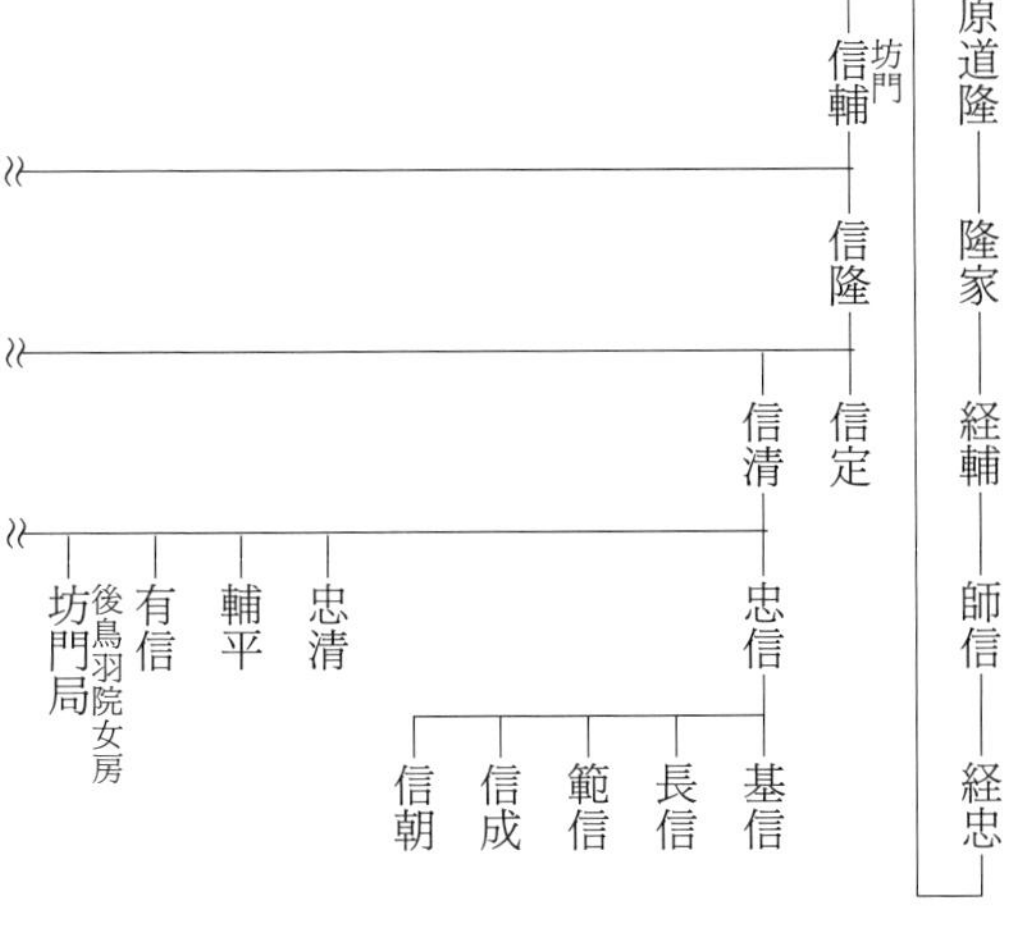

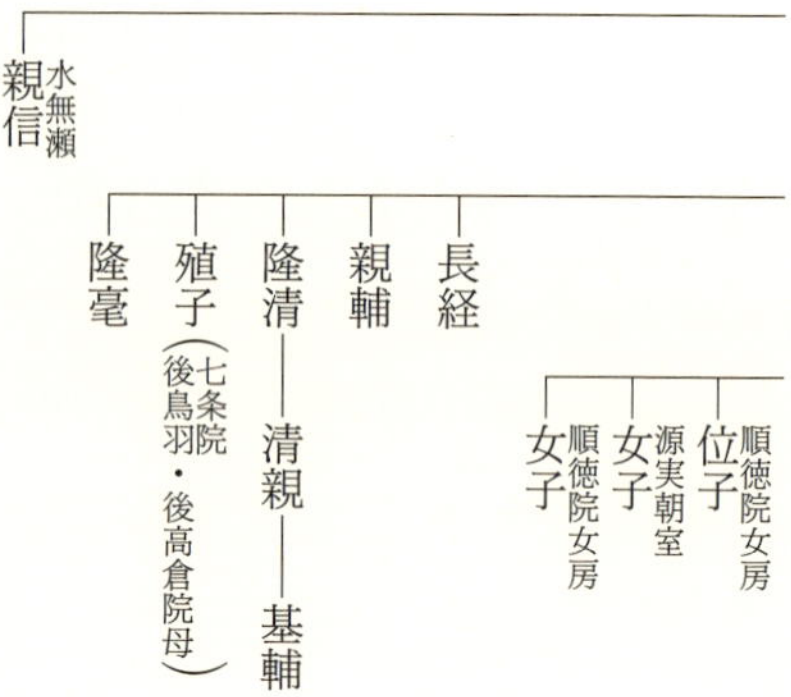

宇都宮氏

出自については、下毛野氏・中原氏・藤原氏など諸説がある。下野一宮の神主職を代々相伝した朝綱が頼朝の御家人となって以来、宇都宮氏は幕府に重きをなした。頼綱とその弟朝業は歌人として有名である。

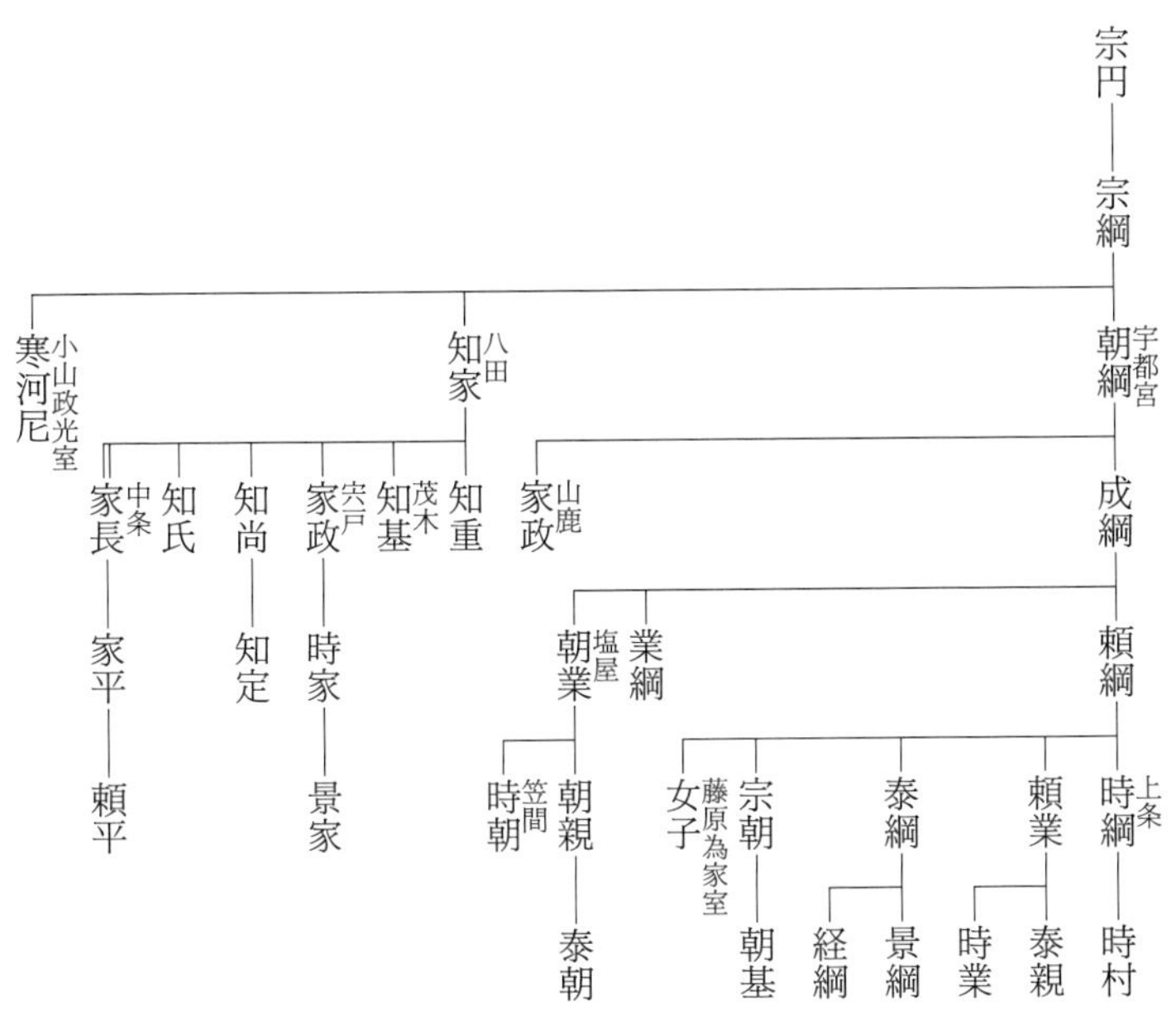
宗円
宗綱
朝綱 宇都宮
成綱
頼綱
時綱 上条
時村
頼業
泰親
時業
泰綱
景綱
経綱
宗朝
朝基
女子 藤原為家室
業綱
朝業 塩屋
朝親
泰朝
時朝 笠間
家政 山鹿
知家 八田
知重
知基 茂木
家政 宍戸
時家
景家
知尚
知定
知氏
家長 中条
家平
頼平
寒河尼 小山政光室

三善氏

算博士家三善氏の流れを汲む。康信は頼朝の招きで京より鎌倉に下り、初代問注所執事となる。その子孫は矢野・町野・太田などの諸流に分れ、いずれも幕府吏僚の中心的存在として活躍した。

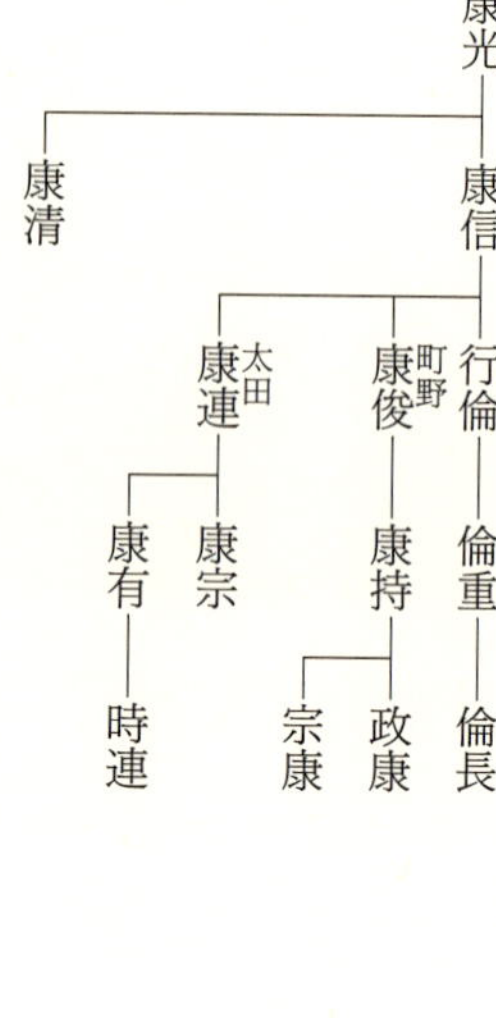

熱田大宮司家（藤原氏南家貞嗣流）

季範の娘は源義朝室となり、頼朝を生む。季範の後は、その子範忠・範信・範雅の三流から大宮司が出た。特に範信流である千秋・星野両氏は、尾張国有数の豪族として力を振るった。

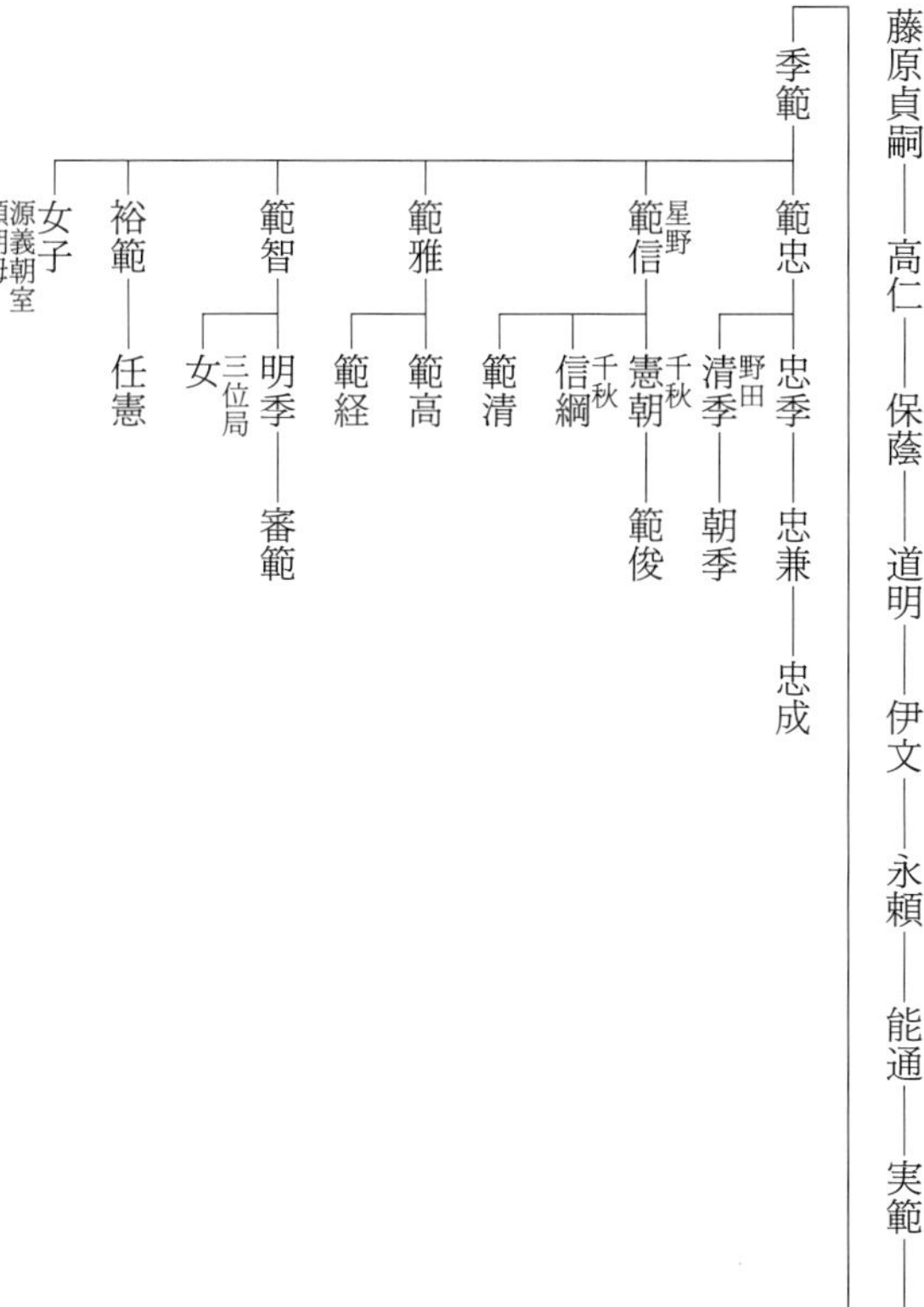

両総平氏（桓武平氏良文流）

平安期に上総・下総の有力武士団として勢力を誇った平忠常の子孫のうち、上総介広常は頼朝に滅ぼされる。その後、千葉介常胤の子孫が栄えた。

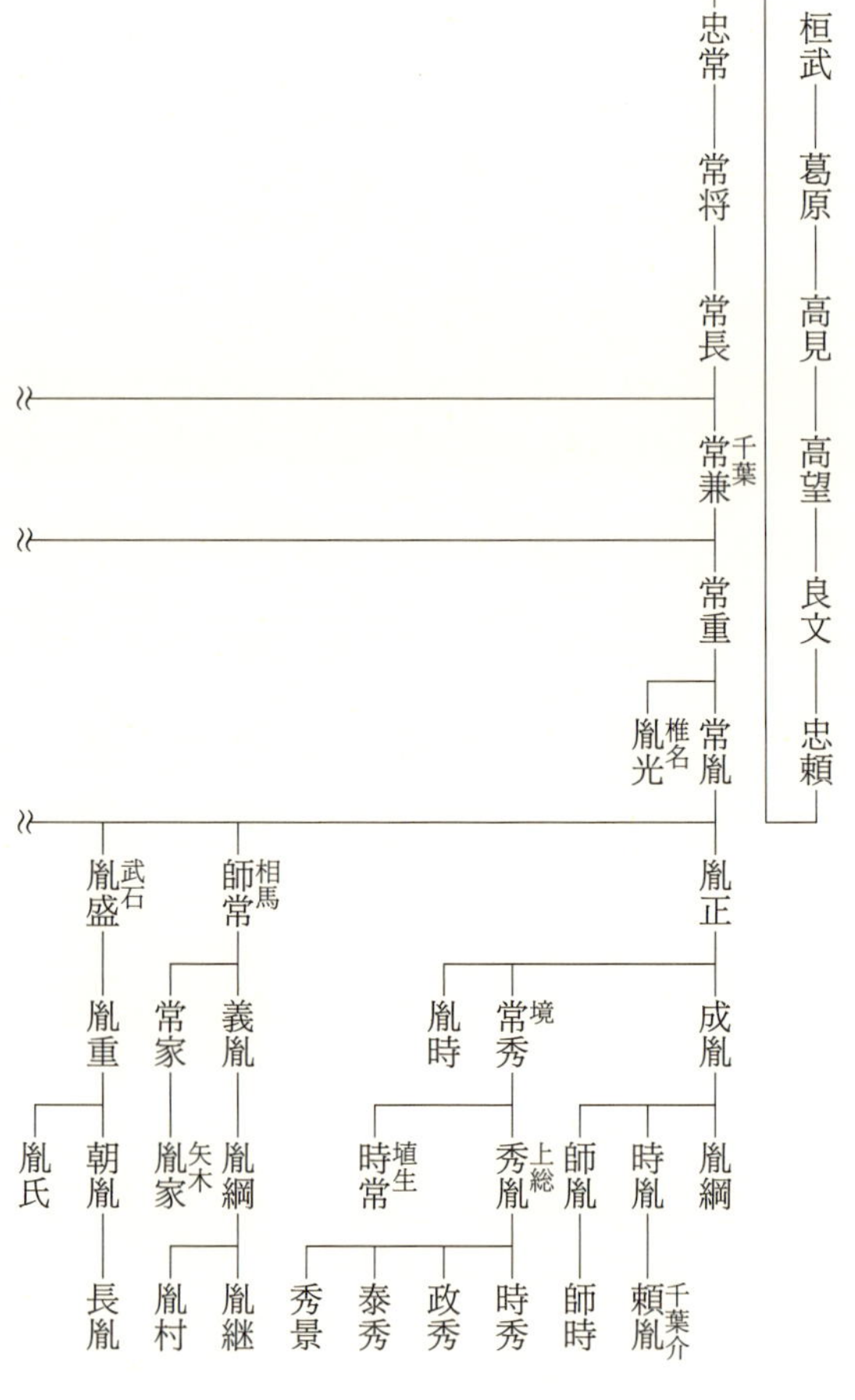

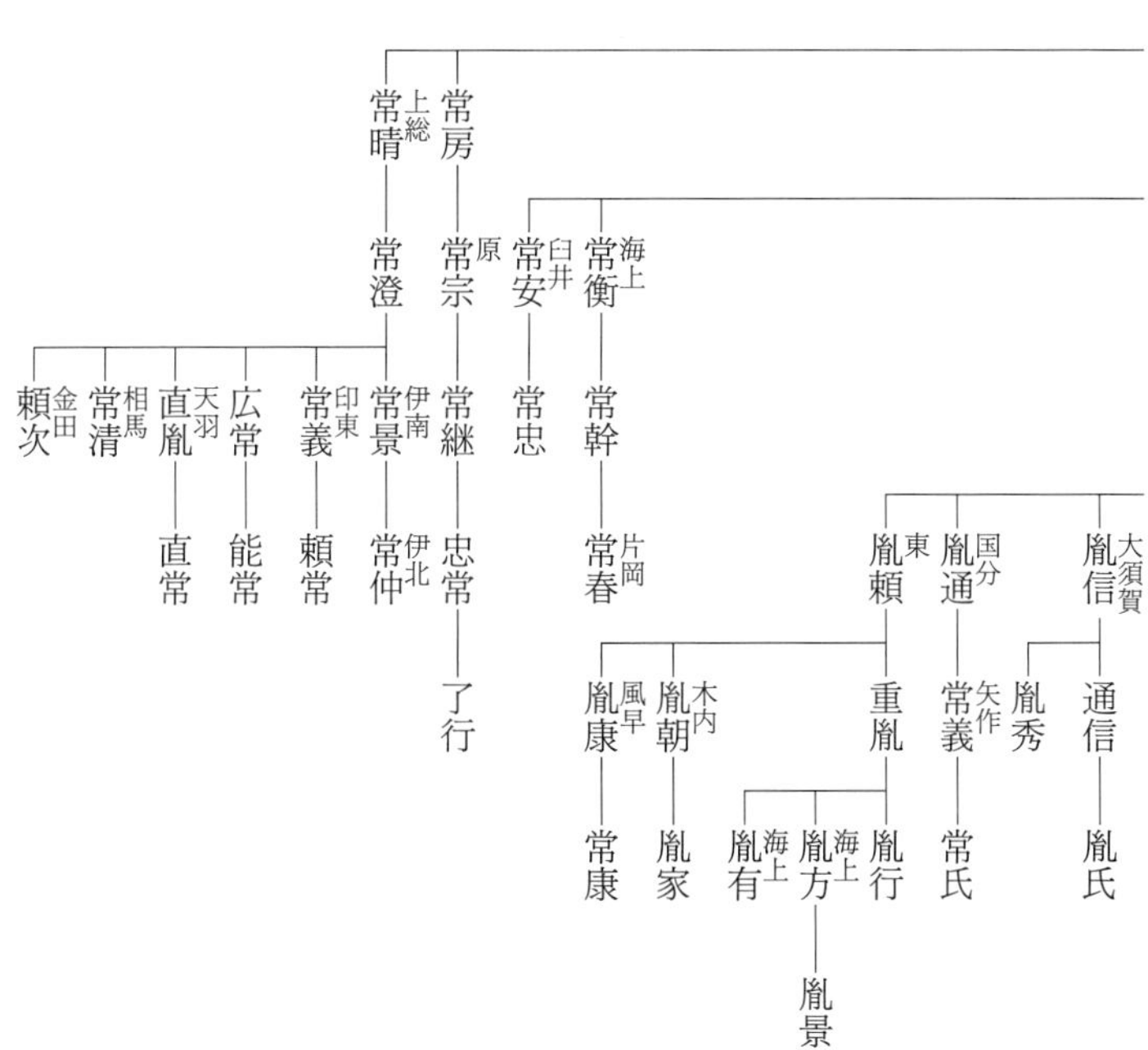
常房
上総常晴
原常宗
臼井常安
海上常衡
常澄
常継
常忠
常幹
伊南常景
印東常義
広常
天羽直胤
相馬常清
金田頼次
忠常
片岡常春
伊北常仲
頼常
能常
直常
了行
大須賀胤信
国分胤通
東胤頼
通信
胤秀
矢作常義
重胤
木内胤朝
風早胤康
胤氏
常氏
胤行
海上胤方
海上胤有
胤家
常康
胤景

Ⅴ　関係地図・合戦一覧

一　東国武士の根拠地

凡　例

1　この各国別武士の一覧表・分布図は、東海道の駿河・甲斐・伊豆・相模・武蔵・安房・上総・下総・常陸、東山道の信濃・上野・下野等、一二か国からなる。

2　一覧表には、各国の武士を名字の五十音順に配列し、分布図には、その番号を記載した。なお、名字の地、比定地不詳等の場合は、地図の外に注記した。

3　名字の欄には、各国の鎌倉時代に見える代表的な武士の名字を記載し、異表記・別称がある場合には、（ ）内に記載した。但し、南北朝時代あるいは室町時代からしか見えない武士の場合でも、鎌倉時代に遡れると推定される武士の名字も記載した。

4　出自の欄には、各々の武士の出自と伝えられる氏族名を記載した。

5　名字地・根拠地の欄には、各々の武士の名字地あるいは根拠地と推定される地名を記載した。地名の記載は、国名を除き、郡名以下の地名を記載し、中世に見える郡名等は適宜（　）内に記載した。なお、名字地・根拠地が明確でない場合、地頭職などの所領の地名を記載した場合もある。

6　現在地の欄には、上記名字地・根拠地の欄に記載される地名の現在比定地を記載した。

7　この一覧表・分布図作成にあたっては、当該県の県史、市町村史、太田亮『姓氏家系大辞典』、『角川日本地名大辞典』などを参照した。

8　分布図は『国史大辞典』所載の当該国略図をベースに作成した。そのため、中世の郡名・郡域が反映されないことがあり、大きく異なる場合は、一覧表の末尾に注記して示した。

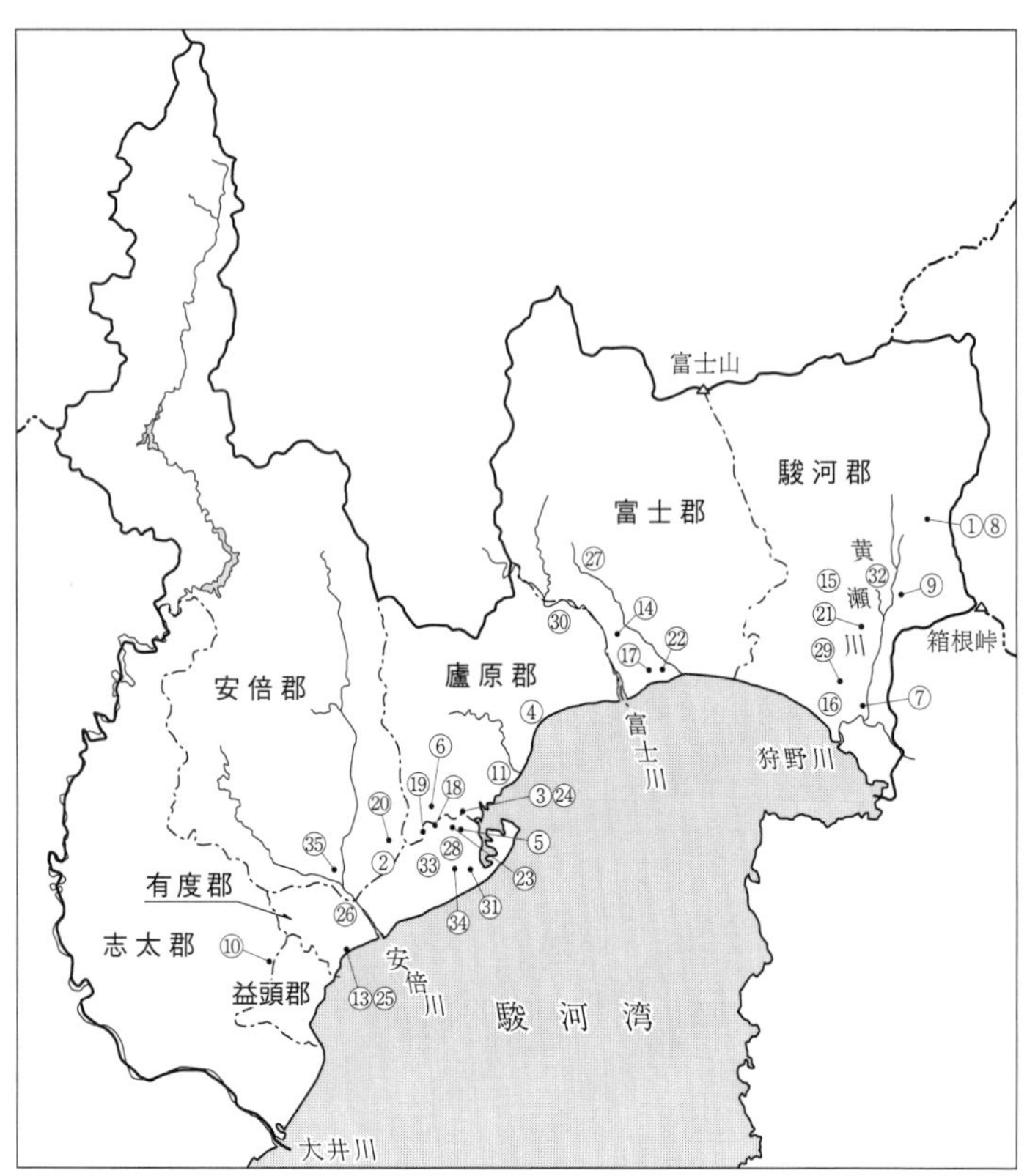

⑫は比定地不詳。

駿　河　国

駿河国武士一覧

番号	名字	出自	名字地・根拠地	現在地
1	鮎沢(藍沢・合沢)	藤原北家大森葛山氏	大沼鮎沢御厨	静岡県御殿場市西田中・新橋、裾野市下和田
2	安東	(不詳)	安倍郡安東荘	静岡市葵区安東
3	飯田	大宅氏(高橋氏と同族カ)	飯田(駿河国庵原郡高橋宿付近カ)	静岡県静岡市清水区高橋付近
4	廬原	旧庵原郡司家(大内・三原氏と同族カ)	庵原郡庵原郷	静岡県静岡市清水区中央部～由比町
5	入江	藤原南家入江氏	有度郡入江荘	静岡県静岡市清水区入江など巴川以南の旧有度郡
6	大内	旧庵原郡司家(庵原・三原氏と同族カ)	庵原郡大内	静岡県静岡市清水区大内
7	黄加野(岡野・大岡野)	藤原北家大森葛山氏	駿河郡大岡荘	静岡県沼津市大岡付近
8	大沼	藤原北家大森葛山氏カ	大沼鮎沢御厨カ	静岡県御殿場市西田中・新橋、裾野市下和田
9	大森	藤原北家大森葛山氏	駿河郡大森	静岡県裾野市深良
10	岡辺(岡部)	藤原南家入江氏	志太郡岡部郷	静岡県藤枝市仮宿付近
11	興津(息津・奥津・洋津)	藤原南家入江氏	庵原郡興津郷	静岡県静岡市清水区興津本町付近
12	荻野	藤原南家入江氏カ	(不詳)	(不詳)

番号	名字	出自	名字地・根拠地	現在地
13	長田	(不詳)	有度郡長田荘	静岡県静岡市駿河区用宗付近
14	賀島(加島)	(不詳)	富士郡加島荘	静岡県富士市今井・前田・岩本を含む広範囲な地域
15	葛山	藤原北家大森葛山氏	駿河郡葛山	静岡県裾野市葛山
16	金持	(不詳)	駿河郡金持荘	静岡県沼津市東沢田・中沢田・西沢田・沢田・新沢田町などを中心とする地域
17	蒲原(神原)	藤原南家入江氏	庵原郡蒲原荘	静岡県静岡市清水区蒲原付近
18	吉香(吉川・橘河・木津輪)	藤原南家入江氏	有度郡吉河郷	静岡県静岡市清水区吉川付近
19	楠木	(不詳)	有度郡入江荘楠村	静岡県静岡市清水区楠付近
20	工藤	藤原南家入江氏	安倍郡北安東荘カ	静岡県静岡市葵区北安東付近
21	小泉	(不詳)	駿河郡小泉荘	静岡県裾野市久根・公文名・稲荷・茶畑・麦塚・平松・佐野・二ツ屋・伊豆島田・水窪、長泉町納米里・上土狩・中土狩・下土狩・本宿・竹原、清水町玉川・八幡・久米田・堂庭・戸田・柿田・畑中・湯川・的場
22	鮫島	(不詳)	富士郡加島荘鮫島	静岡県富士市鮫島
23	渋河(渋川)	藤原南家入江氏	有度郡入江荘渋川	静岡県静岡市清水区渋川付近
24	高橋	大宅氏(飯田氏と同族カ)	庵原郡高橋宿	静岡県静岡市清水区高橋付近
25	橘	(不詳)	有度郡長田荘	静岡県静岡市用宗付近

26	手越	(不詳)	有度郡手越宿	静岡県静岡市手越
27	富士	富士郡司、富士山本宮浅間大社大宮司家	富士郡	静岡県富士宮市宮町
28	船越	藤原南家入江氏	有度郡入江荘船越	静岡県静岡市清水区入江など巴川以南の旧有度郡のうちで、比定地不詳
29	牧	藤原北家道隆流	駿河郡大岡牧	静岡県沼津市岡宮付近を中心に北は裾野市桃園付近に至る愛鷹山南東麓から黄瀬川西岸にかけての地域
30	松野	藤原南家工藤氏カ	庵原郡松野郷	静岡県庵原郡富士川町北松野・南松野
31	三沢	旧庵原郡司家カ(庵原・大内氏と同族カ)	有度郡入江荘三沢郷	静岡県静岡市清水区宮加三
32	御宿	藤原北家大森葛山氏	駿河郡御宿村	静岡県裾野市御宿
33	矢田	(不詳)	有度郡谷田村	静岡県静岡市駿河区谷田付近
34	矢部	藤原南家入江氏	有度郡入江荘矢部	静岡県清水市北矢部・南矢部付近
35	藁科	藤原南家入江氏	安倍郡藁科	静岡県静岡市葵区建穂・奈良間・杉尾・富厚里・新間・富沢・吉津・鍵穴・小島・寺島・坂ノ上・内匠・小瀬戸・黒俣・牧ケ谷・水見色・大原・羽鳥・大沢・栃沢・坂本・飯間・日向・諸子沢

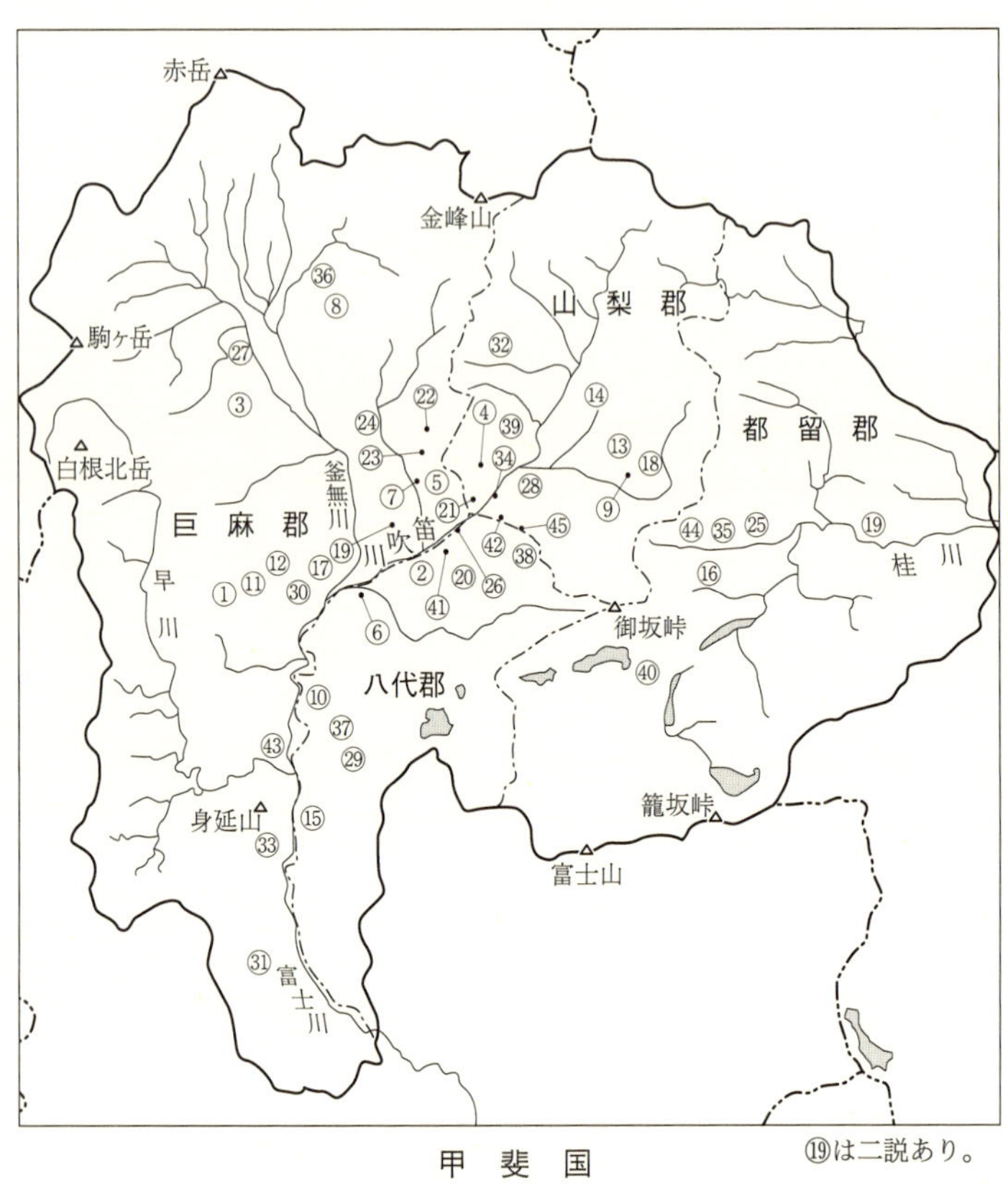

甲斐国

⑲は二説あり。

甲斐国武士一覧

番号	名字	出自	名字地・根拠地	現在地
1	秋山	清和源氏武田氏	巨麻郡大井荘秋山	山梨県南アルプス市秋山
2	浅利	清和源氏武田氏	八代郡浅利郷	山梨県中央市浅利
3	甘利	清和源氏武田氏	巨麻郡甘利荘	山梨県韮崎市大草町
4	石和	清和源氏武田氏	山梨郡石禾郷	山梨県笛吹市石和町
5	板垣	清和源氏武田氏	山梨郡板垣郷	山梨県甲府市善光寺町
6	市川	桓武平氏城氏	八代郡市河郷	山梨県西八代郡市川三郷町市川大門
7	一条	清和源氏武田氏	山梨郡一条郷	山梨県甲府市蓬沢町・朝気1～3丁目など一帯
8	伊東	桓武平氏伊東氏	巨麻郡山小笠原荘	山梨県北杜市明野町浅尾
9	岩崎	清和源氏武田氏	山梨郡岩崎郷	山梨県甲州市勝沼町上岩崎・下岩崎
10	巖間	藤原北家伊賀氏	八代郡岩間	山梨県西八代郡市川三郷町岩間
11	上野	清和源氏武田氏	巨麻郡上野	山梨県南アルプス市上野
12	小笠原	清和源氏武田氏	巨麻郡原小笠原荘	山梨県南アルプス市小笠原
13	小佐手	清和源氏武田氏	山梨郡小佐手村	山梨県甲州市勝沼町小佐手
14	於曾	清和源氏武田氏	山梨郡於曾	山梨県甲州市塩山上於曾・下於曾
15	帯金	清和源氏武田氏	八代郡帯金	山梨県南巨摩郡身延町帯金
16	小山田	桓武平氏秩父氏	都留郡田原郷	山梨県都留市中津森
17	加賀美	清和源氏武田氏	巨麻郡加賀美荘	山梨県南アルプス市加賀美
18	勝沼	清和源氏武田氏	山梨郡勝沼郷	山梨県甲州市勝沼町勝沼

番号	名字	出自	名字地・根拠地	現在地
19	鎌田	桓武平氏鎌田氏	都留郡富浜カ、巨麻郡鎌田荘カ	山梨県大月市富浜町、甲府市堀之内町・宮原町・高室町辺り
20	黒坂	清和源氏武田氏	八代郡黒坂	山梨県笛吹市境川町大黒坂・小黒坂
21	河内	清和源氏武田氏	山梨郡石禾御厨河内	山梨県笛吹市石和町河内
22	小松	清和源氏武田氏	巨麻郡小松荘	山梨県甲府市小松町
23	塩部	清和源氏武田氏	巨麻郡塩部荘	山梨県甲府市塩部
24	志摩	清和源氏武田氏	巨麻郡志摩荘	山梨県甲府市
25	島津	惟宗姓島津氏	都留郡波加利新荘	山梨県大月市初狩町・笹子町
26	曾根	清和源氏武田氏	八代郡曾根郷	山梨県笛吹市境川町
27	武田	清和源氏武田氏	巨麻郡武田	山梨県韮崎市神山町武田
28	田中	清和源氏武田氏	山梨郡田中郷	山梨県笛吹市一宮町田中
29	常葉	清和源氏武田氏	八代郡常葉	山梨県南巨摩郡身延町常葉
30	奈胡	清和源氏武田氏	巨麻郡奈胡荘	山梨県南アルプス市東南湖・西南湖
31	南部	清和源氏武田氏	巨麻郡南部御牧	山梨県南巨摩郡南部町南部
32	二階堂	藤原南家二階堂氏	山梨郡牧荘・巨麻郡逸見荘	山梨市牧丘町・北杜市明野町
33	波木井	清和源氏武田氏	巨麻郡飯野牧波木井	山梨県南巨摩郡身延町波木井
34	平井	清和源氏武田氏	山梨郡石禾御厨平井	山梨県笛吹市石和町上平井・下平井
35	古郡	小野姓横山党	都留郡波加利荘(都留郡古郡)	山梨県上野原市上野原、大月市初狩・笹子
36	逸見	清和源氏武田氏	巨麻郡逸見郷	山梨県韮崎市、北杜市明野町・長坂町・大泉

				町・小淵沢町など
37	三沢	清和源氏武田氏	八代郡三沢	山梨県南巨摩郡身延町下部
38	八代	清和源氏武田氏	八代郡八代郷	山梨県笛吹市八代町
39	安田	清和源氏武田氏	山梨郡安田郷	山梨県山梨市小原西
40	吉田	清和源氏武田氏	都留郡上吉田・下吉田	山梨県富士吉田市上吉田・下吉田
41	石橋	清和源氏武田氏	八代郡石橋	山梨県笛吹市境川町石橋
42	大須賀	桓武平氏千葉氏	八代郡井上	山梨県笛吹市御坂町井之上
43	飯富	清和源氏武田氏	巨麻郡飯富郷	山梨県南巨摩郡身延町飯富
44	加藤	藤原北家加藤氏	都留郡古郡	山梨県上野原市上野原
45	二宮	清和源氏武田氏	八代郡二宮	山梨県笛吹市御坂町

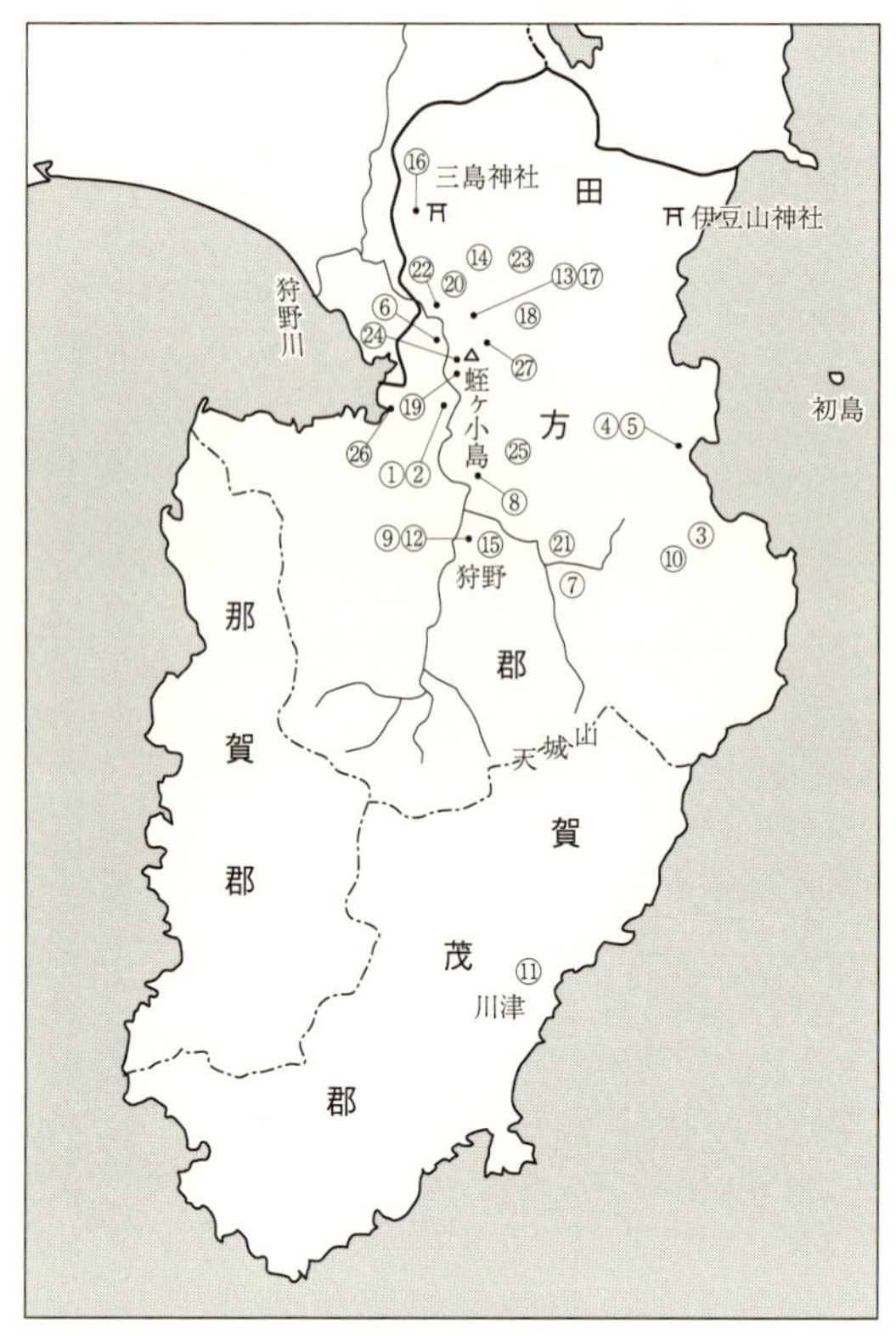

伊　豆　国

伊豆国武士一覧

番号	名字	出自	名字地・根拠地	現在地
1	天野	藤原南家入江氏	田方郡天野荘	静岡県伊豆の国市天野
2	天野	桓武平氏	田方郡天野荘	静岡県伊豆の国市天野
3	伊東	藤原南家狩野工藤氏	賀茂郡伊東荘(葛見荘)	静岡県伊東市鎌田・新井・川奈・広野・岡・寿町・宝町・桜木町・幸町・岡広町・末広町・弥生町・馬場・瓶山・湯田町・大原・音無町・竹の台・物見が丘、伊豆市徳永
4	宇佐美	藤原南家狩野工藤氏	賀茂郡宇佐美荘(葛見荘)	静岡県伊東市宇佐美
5	宇佐美	桓武平氏	賀茂郡宇佐美荘(葛見荘)	静岡県伊東市宇佐美
6	江間(江馬)	桓武平氏	田方郡江間荘(江馬荘)	静岡県伊豆の国市北江間・南江間
7	大見	桓武平氏	賀茂郡大見郷	静岡県伊豆市柳瀬付近
8	加藤	藤原氏	田方郡狩野荘牧之郷	静岡県伊豆市牧之郷付近
9	狩野	藤原南家狩野工藤氏	田方郡狩野荘	静岡県伊豆市牧之郷・田代・大平・熊坂、月ヶ瀬・市山・松ヶ瀬・雲金、伊豆の国市三福・田中山
10	鎌田	藤原南家狩野工藤氏	賀茂郡鎌田村	静岡県伊東市鎌田付近
11	河津	藤原南家狩野工藤氏	賀茂郡河津荘(葛見	静岡県賀茂郡河津町

番号	名字	出自	名字地・根拠地	現在地
12	工藤	藤原南家狩野工藤氏	田方郡狩野荘 荘)	静岡県伊豆市牧之郷・田代・大平・熊坂、月ヶ瀬・市山・松ヶ瀬・雲金、伊豆の国市三福・田中山
13	近藤	藤原氏	田方郡近藤郷	静岡県伊豆の国市長崎カ
14	沢	(不詳)	田方郡沢郷	静岡県田方郡函南町上沢
15	田代	藤原南家狩野工藤氏	田方郡狩野荘田代郷	静岡県伊豆市田代
16	中(中原)	中原氏	田方郡カ	(不詳)
17	長崎	(不詳)	田方郡長崎郷	静岡県伊豆の国市長崎
18	那古谷	橘氏	田方郡奈古屋郷	静岡県伊豆の国市奈古谷
19	南条	(不詳)	田方郡南条郷	静岡県伊豆の国市南条
20	仁田(新田)	藤原南家	田方郡仁田郷	静岡県田方郡函南町仁田
21	八幡(はつま)	(不詳)	賀茂郡八幡村カ	静岡県伊豆市八幡
22	肥田	旧田方郡司家	田方郡肥田郷	静岡県田方郡函南町肥田付近
23	平井	(不詳)	田方郡平井郷	静岡県田方郡函南町平井付近
24	北条	桓武平氏	田方郡北条	静岡県伊豆の国市四日町・寺家を中心に同市古奈・田方郡函南町肥田を含む地域
25	堀	藤原氏	田方郡狩野荘大野郷カ	静岡県伊豆市大野カ
26	三戸(三津)	(不詳)	田方郡三津御厨	静岡県沼津市内浦三津
27	山木	桓武平氏伊勢	田方郡山木郷	静岡県伊豆の国市韮山山木

相模国武士一覧

番号	名字	出自	名字地・根拠地	現在地
1	愛甲	小野姓横山党	愛甲郡愛甲荘	神奈川県厚木市愛甲
2	芦名	桓武平氏三浦氏	三浦郡葦名郷	神奈川県横須賀市芦名
3	飯泉	桓武平氏中村氏	足柄下郡成田荘飯泉郷	神奈川県小田原市飯泉
4	飯田	桓武平氏渋谷氏	鎌倉郡飯田郷	神奈川県横浜市泉区上飯田町・下飯田町
5	石田	桓武平氏三浦氏	大住郡石田郷	神奈川県伊勢原市石田
6	海老名	小野姓横山党	高座郡下海老名郷	神奈川県海老名市海老名
7	大多和	桓武平氏三浦氏	三浦郡大多和村	神奈川県横須賀市太田和
8	大槻	藤原北家秀郷流波多野氏	余綾郡波多野荘大槻	神奈川県秦野市上大槻・下大槻
9	大友	藤原北家秀郷流波多野氏	足柄上郡大友郷	神奈川県小田原市東大友・西大友
10	大庭	桓武平氏鎌倉氏	高座郡大庭郷	神奈川県藤沢市大庭
11	岡崎	桓武平氏三浦氏	大住郡岡崎	神奈川県平塚市岡崎、伊勢原市岡崎
12	荻野	小野姓横山党	愛甲郡毛利荘荻野郷	神奈川県厚木市上荻野・下荻野
13	小田原	藤原北家秀郷流波多野氏	足柄下郡小田原	神奈川県小田原市小田原
14	落合	桓武平氏渋谷氏	高座郡渋谷荘落合郷	神奈川県綾瀬市落合

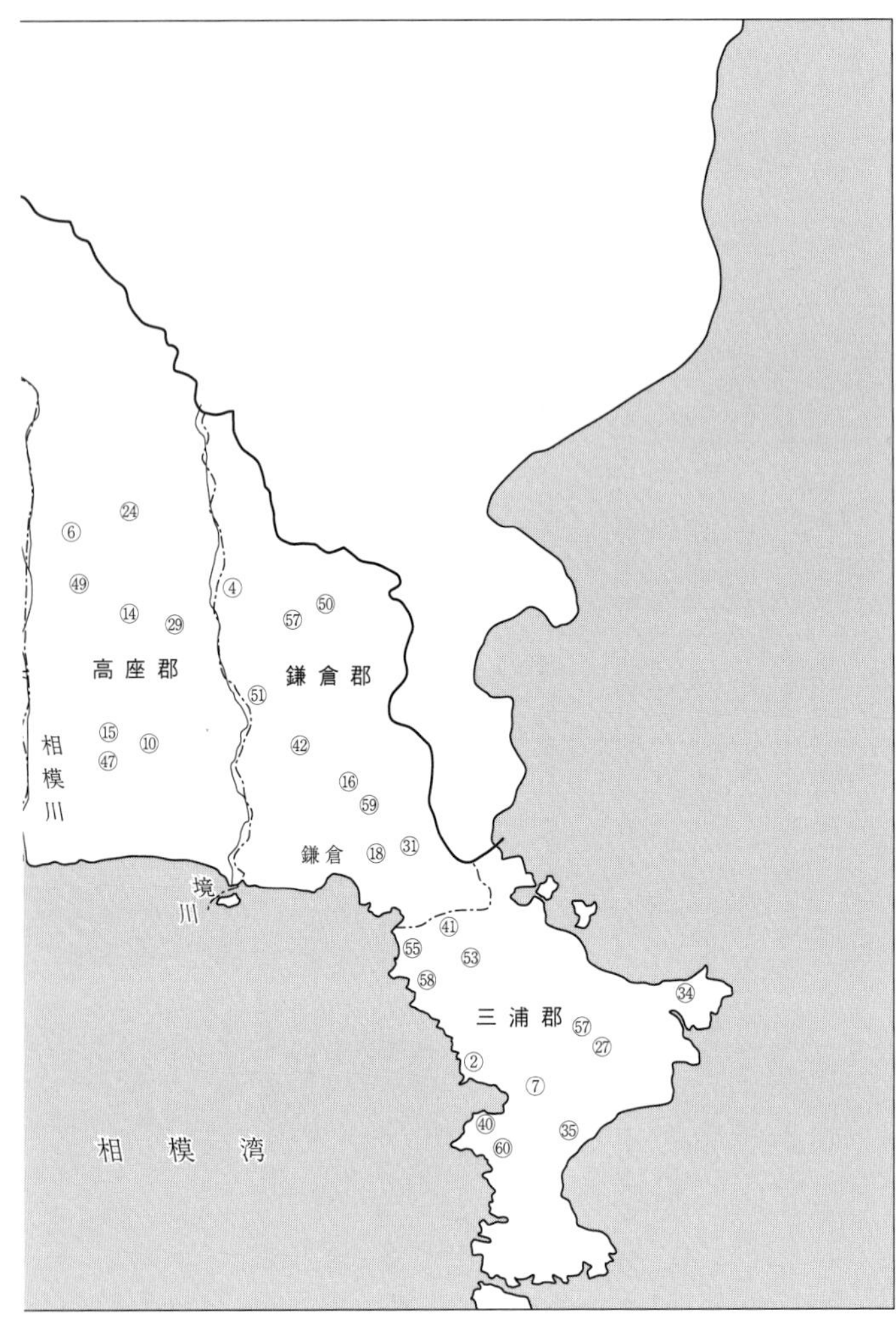

㊼は二説あり。

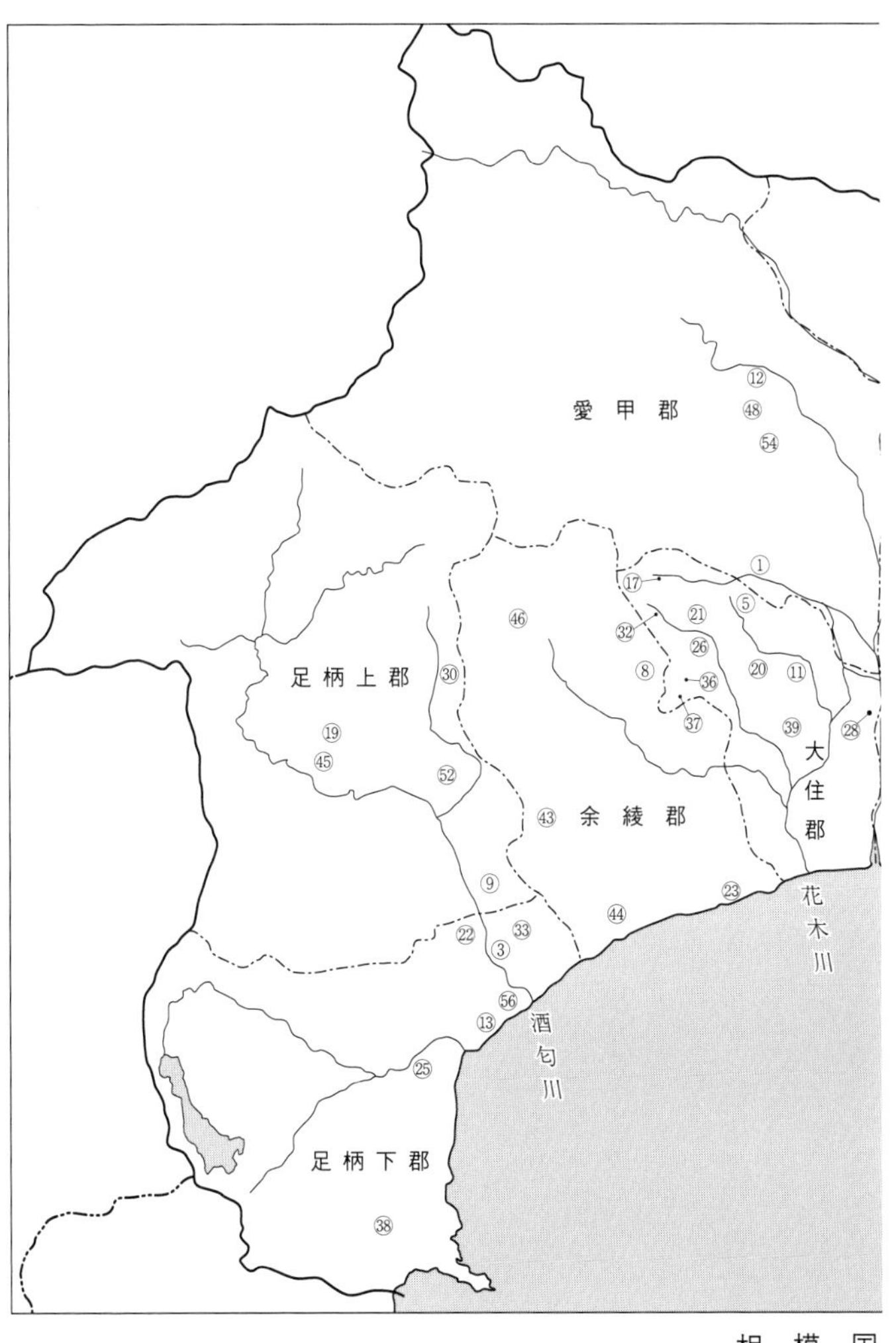
愛甲郡
⑫
㊽
54
足柄上郡
⑲
㊺
30
52
余綾郡
①
⑰
⑤
㉑
㉜
㊻
㉖
⑧
㊱
⑳
⑪
㊲
㊴
㉘
㊸
大住郡
⑨
㉓
㊹
花木川
㉒
㉝
③
56
⑬
酒匂川
㉕
足柄下郡
㊳

相 模 国

番号	名字	出自	名字地・根拠地	現在地
15	香川	桓武平氏鎌倉氏	高座郡大庭御厨香川郷	神奈川県茅ヶ崎市香川
16	梶原	桓武平氏鎌倉氏	鎌倉郡梶原郷	神奈川県鎌倉市梶原
17	糟屋	藤原北家良方流	大住郡糟屋荘	神奈川県伊勢原市上粕屋
18	鎌倉	桓武平氏鎌倉氏	鎌倉郡鎌倉郷	神奈川県鎌倉市鎌倉
19	河村	藤原北家秀郷流波多野氏	足柄上郡河村郷	神奈川県足柄上郡山北町川村
20	城所	藤原北家糟屋氏	大住郡城所	神奈川県平塚市城所
21	櫛橋	藤原北家糟屋氏	大住郡櫛橋郷	神奈川県伊勢原市串橋
22	桑原	桓武平氏三浦氏	足柄下郡桑原郷	神奈川県小田原市桑原
23	小磯	藤原北家秀郷流波多野氏	余綾郡小磯	神奈川県中郡大磯町東小磯・西小磯
24	国分	小野姓横山党	高座郡国分	神奈川県厚木市国分
25	小早川	桓武平氏中村氏	足柄下郡小早川	神奈川県小田原市小早川
26	佐奈田	桓武平氏三浦氏	大住郡真田	神奈川県平塚市真田
27	佐原	桓武平氏三浦氏	三浦郡佐原	神奈川県横須賀市佐原
28	四宮	藤原北家糟屋氏	大住郡四宮郷	神奈川県平塚市四之宮
29	渋谷	桓武平氏渋谷氏	高座郡渋谷荘	神奈川県大和市下和田、綾瀬市早川
30	菖蒲	藤原北家秀郷流波多野氏	足柄上郡菖蒲	神奈川県秦野市菖蒲
31	杉本	桓武平氏三浦氏	鎌倉郡杉本	神奈川県鎌倉市杉本

32	善波	藤原北家糟屋氏	大住郡善波郷	神奈川県平塚市善波
33	曾我	藤原南家伊東氏	足柄下郡曾我荘	神奈川県小田原市曾我谷津
34	多々良	桓武平氏三浦氏	三浦郡多々良	神奈川県横須賀市鴨居
35	津久井	桓武平氏三浦氏	三浦郡津久井	神奈川県横須賀市津久井
36	土屋	桓武平氏中村氏	大住郡土屋	神奈川県平塚市土屋
37	土屋	桓武平氏三浦氏	大住郡土屋	神奈川県平塚市土屋
38	土肥	桓武平氏中村氏	足柄下郡土肥郷	神奈川県足柄下郡湯河原町土肥
39	豊田	桓武平氏鎌倉氏	大住郡豊田荘	神奈川県平塚市豊田本郷
40	長井	桓武平氏三浦氏	三浦郡長井	神奈川県横須賀市長井町
41	長江	桓武平氏鎌倉氏	三浦郡長江	神奈川県三浦郡葉山町長柄
42	長尾	桓武平氏鎌倉氏	鎌倉郡長尾郷	神奈川県横浜市戸塚区長尾台町
43	中村	桓武平氏中村氏	余綾郡中村郷	神奈川県足柄上郡中井町鴨沢
44	二宮	桓武平氏中村氏	余綾郡二宮荘	神奈川県中郡二宮町
45	沼田	藤原北家秀郷流波多野氏	足柄上郡狩野荘沼田郷	神奈川県南足柄市沼田
46	波多野	藤原北家秀郷流波多野氏	余綾郡波多野郷	神奈川県秦野市曾屋
47	懐島	桓武平氏鎌倉氏	高座郡懐島郷	神奈川県茅ヶ崎市円蔵、浜の郷
48	古庄	小野姓横山党	愛甲郡古庄郷	神奈川県厚木市上古沢・下古沢
49	本間	小野姓横山党	高座郡恩馬	神奈川県厚木市本郷
50	舞岡	桓武平氏三浦氏	鎌倉郡山内荘舞岡郷	神奈川県横浜市戸塚区舞岡町
51	俣野	桓武平氏鎌倉氏	高座郡俣野郷、鎌倉郡俣野郷	神奈川県藤沢市西俣野、横浜市戸塚区俣野町

52	松田	藤原北家秀郷流波多野氏	足柄上郡松田郷	神奈川県足柄上郡松田町
53	三浦	桓武平氏三浦氏	三浦郡三浦荘	神奈川県横須賀市衣笠
54	毛利	(不詳)	愛甲郡毛利荘	神奈川県厚木市毛利台
55	杜・森戸	桓武平氏三浦氏	三浦郡杜戸	神奈川県三浦郡葉山町堀内
56	柳下	桓武平氏鎌倉氏	足柄下郡柳下郷	神奈川県小田原市八幡・鴨宮付近
57	矢部	桓武平氏三浦氏	鎌倉郡矢部郷、三浦郡矢部	神奈川県横浜市戸塚区矢部町、横須賀市矢部
58	山口	桓武平氏三浦氏	三浦郡山口郷	神奈川県葉山町上山口、下山口
59	山内	藤原北家秀郷流首藤氏	鎌倉郡山内荘	神奈川県鎌倉市山ノ内、横浜市栄区上郷町
60	和田	桓武平氏三浦氏	三浦郡和田郷	神奈川県三浦市和田

賀美郡
那珂郡
児玉郡
幡羅郡
利根川
榛沢郡
埼玉郡
大里郡
男衾郡
比企郡
吉見郡
荒川
秩父郡
高麗郡
入間川
入間郡
新座郡
豊島郡
足立郡
元荒川
中川
多摩郡
多摩川
荏原郡
都筑郡
橘樹郡
久良岐郡
武　蔵　国

武蔵国武士一覧

番号	名字	出自	名字地・根拠地	現在地
1	藍原	小野姓横山党	多摩郡相原	東京都町田市相原町
2	粟生田	有道姓児玉党	入間郡(入西郡)粟生田郷	埼玉県坂戸市粟生田
3	青木	丹治姓丹党	高麗郡青木	埼玉県飯能市青木
4	浅羽	有道姓児玉党	入間郡(入西郡)浅羽郷	埼玉県坂戸市浅羽
5	阿佐美	有道姓児玉党	児玉郡阿佐美郷	埼玉県本庄市児玉町入浅見・児玉町下浅見
6	足立	足立郡司・藤原北家	足立郡	埼玉県桶川市内
7	安保	丹治姓丹党	賀美郡安保郷	埼玉県児玉郡神川町元阿保
8	甘糟	小野姓猪俣党	那珂郡甘糟	埼玉県児玉郡美里町町甘粕
9	荒幡	桓武平氏村山党	入間郡荒幡	埼玉県所沢市荒幡
10	石川	小野姓横山党	久良岐郡平子郷石川村	神奈川県横浜市中区石川町
11	稲毛	桓武平氏秩父氏	橘樹郡稲毛荘稲毛郷	神奈川県川崎市中原区宮内付近
12	猪俣	小野姓猪俣党	那珂郡猪俣村	埼玉県児玉郡美里町猪俣
13	今居	有道姓児玉党	児玉郡今井村	埼玉県本庄市今井
14	今泉	小野姓猪俣党	荏原郡今泉	東京都大田区矢口付近
15	内島	小野姓猪俣党	榛沢郡内ヶ島	埼玉県深谷市内ヶ島

16	宇津幾	小野姓横山党	多摩郡船木田荘宇津木	東京都八王子市宇津木町
17	江戸	桓武平氏秩父氏	豊島郡江戸郷	東京都千代田区千代田
18	荏原	小野姓猪俣党	幡羅郡江原	埼玉県深谷市江原
19	大井	桓武平氏村山党	入間郡(入東郡)大井郷	埼玉県ふじみ野市大井
20	大井	紀姓	荏原郡大井	東京都大田区大井
21	大河戸	秀郷流藤原氏	足立郡・埼玉郡大河土御厨	埼玉県北葛飾郡松伏町カ
22	大河原	有道姓児玉党	高麗郡大河原	埼玉県飯能市大河原
23	大河原	丹治姓丹党	秩父郡大河原(御堂)	埼玉県秩父郡東秩父村御堂
24	大串	小野姓横山党	吉見郡大串郷	埼玉県比企郡吉見町大串
25	大相模	桓武平氏野与党	埼玉郡(埼西郡)大相模	埼玉県越谷市相模町付近
26	大田	私市党	埼玉郡大田荘	埼玉県久喜市付近
27	大田	秀郷流藤原氏	埼玉郡大田荘	埼玉県久喜市付近
28	太田	小野姓猪俣党	幡羅郡太田	埼玉県熊谷市永井太田
29	大淵	有道姓児玉党	秩父郡大淵郷	埼玉県秩父郡皆野町大淵
30	大類	有道姓児玉党	入間郡(入西郡)大類	埼玉県入間郡毛呂山町大類
31	小鹿野	丹治姓丹党	秩父郡小鹿野	埼玉県秩父郡小鹿野町小鹿野
32	岡部	小野姓猪俣党	榛沢郡岡部	埼玉県深谷市岡部
33	小川	日奉姓西党	多摩郡小河郷	東京都あきる野市小川
34	小倉	小野姓横山党	橘樹郡小倉	神奈川県横浜市港北区日吉町

番号	名字	出自	名字地・根拠地	現在地
35	越生	有道姓児玉党	入間郡(入西郡)越生郷	埼玉県入間郡越生町越生
36	小沢	桓武平氏秩父氏	橘樹郡小沢郷	神奈川県川崎市多摩区菅
37	小島	丹治姓丹党	児玉郡小島郷	埼玉県本庄市小島
38	尾園	小野姓猪俣党	男衾郡尾園	埼玉県大里郡寄居町小園
39	女影	(不詳)	高麗郡女影	埼玉県日高市女影
40	鬼窪	桓武平氏野与党	埼玉郡(埼西郡)鬼窪郷	埼玉県南埼玉郡白岡町付近
41	御前田	小野姓猪俣党	榛沢郡御前田	埼玉県深谷市小前田
42	小見野	有道姓児玉党	比企郡小見野	埼玉県比企郡川島町上小見野・下小見野
43	小山	小野姓横山党	多摩郡小山	東京都町田市小山
44	小山田	桓武平氏秩父氏	多摩郡小山田保	東京都町田市上小山田町・下小山田町付近
45	織原	丹治姓丹党	男衾郡折原	埼玉県大里郡寄居町折原
46	笠原	桓武平氏野与党	埼玉郡栢間郷笠原村	埼玉県鴻巣市笠原
47	柏崎	桓武平氏野与党	埼玉郡柏崎	埼玉県さいたま市岩槻区柏崎
48	加治	丹治姓丹党	高麗郡加治郷	埼玉県飯能市下加治・中居付近
49	片山	平姓カ	新座郡片山郷	埼玉県新座市片山
50	金尾	小野姓猪俣党	秩父郡金尾郷	埼玉県大里郡寄居町金尾
51	金沢	桓武平氏北条氏	久良岐郡金沢	神奈川県横浜市金沢区
52	金重	桓武平氏野与党	埼玉郡(埼西郡)金重村	埼玉県さいたま市岩槻区金重

53	金子	桓武平氏村山党	入間郡金子郷	埼玉県入間市金子地区(木蓮寺)
54	栢山	桓武平氏野与党	埼玉郡(埼西郡)栢山郷	埼玉県南埼玉郡菖蒲町上栢間・下栢間
55	川口	日奉姓西党	多摩郡船木田荘北河口郷・南河口郷	東京都八王子市川口町付近
56	川口	小野姓横山党	埼玉郡太田荘川口郷	埼玉県加須市川口
57	河越	桓武平氏秩父氏	入間郡河越荘	埼玉県川越市上戸
58	河崎	桓武平氏秩父氏	橘樹郡河崎荘	神奈川県川崎市川崎区
59	河原	私市党	埼玉郡河原村	埼玉県行田市北河原・南河原付近
60	河匂	小野姓猪俣党	児玉郡川輪	埼玉県児玉郡美里町関(川輪)
61	私市	私市党	埼玉郡崎西	埼玉県北埼玉郡騎西町騎西
62	喜多見	桓武平氏秩父氏	多摩郡(多東郡)喜多見郷	東京都世田谷区喜多見
63	吉田	有道姓児玉党	児玉郡吉田	埼玉県本庄市児玉町吉田林
64	木部	小野姓猪俣党	那珂郡木部	埼玉県児玉郡美里町木部
65	行田	(不詳)	埼玉郡行田	埼玉県行田市行田
66	清久	藤原北家秀郷流大河戸氏	埼玉郡清久郷	埼玉県久喜市上清久
67	久下	私市党	大里郡久下郷	埼玉県熊谷市久下
68	久下塚	有道姓児玉党	埼玉郡久下郷	埼玉県加須市久下
69	椚田	小野姓横山党	多摩郡横山荘椚田郷	東京都八王子市椚田町付近
70	熊谷	桓武平氏北条氏	大里郡熊谷郷	埼玉県熊谷市熊谷
71	久米	桓武平氏村山党	入間郡(入東郡)久米	埼玉県所沢市久米

番号	名字	出自	名字地・根拠地	現在地
			郷	
72	黒岩	有道姓児玉党	入間郡黒岩	埼玉県入間郡越生町黒岩
73	児玉	有道姓児玉党	児玉郡児玉荘	埼玉県本庄市児玉付近
74	高麗	丹治姓丹党	高麗郡高麗郷	埼玉県日高市高麗本郷
75	狛江	日奉姓西党	多摩郡狛江郷	東京都狛江市駒井町
76	桜沢	小野姓猪俣党	榛沢郡桜沢	埼玉県大里郡寄居町桜沢
77	塩谷	有道姓児玉党	児玉郡塩谷郷	埼玉県本庄市児玉町塩谷
78	品川	紀姓	荏原郡品川郷	東京都品川区品川
79	渋江	桓武平氏野与党	埼玉郡(埼西郡)渋江郷	埼玉県さいたま市岩槻区金重付近
80	四方田	有道姓児玉党	児玉郡四方田	埼玉県本庄市四方田
81	志村	有道姓児玉党	豊島郡志村郷	東京都豊島区志村
82	宿谷	有道姓児玉党	入間郡宿谷	埼玉県入間郡毛呂山町宿谷
83	庄	有道姓児玉党	児玉郡本庄	埼玉県本庄市本庄付近
84	小代	有道姓児玉党	入間郡(入西郡)小代	埼玉県東松山市正代
85	白岡	桓武平氏野与党	埼玉郡白岡	埼玉県南埼玉郡白岡町白岡付近
86	白鳥	丹治姓丹党	秩父郡白鳥	埼玉県秩父郡長瀞町・皆野町北部一帯
87	新開	桓武平氏土肥氏	榛沢郡新開郷	埼玉県深谷市新戒
88	須黒	桓武平氏村山党	入間郡勝呂村	埼玉県坂戸市東部から、川越市・毛呂山町・鶴ケ島村の一部に及ぶ地域
89	薄	丹治姓丹党	秩父郡薄村	埼玉県秩父郡小鹿野町両神薄

90	仙波	桓武平氏村山党	入間郡仙波郷	埼玉県川越市仙波町
91	平子	小野姓横山党	久良岐郡平子郷	神奈川県横浜市磯子区磯子町
92	高坂	桓武平氏秩父氏	比企郡高坂郷	埼玉県東松山市高坂
93	高幡	日奉姓西党	多摩郡高幡郷	東京都日野市高幡
94	高幡	紀姓	多摩郡高幡郷	東京都日野市高幡
95	多賀谷	桓武平氏野与党	埼玉郡多賀谷	埼玉県北埼玉郡騎西町内田ヶ谷
96	高柳	桓武平氏野与党	埼玉郡高柳	埼玉県北埼玉郡騎西町上高柳
97	滝瀬	丹治姓丹党	加美郡滝瀬郷	埼玉県本庄市滝瀬
98	竹沢	有道姓児玉党	比企郡竹沢郷	埼玉県比企郡小川町竹沢地区
99	立川	日奉姓西党	多摩郡立河郷	東京都立川市柴崎
100	玉井	小野姓横山党・藤原北家成田氏	幡羅郡玉井	埼玉県熊谷市玉井
101	秩父	桓武平氏秩父氏	秩父郡大宮	埼玉県秩父市大宮
102	秩父	有道姓児玉党	秩父郡大宮	埼玉県秩父市大宮
103	中条	小野姓横山党	幡羅郡中条保	埼玉県熊谷市上中条
104	中条	有道姓児玉党	幡羅郡中条保	埼玉県熊谷市上中条
105	土淵	日奉姓西党	多摩郡土淵郷	東京都日野市、多摩市辺り
106	都築	藤原北家姓利仁流	都築郡内	神奈川県横浜市内
107	勅使河原	丹治姓丹党	加美郡勅使河原	埼玉県児玉郡上里町勅使河原
108	道智	桓武平氏野与党	埼玉郡道智	埼玉県北埼玉郡騎西町道地
109	豊島	桓武平氏秩父氏	豊島郡豊島荘	東京都北区豊島
110	富田	有道姓児玉党	児玉郡富田	埼玉県本庄市西富田
111	内藤	藤原北家秀郷流	入間郡古尾谷荘	埼玉県川越市古谷上・古谷本郷付近

番号	名字	出自	名字地・根拠地	現在地
112	長井	藤原北家姓利仁流	幡羅郡長井荘	埼玉県熊谷市(旧妻沼町付近)
113	長沼	日奉姓西党	多摩郡長沼	東京都八王子市長沼町
114	中野	小野姓横山党	多摩郡中野郷	東京都中野区中野
115	長浜	丹治姓丹党	加美郡長浜郷	埼玉県児玉郡上里町長浜付近
116	中村	丹治姓丹党	秩父郡中村郷	埼玉県秩父市大宮
117	中山	丹治姓丹党	高麗郡中山	埼玉県飯能市中山
118	中山	桓武平氏秩父氏	比企郡中山	埼玉県比企郡川島町中山
119	奈良	藤原北家成田氏	幡羅郡奈良	埼玉県熊谷市上奈良
120	成木	私市党	多摩郡成木郷	東京都青梅市成木
121	成田	藤原北家成田氏	埼玉郡(埼西郡)成田	埼玉県熊谷市上之・上川上付近
122	鳴瀬	小野姓横山党	多摩郡成瀬郷	東京都町田市成瀬
123	鳴瀬	有道姓児玉党	入間郡(入西郡)越生郷成瀬村	埼玉県入間郡越生町成瀬
124	難破田	桓武平氏村山党	入間郡難波田	埼玉県富士見市下南畑
125	新里	丹治姓丹党	児玉郡新里	埼玉県児玉郡神川町新里
126	二宮	日奉姓西党	多摩郡小川郷二宮	東京都あきる野市二宮
127	野上	丹治姓丹党	秩父郡野上村	埼玉県秩父郡長瀞町本野上
128	野崎	桓武平氏野与党	多摩郡野崎	東京都三鷹市野崎
129	野田	丹治姓丹党	入間郡野田	埼玉県入間市野田
130	野部	小野姓横山党	多摩郡野辺村	東京都あきる野市野辺
131	野本	藤原北家利仁流斎藤氏	比企郡野本	埼玉県東松山市下野本

132	箱田	藤原北家成田氏	埼玉郡箱田	埼玉県熊谷市箱田
133	蓮沼	小野姓猪俣党	幡羅郡蓮沼	埼玉県深谷市蓮沼
134	畠山	桓武平氏秩父氏	男衾郡畠山荘	埼玉県深谷市畠山
135	八条	桓武平氏野与党	埼玉郡八条郷	埼玉県八潮市八條
136	鳩谷	足立氏カ	足立郡鳩谷郷	埼玉県鳩ヶ谷市
137	榛谷	桓武平氏秩父氏	都筑郡榛谷御厨	神奈川県横浜市旭区付近
138	榛沢	丹治姓丹党	榛沢郡榛沢郷	埼玉県深谷市榛沢
139	比企	藤原北家秀郷流	比企郡大谷カ	埼玉県東松山市大谷
140	人見	小野姓猪俣党	榛沢郡人見	埼玉県深谷市人見
141	日野	日奉姓西党	多摩郡万願寺	東京都日野市万願寺
142	平井	日奉姓西党	多摩郡平井郷	東京都西多摩郡日の出町平井
143	平山	日奉姓西党	多摩郡船木田荘平山郷	東京都日野市平山付近
144	蛭河	有道姓児玉党	児玉郡蛭川	埼玉県本庄市児玉町蛭川
145	藤田	小野姓猪俣党	男衾郡藤田	埼玉県大里郡寄居町藤田・末野
146	藤矢淵	丹治姓丹党	秩父郡藤矢淵	埼玉県秩父郡長瀞町長瀞
147	古郡	丹治姓丹党	那珂郡古郡	埼玉県児玉郡美里町古郡
148	別府	小野姓横山党	幡羅郡別府郷	埼玉県熊谷市東別府・西別府
149	本庄	有道姓児玉党	児玉郡本庄	埼玉県本庄市本庄付近
150	本目	小野姓横山党	久良岐郡本牧	神奈川県横浜市中区本牧町
151	真下	有道姓児玉党	児玉郡真下	埼玉県本庄市児玉町真下
152	瓺(ミカ)尻	(不詳)	幡羅郡三ヶ尻	埼玉県熊谷市三ヶ尻
153	三沢	丹治姓丹党	秩父郡三沢	埼玉県秩父郡皆野町三沢

番号	名字	出自	名字地・根拠地	現在地
154	御田(三田)	(不詳)	荏原郡三田郷	東京都港区・目黒区
155	南荒居	丹治姓丹党	加美郡南荒居	埼玉県本庄市新井
156	箕匂	桓武平氏野与党	埼玉郡箕匂	埼玉県さいたま市岩槻区箕輪
157	宮寺	桓武平氏村山党	入間郡宮寺郷	埼玉県入間市宮寺
158	村岡	桓武平氏野与党	大里郡村岡	埼玉県熊谷市村岡
159	村山	桓武平氏村山党	多摩郡村山郷	東京都武蔵村山市村山町付近
160	目黒	小野姓横山党	荏原郡目黒村	東京都目黒区目黒
161	毛呂	藤原南家	入間郡毛呂郷	埼玉県入間郡毛呂山町毛呂本郷
162	師岡	桓武平氏秩父氏	久良岐郡師岡保	神奈川県横浜市港北区師岡町
163	楊井	私市党	大里郡楊井	埼玉県熊谷市大麻生付近カ
164	矢古宇	小野姓横山党	足立郡矢古宇郷	埼玉県草加市東町・松江町・手代町付近
165	山口	桓武平氏村山党	入間郡山口郷	埼玉県所沢市山口
166	山崎	小野姓横山党	多摩郡山崎郷	東京都町田市山崎町
167	山田	丹治姓丹党	秩父郡山田村	埼玉県秩父市山田
168	由井	日奉姓西党	多摩郡(多西郡)船木 田荘由井	東京都八王子市弐分方付近
169	由木	小野姓横山党	多摩郡(多西郡)船木 田荘由木郷	東京都八王子市下柚木
170	由木	日奉姓西党	多摩郡(多西郡)船木 田荘由木郷	東京都八王子市下柚木
171	横瀬	小野姓猪俣党	榛沢郡横瀬郷	埼玉県深谷市横瀬

172	横瀬	丹治姓丹党	秩父郡横瀬郷	埼玉県秩父郡横瀬町横瀬
173	横山	小野姓横山党	多摩郡横山荘	東京都八王子市館町付近
174	吉見	清和源氏	吉見郡吉見	埼玉県比企郡吉見町
175	若児玉	秀郷流藤原姓足利氏	埼玉郡若児玉村	埼玉県行田市若小玉

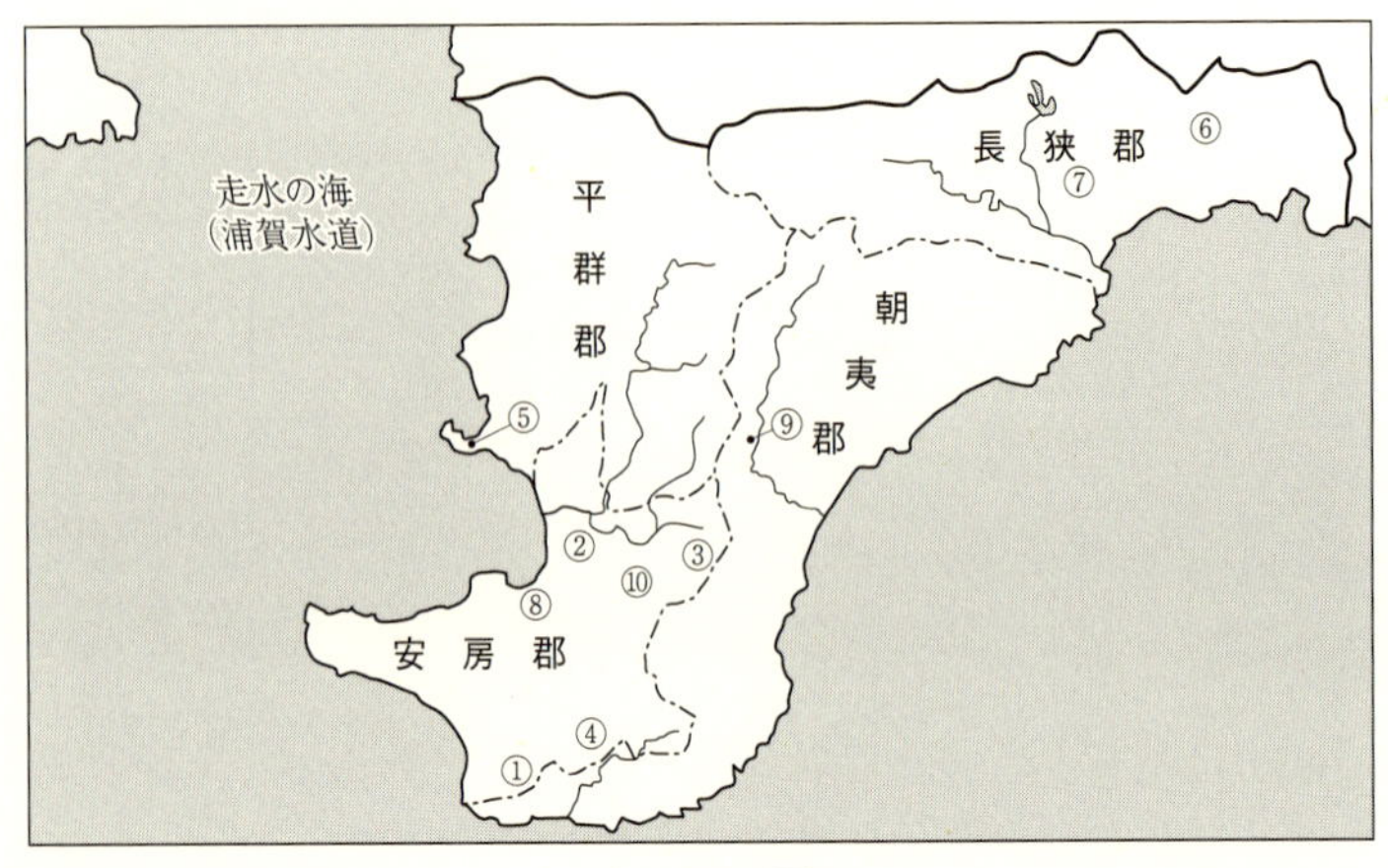

安房国

安房国武士一覧

番号	名字	出自	名字地・根拠地	現在地
1	安房	(不詳)	安房郡	千葉県館山市・南房総市
2	安西	平群壬生氏カ	安房郡(安西郡、安西条)	千葉県館山市八幡付近カ
3	安東	平群壬生氏カ	安房郡(安東郡、安東条)	千葉県館山市安東付近
4	神余	忌部氏	安房郡神余郷	千葉県館山市神余付近
5	多々良	(不詳)	平群郡多々良荘	千葉県南房総市富浦町多田良付近
6	東条	(不詳)	長狭郡東条御厨	千葉県鴨川市東部
7	長狭	長狭国造氏カ	長狭郡	千葉県鴨川市
8	沼	(不詳)	安房郡沼郷	千葉県館山市沼付近
9	丸	平氏	朝夷郡丸御厨	千葉県南房総市丸本郷付近
10	山下	忌部氏	安房郡山下カ	千葉県館山市山本付近

武射郡
㉓
㉕
栗山川
山辺郡
⑬
㉒
⑦
九十九里浜
養老川
市原郡
㉘
⑨
㉑
長柄郡
⑳
⑰
南白亀川
⑲
③
望陀郡
㉔
⑭
㉙
小櫃川
⑪
一宮川
海上郡
⑮
㉚
埴生郡
⑩
小糸川
⑯
⑱
⑥
①
⑤
周淮郡
畔蒜郡
⑫
夷隅川
㉖
湊川
②
④
天羽郡
夷灊郡

⑧・㉗は不詳。　　上　総　国

上総国武士一覧

番号	名字	出自	名字地・根拠地	現在地
1	秋元	藤原氏	周淮郡（周東郡）秋元郷	千葉県君津市小糸大谷・中島・大井戸・鎌滝・清和市場付近
2	天羽	桓武平氏良文流	天羽郡天羽荘	千葉県富津市南部
3	飯富	源氏	望陀郡飯富荘（飫富荘）	千葉県袖ヶ浦市飯富付近
4	伊南	桓武平氏良文流	夷灊郡（伊隅荘）伊南荘	千葉県いすみ市
5	伊北	桓武平氏良文流	夷灊郡（伊隅荘）伊北荘	千葉県いすみ市
6	榎沢	（不詳）	夷灊郡（伊隅荘）伊南荘榎沢郷	千葉県いすみ市岬町榎沢付近
7	大椎	桓武平氏良文流	山辺郡（山辺南郡）大椎郷	千葉県千葉市緑区大椎町付近
8	奥沢	（不詳）	（不詳）	千葉県
9	海北	（不詳）	海上郡（海北郡）	千葉県市原市海保付近
10	上総	桓武平氏良文流	埴生郡玉前荘（玉崎荘・一宮荘）大柳	千葉県長生郡睦沢町大谷木付近
11	金田	桓武平氏良文流	望陀郡（望東郡）金田	千葉県木更津市北西

番号	名字	出自	名字地・根拠地	現在地
12	鴨根	桓武平氏良文流	夷灊郡鴨根郷保(金田郷)	千葉県いすみ市岬町鴨根付近
13	堺(境)	桓武平氏良文流	山辺北郡堺郷カ	千葉県東金市丹尾カ
14	佐是	桓武平氏良文流	海上郡(佐是郡)	千葉県市原市佐是付近
15	菅生	(不詳)	望陀郡菅生荘	千葉県木更津市菅生付近
16	周西	桓武平氏良文流	周淮郡(周西郡、周西郷)	千葉県君津市・富津市
17	角田	桓武平氏良文流	埴生郡墨田保	千葉県長生郡長南町岩川付近
18	周東	桓武平氏良文流	周淮郡(周東郡、周東郷)	千葉県君津市・木更津市
19	中禅寺	(不詳)	埴生郡中禅寺カ	千葉県茂原市中善寺付近
20	長南(庁南)	桓武平氏良文流	長柄郡(長南郡)	千葉県長生郡長南町長南付近
21	長北(庁北)	桓武平氏良文流	長柄郡(長北郡)	千葉県茂原市付近カ
22	戸気	桓武平氏良文流	山辺郡(山辺南郡)土気郷	千葉県千葉市緑区土気町付近
23	戸田	桓武平氏良文流	武射郡戸田郷カ	千葉県山武市戸田付近
24	長吉	桓武平氏良文流	望陀郡畔蒜荘永吉郷カ	千葉県袖ヶ浦市永吉付近カ
25	南郷	桓武平氏良文流	山辺郡武射御厨(南郷)	千葉県山武市松ヶ谷付近
26	深堀	桓武平氏良茂流	夷灊郡深堀荘	千葉県いすみ市深堀付近

27	松馬	(不詳)	(不詳)	千葉県
28	馬野	桓武平氏良文流カ	海上郡(海北郡、馬野郡)馬野郷	千葉県市原市北西部
29	皆吉	(不詳)	海上郡(海北郡、馬野郡)皆吉郷	千葉県市原市皆吉付近
30	横田	桓武平氏良文流	望陀郡畔蒜北荘横田郷	千葉県袖ヶ浦市横田付近

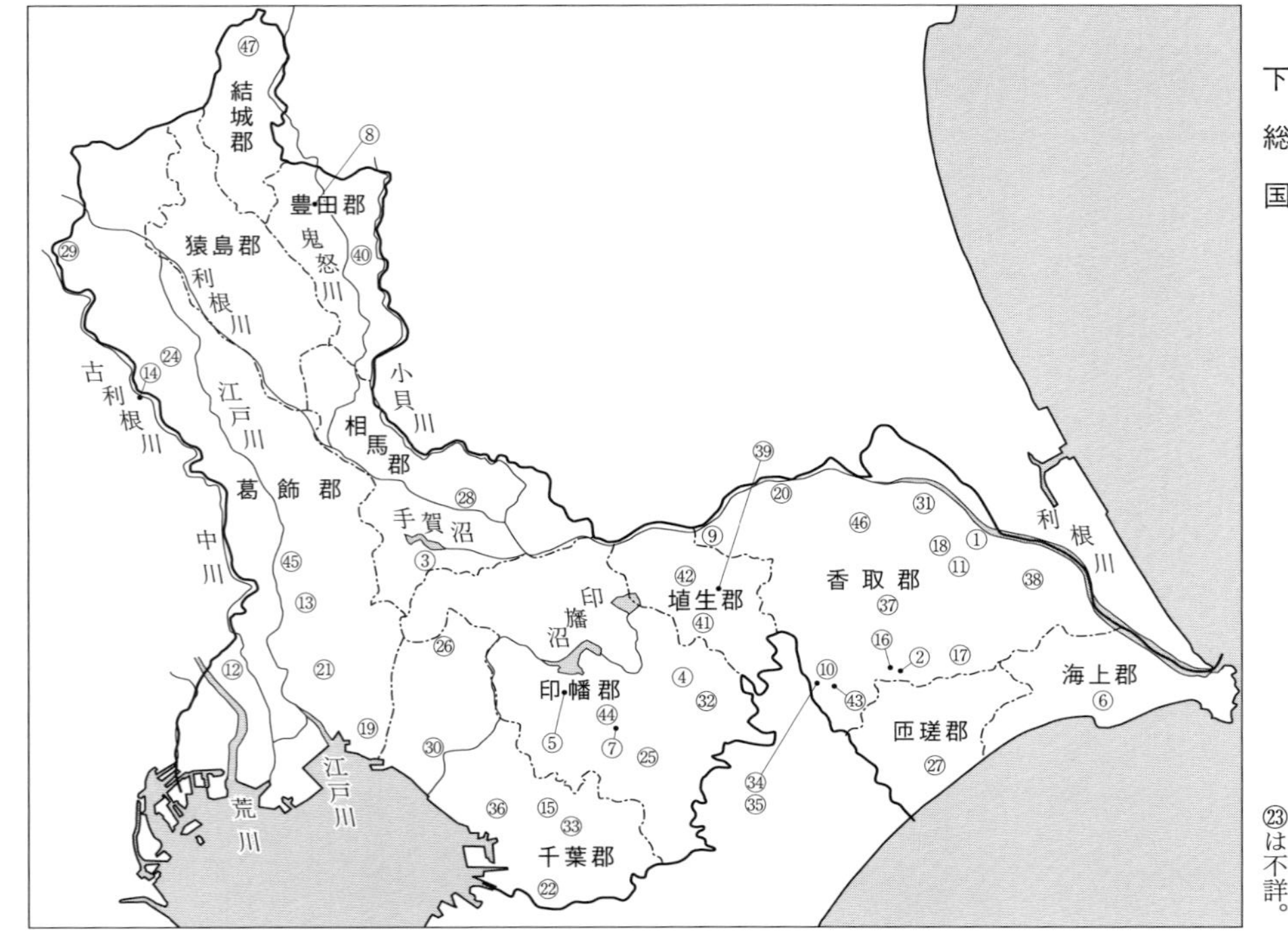
結城郡
豊田郡
猿島郡
鬼怒川
利根川
古利根川
江戸川
小貝川
相馬郡
葛飾郡
手賀沼
中川
印旛沼
埴生郡
香取郡
利根川
海上郡
印旛郡
匝瑳郡
荒川
江戸川
千葉郡

下総国

㉓は不詳。

下総国武士一覧

番号	名字	出自	名字地・根拠地	現在地
1	粟飯原	桓武平氏良文流	香取郡木内荘小見川	千葉県香取市小見川付近
2	飯高	桓武平氏良文流	香取郡匝瑳北条飯高	千葉県匝瑳市飯高付近
3	泉(和泉)	桓武平氏良文流	相馬郡相馬御厨南相馬泉村(泉郷)	千葉県柏市泉付近
4	印東	桓武平氏良文流	印幡郡印東荘	千葉県佐倉市・富里市・成田市・印旛郡酒々井町
5	臼井	桓武平氏良文流	印幡郡・千葉郡臼井荘	千葉県佐倉市臼井付近
6	海上	桓武平氏良文流	海上郡海上荘(三崎荘)	千葉県銚子市・旭市
7	円城寺	桓武平氏良文流	印幡郡印東荘	千葉県佐倉市城・藤治台付近
8	大方	藤原北家秀郷流	豊田郡大方郷	茨城県下妻市・結城郡八千代町
9	大須賀	桓武平氏良文流	香取郡大須賀郷(大須賀保)	千葉県成田市西大須賀付近
10	大原	桓武平氏良文流	香取郡千田荘大原郷	千葉県香取郡多古町喜多大原付近
11	小見	桓武平氏良文流	香取郡小見郷	千葉県香取市小見付近
12	葛西	桓武平氏	葛飾郡葛西御厨	東京都葛飾区青戸付近
13	風早	桓武平氏良文流	葛飾郡風早郷	千葉県松戸市上本郷付近カ

番号	名字	出自	名字地・根拠地	現在地
14	春日部	紀氏	葛飾郡下河辺荘春日部郷	埼玉県春日部市粕壁付近
15	加曾利	桓武平氏良文流	千葉郡千葉荘加曾利郷	千葉県千葉市若葉区加曾利町付近
16	金原	桓武平氏良文流	香取郡匝瑳北条金原郷	千葉県匝瑳市金原付近
17	鳴矢木	桓武平氏良文流	香取郡匝瑳北条鏑木郷	千葉県旭市鏑木付近
18	木内	桓武平氏良文流	香取郡木内荘	千葉県香取市木内付近
19	栗原	桓武平氏良文流	葛飾郡栗原郷	千葉県船橋市本中山付近
20	神崎(香崎)	桓武平氏良文流	香取郡神崎荘	千葉県香取郡神崎町神崎本宿付近
21	国分	桓武平氏良文流	葛飾郡国分寺(国分寺領)	千葉県市川市国分付近
22	椎名	桓武平氏良文流	千葉郡千葉荘椎名郷	千葉県千葉市緑区椎名崎町付近
23	下総	桓武平氏良文流	(不詳)	千葉県
24	下河辺(幸島)	藤原北家秀郷流	葛飾郡下河辺荘	茨城県古河市・埼玉県東部
25	白井	桓武平氏良文流	印旛郡白井荘	千葉県佐倉市・八街市
26	神保	桓武平氏良文流	千葉郡臼井荘神保郷	千葉県船橋市神保町付近
27	匝瑳	桓武平氏良文流	匝瑳郡匝差南条(匝瑳南条荘、南条荘)	千葉県匝瑳市
28	相馬	桓武平氏良文流	相馬郡相馬御厨	茨城県取手市、千葉県我孫子市・柏市・野田市

No.	名字	系統	所在（中世）	現在地
29	高柳	藤原北家秀郷流	葛飾郡下河辺荘高柳郷	埼玉県北葛飾郡栗橋町大字高柳付近
30	武石	桓武平氏良文流	千葉郡千葉荘武石郷	千葉県千葉市花見川区武石町付近
31	多田	桓武平氏良文流カ	香取郡多田村	千葉県香取市多田付近
32	立沢	桓武平氏良文流	印幡郡立沢カ	千葉県富里市立沢付近カ
33	多部田(田辺田)	桓武平氏良文流	千葉郡千葉荘多部田郷(田辺田郷)	千葉県千葉市若葉区多部田町付近
34	千田	藤原北家為光流	香取郡千田荘	千葉県香取郡多古町千田付近
35	千田	桓武平氏良文流	香取郡千田荘	千葉県香取郡多古町千田付近
36	千葉	桓武平氏良文流	千葉郡千葉荘	千葉県千葉市
37	次浦	桓武平氏良文流	香取郡千田荘次浦郷	千葉県香取郡多古町次浦付近
38	東	桓武平氏良文流	香取郡東荘(橘荘)	千葉県香取郡東庄町
39	遠山方(遠山形)	桓武平氏良文流	埴生郡遠山方郷(遠山形郷、遠山方御厨、遠山形御厨)	千葉県成田市
40	豊田	桓武平氏維幹流	豊田郡豊田荘(松岡荘)	茨城県常総市豊田付近
41	成田	桓武平氏良文流	埴生郡成田	千葉県成田市成田付近
42	埴生	桓武平氏良文流	埴生郡埴生荘	千葉県成田市
43	原	桓武平氏良文流	香取郡千田荘原郷	千葉県香取郡多古町多古・染井付近
44	六崎	桓武平氏良文流	印幡郡印東荘六崎	千葉県佐倉市六崎付近
45	矢木(八木)	桓武平氏良文流	葛飾郡矢木郷	千葉県流山市南部
46	矢作	桓武平氏良文流	香取郡大戸荘矢作	千葉県香取市本矢作付近

番号	名字	出自	名字地・根拠地	現在地
47	結城	藤原北家秀郷流	結城郡	茨城県結城市大字結城付近

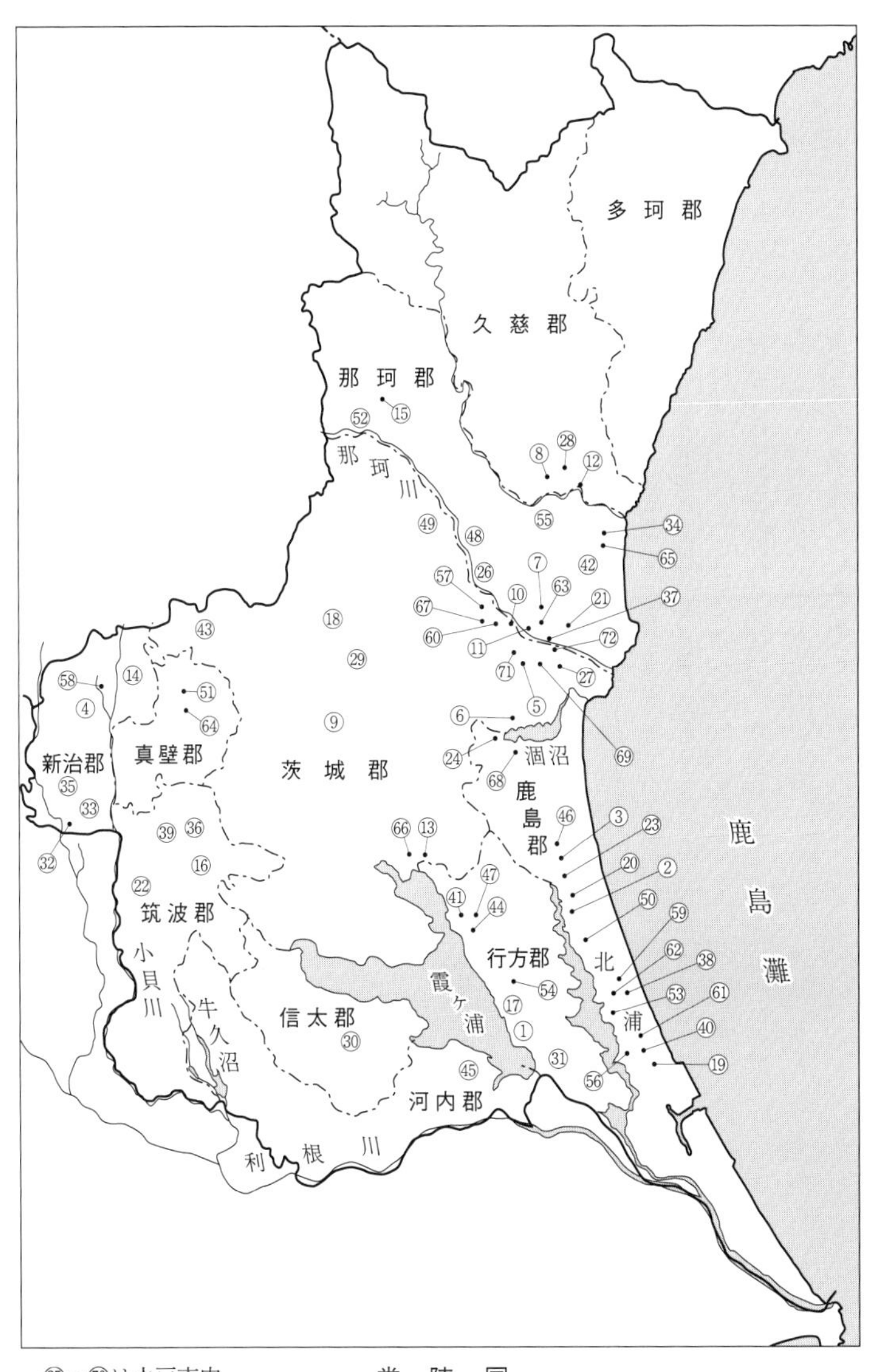
多珂郡
久慈郡
那珂郡
那珂川
茨城郡
新治郡
真壁郡
筑波郡
小貝川
牛久沼
信太郡
河内郡
行方郡
霞ケ浦
涸沼
鹿島郡
北浦
鹿島灘
利根川

㉕・⑳は水戸市内。　　常陸国

常陸国武士一覧

番号	名字	出自	名字地・根拠地	現在地
1	麻生	桓武平氏常陸大掾氏	行方郡麻生	茨城県行方市麻生
2	阿玉	桓武平氏常陸大掾氏	鹿島郡阿玉	茨城県鉾田市阿玉
3	安房	桓武平氏常陸大掾氏	鹿島郡安房郷	茨城県鉾田市安房
4	伊佐(中村)	藤原北家氏山蔭流	新治西郡中村	茨城県筑西市中舘
5	石河	桓武平氏常陸大掾氏	吉田郡恒富郷石川村	茨城県水戸市元石川町
6	石崎	桓武平氏常陸大掾氏	吉田郡石崎保	茨城県水戸市石崎
7	市毛	桓武平氏常陸大掾氏	吉田郡市毛	茨城県ひたちなか市市毛
8	稲木	清和源氏義光流	佐都西郡稲木	茨城県常陸太田市稲木町
9	岩間	藤原北家八田氏	茨城郡小鶴荘岩間郷	茨城県笠間市岩間上・下郷
10	宇木	桓武平氏常陸大掾氏	吉田郡宇喜郷	茨城県水戸市城東一丁目
11	枝川	桓武平氏常陸大掾氏	吉田郡枝川	茨城県ひたちなか市枝川
12	岡田	清和源氏義光流	佐都東郡佐都荘岡田郷	茨城県常陸太田市岡田町
13	小河	藤原北家秀郷流下河辺氏	(茨城)南郡小河郷	茨城県小美玉市小川
14	小栗	桓武平氏常陸大掾氏	新治郡小栗御厨	茨城県筑西市小栗
15	小瀬	清和源氏義光流	那珂東郡小瀬郷	茨城県常陸大宮市上小瀬
16	小田	藤原北家八田氏	筑波郡小田	茨城県つくば市小田

No.	名字	氏族	本拠地	現在地
17	小高	桓武平氏常陸大掾氏	行方郡小高郷	茨城県行方市小高
18	笠間	藤原北家宇都宮氏	新治東郡笠間荘笠間	茨城県笠間市笠間
19	鹿島	桓武平氏常陸大掾氏	鹿島郡鹿島郷	茨城県鹿嶋市宮中
20	梶山	桓武平氏常陸大掾氏	鹿島郡梶山村	茨城県鉾田市梶山
21	勝倉	桓武平氏常陸大掾氏	吉田郡勝倉	茨城県ひたちなか市勝倉
22	片穂(方穂)	桓武平氏常陸大掾氏カ	筑波郡南条片穂荘	茨城県つくば市大穂
23	烟田	桓武平氏常陸大掾氏	鹿島郡徳宿郷烟田	茨城県鉾田市烟田
24	神谷戸	桓武平氏常陸大掾氏	鹿島郡神谷戸	茨城県東茨城郡茨城町神宿
25	河崎	桓武平氏常陸大掾氏	吉田郡河崎郷	茨城県水戸市
26	国井	清和源氏頼信流	那珂東郡国井保	茨城県水戸市上国井・下国井
27	栗崎	桓武平氏常陸大掾氏	吉田郡常冨郷栗崎村	茨城県水戸市栗崎
28	佐竹	清和源氏義光流	久慈東郡太田郷	茨城県常陸太田市中城町
29	宍戸	藤原北家八田氏	茨城郡小鶴荘(宍戸荘)	茨城県笠間市平町・大田町
30	志太	清和源氏義家流	信太郡信太荘信太	茨城県稲敷郡美浦村信太
31	島崎	桓武平氏常陸大掾氏	行方郡島崎郷	茨城県潮来市島須
32	下妻	桓武平氏常陸大掾氏	新治郡下妻荘(村田下荘)	茨城県下妻市下妻
33	下妻	藤原北家秀郷流小山氏	新治郡下妻荘(村田下荘)	茨城県下妻市下妻
34	白方	桓武平氏常陸大掾氏	吉田郡白方郷	茨城県那珂郡東海村白方
35	関	藤原北家秀郷流	新治西郡関荘(関郡)	茨城県筑西市関舘
36	多気	桓武平氏常陸大掾氏	筑波郡北条	茨城県つくば市北条

番号	名字	出自	名字地・根拠地	現在地
37	武田	桓武平氏常陸大掾氏	吉田郡武田	茨城県ひたちなか市武田
38	立原	桓武平氏常陸大掾氏	鹿島郡立原	茨城県鹿島市和字立原
39	田中	藤原北家八田氏	筑波郡田中荘田中郷	茨城県つくば市田中
40	田野辺	桓武平氏常陸大掾氏	鹿島郡田野辺	茨城県鹿島市田野辺
41	玉造	桓武平氏常陸大掾氏	行方郡玉造郷	茨城県行方市玉造
42	多良崎	桓武平氏常陸大掾氏	吉田郡足崎	茨城県ひたちなか市足崎
43	中郡(中宮)	大中臣姓中郡氏	新治郡中郡荘	茨城県桜川市
44	手賀	桓武平氏常陸大掾氏	行方郡手賀郷	茨城県行方市手賀
45	東条	桓武平氏常陸大掾氏	志太郡東条荘	茨城県稲敷市
46	徳宿	桓武平氏常陸大掾氏	鹿島郡徳宿郷	茨城県鉾田市徳宿
47	鳥名木	桓武平氏常陸大掾氏	行方郡鳥名木村	茨城県行方市鳥名木
48	戸村	藤原北家秀郷流那珂氏	那珂東郡戸村郷	茨城県那珂市戸
49	那珂	大中臣姓那珂氏	那珂西郡那珂郷	茨城県東茨城郡城里町那珂西
50	中居	桓武平氏常陸大掾氏	鹿島郡中居	茨城県鉾田市中居
51	長岡	桓武平氏常陸大掾氏	真壁郡長岡郷	茨城県桜川市真壁町長岡
52	長倉	清和源氏義光流	那珂東郡長倉	茨城県常陸太田市長倉
53	中村	桓武平氏常陸大掾氏	鹿島郡中村	茨城県鹿嶋市中
54	行方	桓武平氏常陸大掾氏	行方郡行方郷	茨城県行方市行方
55	額田	清和源氏義光流	佐都西郡額田	茨城県那珂市額田南郷
56	沼尾	桓武平氏常陸大掾氏	鹿島郡沼尾郷	茨城県鹿嶋市沼尾
57	袴塚	桓武平氏常陸大掾氏	吉田郡袴塚郷(袴墓	茨城県水戸市袴塚

			郷)	
58	八田	藤原北家八田氏	新治郡小栗御厨八田	茨城県筑西市八田
59	塙	桓武平氏常陸大掾氏	鹿島郡塙村	茨城県鹿嶋市和字塙
60	馬場	桓武平氏常陸大掾氏	吉田郡馬場	茨城県水戸市三の丸
61	林	桓武平氏常陸大掾氏	鹿島郡林	茨城県鹿嶋市林
62	春秋	桓武平氏常陸大掾氏	鹿島郡春秋	茨城県鹿嶋市和
63	堀口	桓武平氏常陸大掾氏	吉田郡堀口	茨城県ひたちなか市堀口
64	真壁	桓武平氏常陸大掾氏	真壁郡真壁荘	茨城県桜川市真壁町古城
65	真崎	清和源氏義光流	吉田郡村松	茨城県那珂郡東海村村松
66	益戸	藤原北家秀郷流下河辺氏	(茨城)南郡小河郷	茨城県小美玉市小川
67	箕川	桓武平氏常陸大掾氏	吉田郡箕河村	茨城県水戸市見川
68	宮崎	桓武平氏常陸大掾氏	鹿島郡宮前郷	茨城県東茨城郡茨城町宮ヶ崎
69	谷田	桓武平氏常陸大掾氏	吉田郡恒富郷矢田	茨城県水戸市矢田村
70	山本	桓武平氏常陸大掾氏	吉田郡山本郷	茨城県水戸市
71	吉田	桓武平氏常陸大掾氏	吉田郡吉田郷(吉田荘)	茨城県水戸市吉田
72	吉沼	桓武平氏常陸大掾氏	吉田郡吉沼郷	茨城県水戸市吉沼

※ 吉田郡は、那珂川下流域一帯の、那珂郡・茨城郡にまたがる中世の郡名である。

※ 佐都郡は、久慈郡・那珂郡にまたがる中世の郡名である。

※ 東条荘(45 東条)は、後世河内郡に属するが、中世には志太郡に属した。

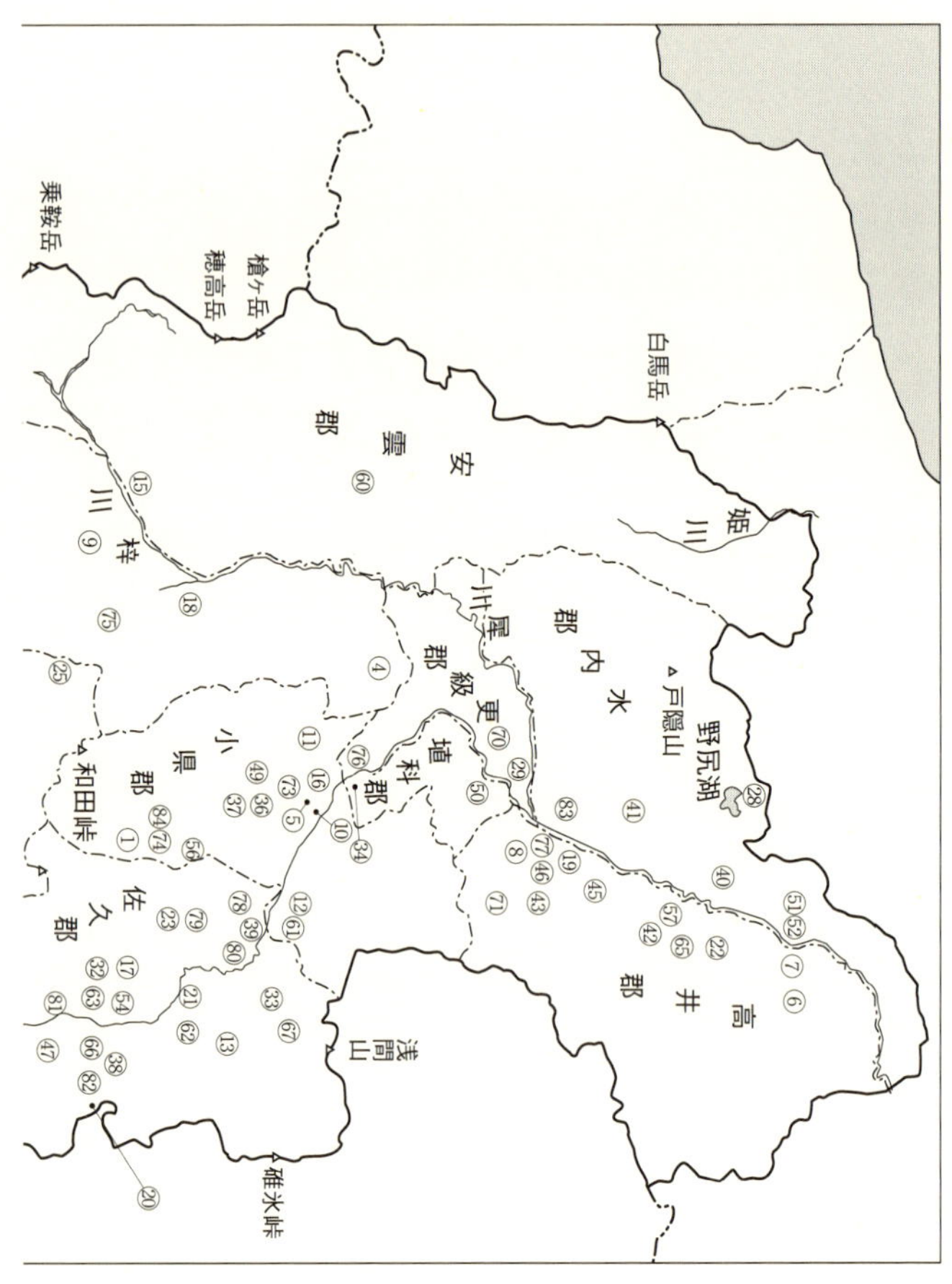

乗鞍岳
槍ヶ岳
穂高岳
白馬岳
安曇郡
姫川
梓川
水内郡
戸隠山
野尻湖
更級郡
埴科郡
小県郡
和田峠
佐久郡
高井郡
浅間山
碓氷峠

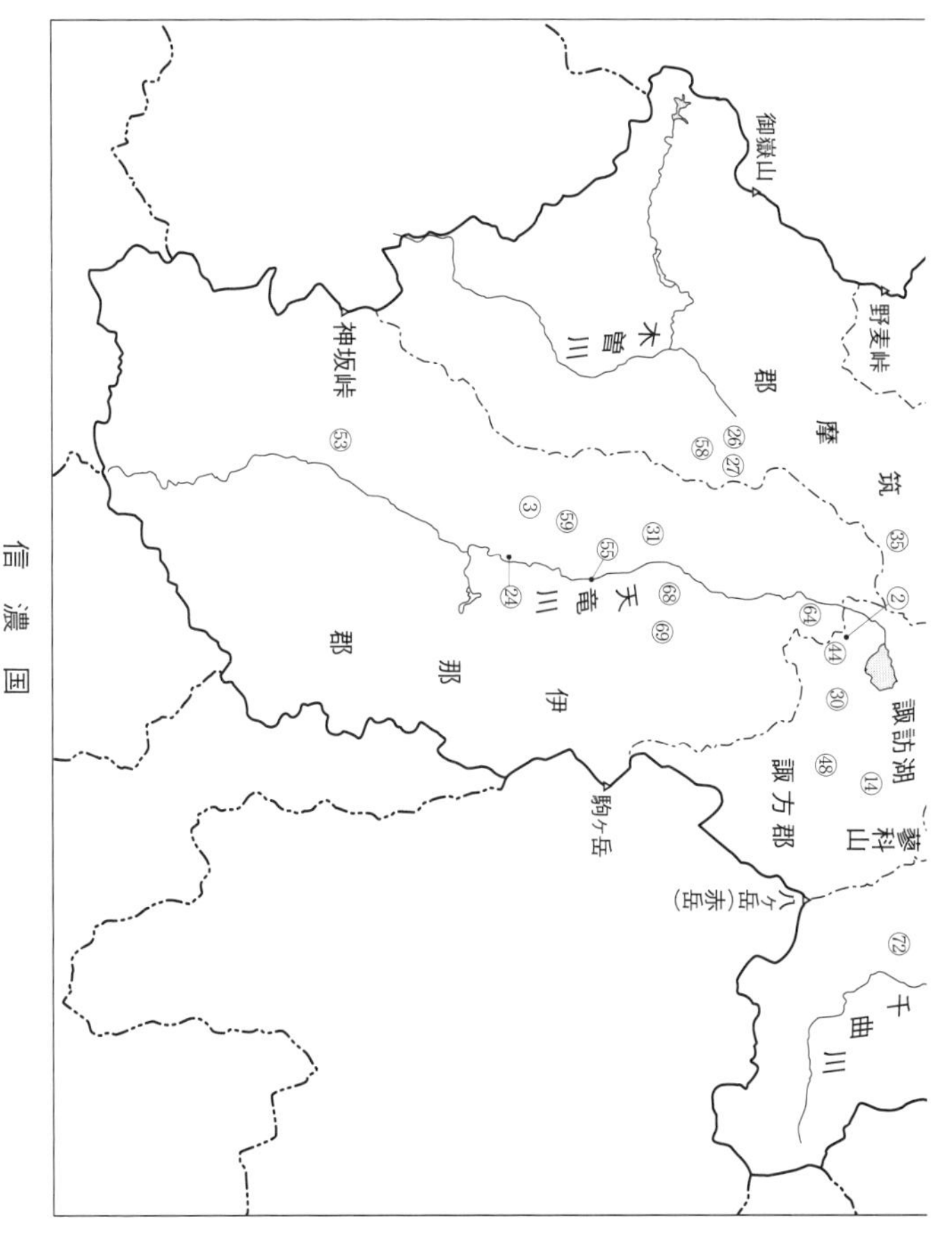
信濃国
御嶽山
野麦峠
木曽川
神坂峠
筑摩郡
天竜川
伊那郡
諏訪湖
諏方郡
蓼科山
駒ヶ岳
八ヶ岳（赤岳）
千曲川
53
26
58
27
3
59
31
55
24
68
69
35
2
64
44
30
48
14
72

信濃国武士一覧

番号	名字	出自	名字地・根拠地	現在地
1	有坂	藤原南家工藤氏	小県郡有坂	長野県小県郡長門町古町付近
2	有賀	諏訪氏	諏訪郡有賀郷	長野県諏訪市豊田
3	飯島	清和源氏片桐氏	伊那郡飯島	長野県上伊那郡飯島町飯島
4	伊賀	藤原北家秀郷流	筑摩郡矢倉郷	長野県東筑摩郡麻績村
5	泉	清和源氏満政流	小県郡小泉荘	長野県上田市小泉
6	市河(市川)	桓武平氏城氏	高井郡志久見郷	長野県下高井郡野沢温泉村
7	犬飼	安曇氏	高井郡犬飼	長野県飯山市瑞穂
8	井上	清和源氏頼季流	高井郡井上郷	長野県須坂市井上
9	今井	金刺姓中原氏	筑摩郡今井	長野県松本市今井
10	上田原	(不詳)	小県郡小泉荘	長野県上田市上田原
11	浦野	滋野姓禰津氏	小県郡浦野荘	長野県上田市浦野
12	海野	滋野姓	小県郡海野荘	長野県小県郡東部町本海野
13	大井	清和源氏小笠原氏	佐久郡大井荘	長野県佐久市岩村田
14	大塩	滋野姓禰津氏	諏訪郡大塩牧	長野県茅野市中大塩
15	大妻	諏訪氏	安曇郡大妻	長野県南安曇郡梓川村
16	岡	(不詳)	小県郡小泉荘岡村	長野県上田市岡
17	小笠原	清和源氏義光流	佐久郡伴野荘	長野県佐久市伴野
18	岡田	清和源氏義光流	筑摩郡岡田郷	長野県松本市岡田

19	小河原	(不詳)	高井郡小河原郷	長野県須坂市小河原
20	小田切	滋野姓海野氏	佐久郡小田切郷	長野県南佐久郡臼田町上・中・下小田切
21	落合	清和源氏大井氏	佐久郡落合	長野県佐久市鳴瀬
22	笠原	諏訪氏	高井郡笠原牧	長野県中野市笠原
23	春日	滋野姓禰津氏	佐久郡伴野荘春日	長野県北佐久郡望月町春日
24	片桐(片切・堅桐)	清和源氏満快流	伊那郡片桐郷	長野県上伊那郡中川村片桐
25	金刺	諏訪氏	諏訪郡	長野県諏訪郡下諏訪町
26	木曾	金刺姓中原氏	木曾郡大吉祖荘	長野県木曾郡日義村
27	木曾	清和源氏	木曾郡大吉祖荘	長野県木曾郡日義村
28	熊坂	(不詳)	水内郡熊坂	長野県上水内郡信濃町熊坂
29	栗田	清和源氏村上氏	水内郡栗田	長野県長野市栗田
30	桑原	諏訪氏	諏訪郡桑原郷	長野県諏訪市桑原
31	小井弖(小出)	諏訪氏	伊那郡小井弖郷	長野県伊那市西春近
32	小宮山(籠山)	藤原姓	佐久郡小宮山郷	長野県佐久市小宮山
33	小諸(小室)	滋野姓	佐久郡小諸	長野県小諸市御所
34	薩摩	藤原南家工藤氏	埴科郡坂木	長野県埴科郡坂城町
35	塩尻	(不詳)	筑摩郡塩尻郷	長野県塩尻市塩尻町
36	塩田	(不詳)	小県郡塩田荘	長野県上田市塩田
37	塩田	桓武平氏北条氏	小県郡塩田荘	長野県上田市塩田
38	志賀	清和源氏小笠原氏	佐久郡志賀郷	長野県佐久市志賀
39	滋野	滋野姓	佐久郡望月牧	長野県北佐久郡北御牧村
40	静間(志妻・静妻・閑妻)	(不詳)	水内郡静妻	長野県飯山市静間

番号	名字	出自	名字地・根拠地	現在地
41	島津	惟宗姓	水内郡太田荘	長野県上水内郡豊野町石
42	新野	(不詳)	高井郡新野郷	長野県中野市新野
43	須田	清和源氏頼季流井上氏	高井郡須田郷	長野県須坂市小山
44	諏訪	諏訪氏	諏訪郡	長野県諏訪市
45	高井	(不詳)	高井郡高井牧	長野県上高井郡高山村高井
46	高梨	清和源氏頼季流井上氏	高井郡高梨	長野県須坂市高梨
47	楯(館)	滋野姓	佐久郡館	長野県南佐久郡佐久町海瀬
48	千野	諏訪氏	諏訪郡千野	長野県茅野市ちの
49	手塚	諏訪氏	小県郡手塚	長野県上田市手塚
50	寺尾	諏訪氏	埴科郡寺尾郷	長野県長野市松代町東・西寺尾
51	常盤(常磐・常岩・常葉)	清和源氏小笠原氏	水内郡常盤牧	長野県飯山市常盤
52	常盤井(常葉江)	(不詳)	水内郡常盤	長野県飯山市常盤
53	殿岡	(不詳)	伊那郡殿岡	長野県飯田市殿岡
54	伴野(友野)	清和源氏小笠原氏	佐久郡伴野荘	長野県佐久市伴野
55	中沢	諏訪氏	伊那郡中沢郷	長野県駒ヶ根市中沢
56	長瀬	清和源氏	小県郡長瀬	長野県小県郡丸子町長瀬
57	中野	諏訪氏	高井郡中野郷	長野県中野市南宮
58	中原	金刺姓中原氏	木曾郡大吉祖荘	長野県木曾郡日義村
59	奈古(名子)	清和源氏片桐氏	伊那郡名子	長野県下伊那郡松川町
60	仁科	桓武平氏貞盛流	安曇郡仁科御厨	長野県大町市平

番号	名字	出自	名字の地	現在地
61	根津	滋野姓	小県郡禰津	長野県小県郡東部町禰津
62	根井(根ノ井)	滋野姓	佐久郡根井	長野県佐久市根々井
63	野沢	清和源氏小笠原氏	佐久郡野沢郷	長野県佐久市野沢
64	樋口	金刺姓中原氏	伊那郡樋口	長野県伊那郡辰野町樋口
65	尾藤	藤原北家秀郷流	高井郡中野牧	長野県中野市
66	平賀	清和源氏義光流	佐久郡平賀	長野県佐久市平賀
67	平原	清和源氏小笠原氏	佐久郡平原	長野県小諸市平原
68	福地	(不詳)	伊那郡福地郷	長野県伊那市富県
69	藤沢	(不詳)	伊那郡藤沢郷	長野県上伊那郡高遠町藤沢
70	布施	(不詳)	更級郡布施御厨	長野県長野市篠ノ井布施五明・布施高田
71	保科	清和源氏井上氏	高井郡保科御厨	長野県長野市若穂保科
72	本沢	(不詳)	佐久郡本沢	長野県南佐久郡小海町本沢
73	舞田	(不詳)	小県郡小泉荘舞田	長野県上田市舞田
74	円子(丸子)	清和源氏頼親流	小県郡円子	長野県小県郡丸子町上・中・下丸子
75	村井	清和源氏小笠原氏	筑摩郡村井	長野県松本市芳川村井町
76	村上	清和源氏満快流	更級郡村上郷	長野県埴科郡坂城町上平
77	村山	清和源氏	水内郡村山・高井郡	長野県須坂市村山・長野市村山
78	甕	金刺姓中原氏	佐久郡毛田井郷	長野県北佐久郡立科町茂田井
79	望月	滋野姓	佐久郡望月牧	長野県北佐久郡望月町
80	八島(矢島・矢嶋)	滋野姓	佐久郡大井荘矢島	長野県北佐久郡浅科村矢島
81	宿岩	(不詳)	佐久郡宿岩	長野県南佐久郡佐久町宿岩
82	山田	諏訪氏	佐久郡山田郷	長野県佐久市常和
83	吉田	清和源氏村上氏	水内郡吉田牧	長野県長野市吉田

番号	名字	出自	名字地・根拠地	現在地
84	依田(余田)	清和源氏満快流	小県郡依田荘	長野県小県郡丸子町御岳堂

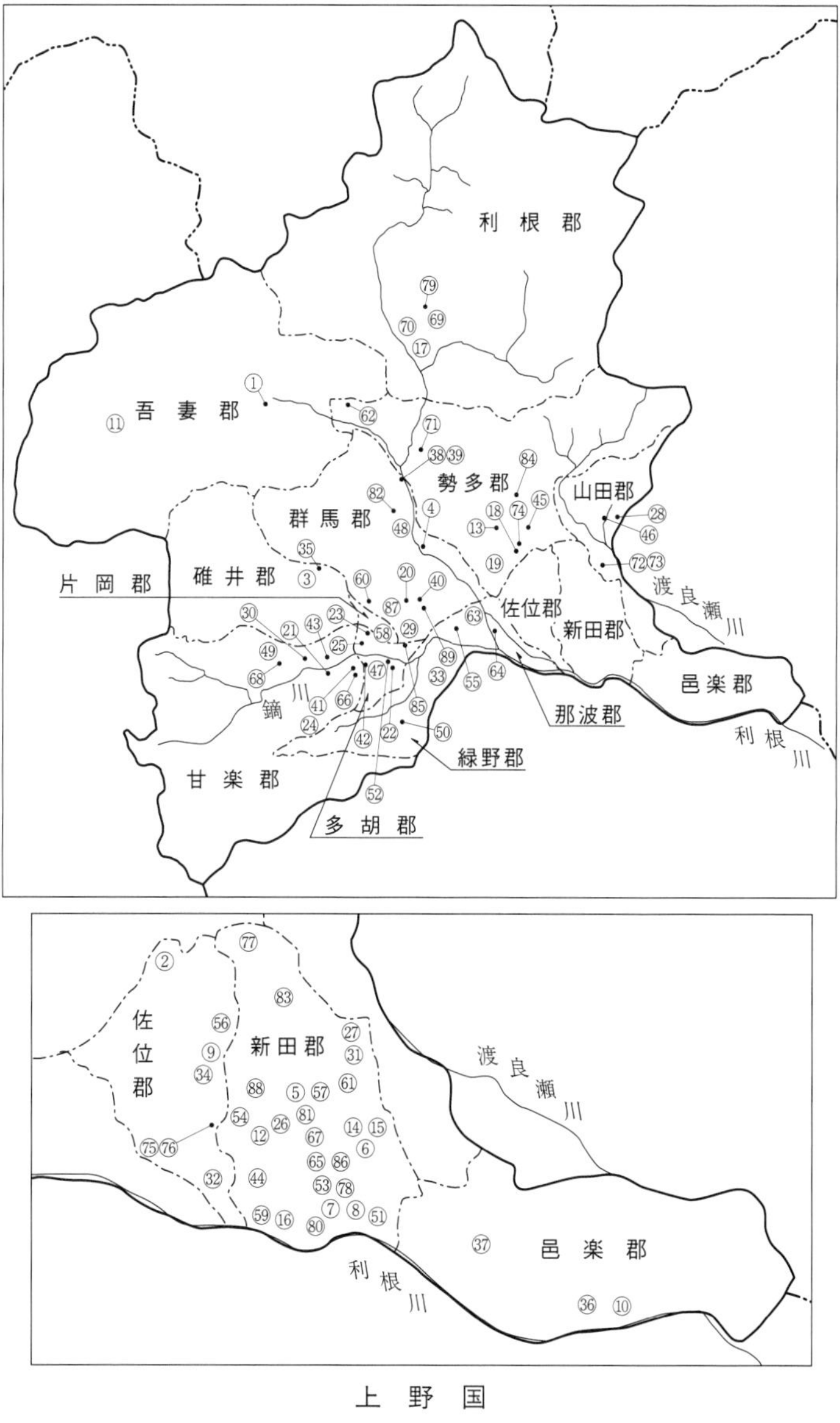

利根郡
吾妻郡
群馬郡
勢多郡
山田郡
碓井郡
片岡郡
佐位郡
新田郡
渡良瀬川
邑楽郡
那波郡
鏑川
緑野郡
甘楽郡
多胡郡
利根川

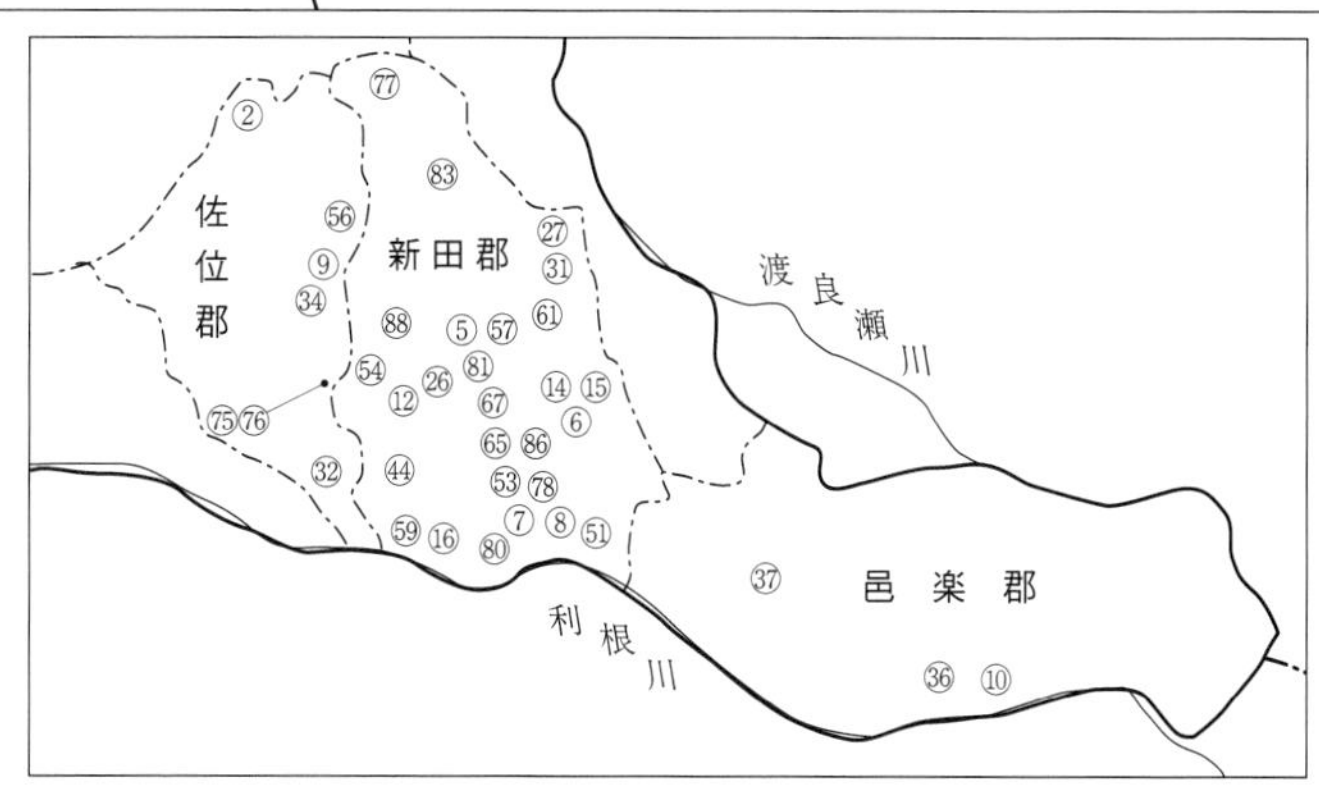
佐位郡
新田郡
渡良瀬川
邑楽郡
利根川

上 野 国

上野国武士一覧

番号	名字	出自	名字地・根拠地	現在地
1	吾妻	藤原北家秀郷流	吾妻郡原町	群馬県吾妻郡東吾妻町平沢
2	赤堀	藤原北家秀郷流	佐位郡赤堀郷	群馬県伊勢崎市赤堀今井町
3	飽間(秋間)	(不詳)	碓氷郡飽間郷	群馬県安中市西上秋間
4	荒牧	(不詳)	勢多郡荒牧郷	群馬県前橋市荒牧町
5	一井	清和源氏新田氏	新田郡新田荘一井郷	群馬県太田市新田市野井町
6	今井	清和源氏新田氏	新田郡新田荘今井郷	群馬県太田市浜町
7	岩松	清和源氏新田氏	新田郡新田荘岩松郷	群馬県太田市岩松町
8	牛沢	清和源氏里見氏	新田郡牛沢郷	群馬県太田市牛沢町
9	宇夫方	(不詳)	佐位郡小保方郷	群馬県伊勢崎市西小保方町・東小保方町
10	梅原	藤原北家秀郷流佐貫氏	邑楽郡佐貫荘梅原郷	群馬県邑楽郡明和町梅原
11	海野	滋野氏	吾妻郡三原荘三原	群馬県吾妻郡嬬恋村三原
12	江田	清和源氏新田氏	新田郡江田郷	群馬県太田市新田上江田町
13	大胡	藤原北家秀郷流	勢多郡大胡郷	群馬県前橋市大胡町
14	大島	清和源氏里見氏	新田郡新田荘大島郷	群馬県太田市大島
15	太田	清和源氏里見氏	新田郡太田郷	群馬県太田市付近
16	大館	清和源氏新田氏	新田郡大館郷	群馬県太田市大館町
17	大友	藤原北家秀郷流波多野氏	利根郡利根荘(土井出荘)	群馬県沼田市

18	大室	藤原北家秀郷流	勢多郡大室荘	群馬県前橋市西大室町
19	大屋	藤原北家秀郷流	勢多郡大室荘大屋	群馬県前橋市下大屋町
20	大類	有道姓児玉党	群馬郡大類	群馬県高崎市宿大類町
21	岡本(岡下)	(不詳)	甘楽郡岡本	群馬県富岡市岡本
22	小串	(不詳)	多胡郡小串	群馬県多野郡吉井町小串
23	奥平	有道姓児玉党	多胡郡奥平村	群馬県多野郡吉井町下奥平
24	小幡	有道姓児玉党	甘楽郡小幡郷	群馬県甘楽郡甘楽町国峯
25	片山	有道姓児玉党	多胡郡多胡荘片山	群馬県多野郡吉井町片山
26	金井	清和源氏新田氏	新田郡新田荘村田郷金井村	群馬県太田市新田金井町
27	金谷(金野)	清和源氏新田氏	新田郡新田荘成塚郷金谷村	群馬県太田市北金井
28	桐生	(不詳)	山田郡上久方	群馬県桐生市梅田1丁目
29	倉賀野	有道姓児玉党	群馬郡小野郷倉賀野	群馬県高崎市倉賀野町
30	黒河	(不詳)	甘楽郡黒河郷	群馬県富岡市黒河
31	額戸	清和源氏新田氏	新田郡新田荘額戸郷	群馬県太田市強戸町
32	小柴	(不詳)	佐位郡小柴村	群馬県伊勢崎市境小此木
33	小林	有道姓児玉党	緑野郡小林	群馬県藤岡市小林
34	佐井	藤原北家秀郷流足利氏	佐位郡佐井郷	群馬県伊勢崎市(南東部カ)
35	里見	清和源氏新田氏	碓氷郡中里見	群馬県榛名町中里見
36	佐貫	藤原北家秀郷流渕名氏	邑楽郡佐貫荘大佐貫郷	群馬県邑楽郡明和町大佐貫
37	篠塚	桓武平氏秩父氏	邑楽郡篠塚郷	群馬県邑楽郡邑楽町篠塚

番号	名字	出自	名字地・根拠地	現在地
38	渋河	(不詳)	群馬郡渋川保	群馬県渋川市
39	渋川	清和源氏足利氏	群馬郡渋川保	群馬県渋川市
40	島名	有道姓児玉党	群馬郡島名郷	群馬県高崎市元島名町
41	白倉	有道姓児玉党	甘楽郡額部荘白倉郷	群馬県甘楽郡甘楽町白倉
42	神保	有道姓児玉党カ	多胡郡神保	群馬県吉井町神保
43	瀬下	藤原姓	甘楽郡瀬下郷	群馬県富岡市富岡
44	世良田	清和源氏新田氏	新田郡新田荘世良田郷	群馬県太田市世良田町
45	善(膳)	三善氏	勢多郡膳村	群馬県前橋市粕川町膳
46	園田	藤原北家秀郷流足利氏	山田郡園田御厨	群馬県桐生市川内町2丁目
47	多比良	(不詳)	多胡郡多胡荘多比良	群馬県多野郡吉井町多比良
48	高井	(不詳)	群馬郡高井郷	群馬県前橋市高井町
49	高田	清和源氏	甘楽郡高田	群馬県富岡市妙義町下高田
50	高山	有道姓児玉党	緑野郡高山御厨	群馬県藤岡市下日野
51	高林(竹林)	(不詳)	新田郡新田荘高林郷	群馬県太田市高林東町
52	多胡	惟宗姓	多胡郡多胡荘多胡	群馬県多野郡吉井町多胡
53	田島	清和源氏新田氏	新田郡新田荘田島郷	群馬県太田市下田島町
54	田中	清和源氏新田氏	新田郡新田荘田中郷	群馬県太田市上田中町
55	玉村	(不詳)	那波郡玉村御厨	群馬県佐波郡玉村町
56	田部井	清和源氏新田氏	新田郡新田荘田部井	伊勢崎市田部井町
57	寺井	清和源氏新田氏	新田郡新田荘村田郷	群馬県太田市寺井町

			寺井	
58	寺尾	(不詳)	片岡郡寺尾郷	群馬県高崎市寺尾町
59	得川(徳川)	清和源氏新田氏	新田郡新田荘得川郷	群馬県太田市徳川町
60	豊岡	清和源氏新田氏	碓氷郡豊岡	群馬県高崎市上・中・下豊岡
61	鳥山	清和源氏新田氏	新田郡新田荘鳥山郷	群馬県太田市鳥山町
62	中山	有道姓児玉党	吾妻郡中山郷	群馬県吾妻郡高山村中山
63	那波	藤原北家秀郷流淵名氏	那波郡玉村御厨	群馬県佐波郡玉村町樋越
64	那波	大江姓	那波郡堀口郷	群馬県伊勢崎市堀口町カ
65	西谷	清和源氏新田氏	新田郡新田荘西谷村	群馬県太田市西野谷町
66	新屋	有道姓児玉党	甘楽郡額部荘新屋郷	群馬県甘楽郡甘楽町天引村
67	新田	清和源氏義国流	新田郡新田荘	群馬県太田市別所町カ
68	丹生	(不詳)	甘楽郡丹生郷	群馬県富岡市上・下丹生
69	沼田	藤原北家秀郷流大友氏	利根郡利根荘上河波	群馬県利根郡川場村谷地
70	沼田	桓武平氏三浦氏	利根郡利根荘荘田	群馬県沼田市井戸上
71	林	藤原北家秀郷流足利氏	勢多郡拝志荘	群馬県渋川市赤城町・北橘町
72	広沢	藤原北家秀郷流	山田郡園田御厨広沢郷	群馬県桐生市広沢町三丁目カ
73	広沢	清和源氏足利氏	山田郡広沢御厨	群馬県桐生市広沢町三丁目カ
74	深津(深栖・深須)	藤原北家秀郷流	勢多郡深栖郷	群馬県前橋市粕川町深津
75	淵名	藤原北家秀郷流	佐位郡淵名荘	群馬県伊勢崎市境上渕名
76	淵名	中原姓	佐位郡淵名荘	群馬県伊勢崎市境上渕名
77	船田	紀姓	新田郡新田荘鹿田郷	群馬県みどり市笠懸町西鹿田
78	細谷	清和源氏新田氏	新田郡新田荘細谷郷	群馬県太田市細谷町

番号	名字	出自	名字地・根拠地	現在地
79	発知	藤原北家秀郷流沼田氏	利根郡発知谷	群馬県沼田市上発知町境
80	堀口	清和源氏新田氏	新田郡新田荘堀口郷	群馬県太田市堀口町
81	村田	清和源氏新田氏	新田郡新田荘村田郷	群馬県太田市新田村田町本郷
82	桃井	清和源氏足利氏	群馬郡桃井郷	群馬県北群馬郡吉岡町南下
83	藪塚	清和源氏新田氏	新田郡新田荘藪塚郷	群馬県太田市藪塚町
84	山上	藤原北家秀郷流足利氏	勢多郡山上保	群馬県桐生市新里山上
85	山名	清和源氏新田氏	多胡郡山名郷	群馬県高崎市山名町
86	由良	丹治姓丹党	新田郡新田荘由良郷	群馬県太田市由良町
87	和田	(不詳)	群馬郡八幡荘和田郷	群馬県高崎市和田町付近
88	綿打	清和源氏新田氏	新田郡新田荘綿打郷	群馬県太田市新田大根町
89	綿貫	(不詳)	群馬郡綿貫荘	群馬県高崎市綿貫町

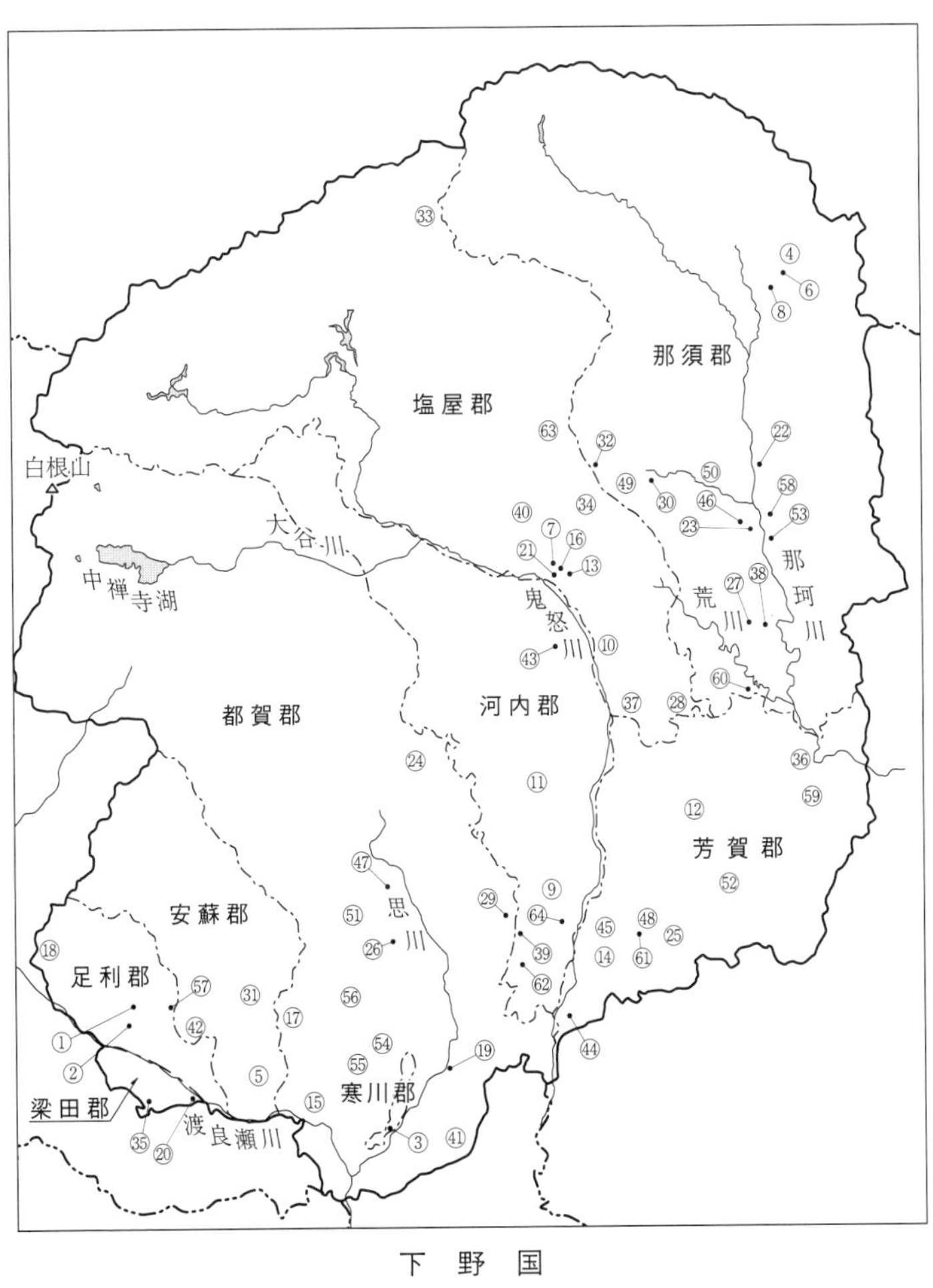
塩屋郡
那須郡
白根山
大谷川
中禅寺湖
鬼怒川
荒川
那珂川
都賀郡
河内郡
芳賀郡
安蘇郡
足利郡
思川
寒川郡
梁田郡
渡良瀬川

下　野　国

下野国武士一覧

番号	名字	出自	名字地・根拠地	現在地
1	足利	藤原北家秀郷流足利氏	足利郡足利荘足利	栃木県足利市本城
2	足利	清和源氏義国流	梁田郡足利荘五閑	栃木県足利市家富町
3	網戸	藤原北家秀郷流小山氏	都賀郡網戸郷	栃木県小山市網戸
4	芦野	那須国造・藤原北家那須氏	那須郡芦野	栃木県那須郡那須町芦野
5	阿曾沼	藤原北家秀郷流足利氏	安蘇郡佐野荘阿曾沼	栃木県佐野市浅沼町
6	伊王野	那須国造・藤原北家那須氏	那須郡伊王野	栃木県那須郡那須町伊王野
7	泉	(不詳)	塩谷郡泉郷	栃木県塩谷郡塩谷町泉
8	稲沢	那須国造・藤原北家那須氏	那須郡那須荘稲沢	栃木県那須郡那須町稲沢
9	今泉	(不詳)	河内郡今泉	栃木県河内郡上三川町
10	氏家	藤原北家道兼流宇都宮氏	氏家郡氏家郷	栃木県さくら市氏家勝山
11	宇都宮	藤原北家道兼流	河内郡宇都宮	栃木県宇都宮市本丸町
12	祖母井	桓武平氏大須賀氏	東真壁郡祖母井	栃木県芳賀郡芳賀町祖母井
13	大久保	藤原北家道兼流武茂氏	氏家郡大久保郷	栃木県塩谷郡塩谷町大久保
14	大曾	藤原北家秀郷流小山氏	芳賀郡長沼荘大曾郷	栃木県芳賀郡二宮町上大曾
15	太田	藤原北家秀郷流小山氏	都賀郡太田郷	栃木県下都賀郡藤岡町太田

16	大宮	桓武平氏千葉氏	氏家郡大宮郷	栃木県塩谷郡塩谷町大宮
17	小野寺	藤原北家秀郷流首藤氏	都賀郡小野寺保	栃木県下都賀郡岩船町小野寺
18	小俣	清和源氏足利氏	足利郡足利荘小俣	栃木県足利市小俣町町屋
19	小山	藤原北家秀郷流	都賀郡小山郷	栃木県小山市城山町
20	加子	清和源氏足利氏	足利郡足利荘加子郷	栃木県足利市南東部
21	風見	桓武平氏千葉氏	氏家郡風見郷	栃木県塩谷郡塩谷町風見
22	堅田	那須国造・藤原北家那須氏	那須郡固田荘	栃木県大田原市片田
23	片平	那須国造・藤原北家那須氏	那須郡片平	栃木県那須郡那珂川町片平
24	鹿沼	藤原北家秀郷流佐野氏	都賀郡鹿沼郷	栃木県鹿沼市今宮町
25	君島	千葉氏族大須賀氏	芳賀郡君島郷	栃木県真岡市君島
26	木村	藤原北家秀郷流足利氏	都賀郡木村保	栃木県下都賀郡都賀町木
27	熊田	那須国造・藤原北家那須氏	那須郡熊田郷	栃木県那須烏山市熊田
28	桑窪	(不詳)	塩谷郡桑窪	栃木県塩谷郡高根沢町桑窪
29	児山	藤原北家道兼流宇都宮氏	都賀郡児山	栃木県下野市下児山
30	佐久山	那須国造・藤原北家那須氏	那須郡佐久山御厨	栃木県大田原市佐久山
31	佐野	藤原北家秀郷流足利氏	安蘇郡佐野荘	栃木県佐野市富士町
32	沢村	那須国造・藤原北家那須氏	那須郡沢村	栃木県矢板市沢

番号	名字	出自	名字地・根拠地	現在地
33	塩原	藤原姓カ	塩谷郡塩谷荘塩原	栃木県那須塩原市上塩原
34	塩谷	清和源氏のち藤原北家宇都宮氏	塩谷郡塩谷荘	栃木県矢板市中
35	渋垂	(不詳)	梁田郡足利荘渋垂郷	栃木県足利市渋垂町
36	千本	那須国造・藤原北家那須氏	那須郡千本	栃木県芳賀郡茂木町町田
37	高根沢	藤原北家道兼流宇都宮氏	氏家郡高根沢	栃木県塩谷郡高根沢町石末
38	滝田	那須国造・藤原北家那須氏	那須郡滝田	栃木県那須烏山市滝田
39	多功	藤原北家道兼流宇都宮氏	河内郡多功	栃木県河内郡上三川町多功
40	玉生	藤原北家道兼流塩谷氏	氏家郡玉生郷	栃木県塩谷郡塩谷町玉生
41	塚田	藤原北家秀郷流小山氏	都賀郡小山荘塚崎郷	栃木県小山市塚崎
42	戸賀崎	清和源氏足利氏	足利郡足利荘赤見郷	栃木県佐野市赤見町
43	中里	藤原北家道兼流宇都宮氏	河内郡中里	栃木県河内郡上河内町中里
44	長沼(中沼)	藤原北家秀郷流小山氏	芳賀郡長沼荘大田郷	栃木県芳賀郡二宮町長沼
45	中村	藤原姓	芳賀郡中村荘	栃木県真岡市中
46	那須	那須国造・藤原北家	那須郡三輪郷	栃木県那須郡那珂川町三輪
47	西方	藤原北家道兼流宇都宮	都賀郡西方	栃木県上都賀郡西方町

		氏		
48	芳賀	紀姓	芳賀郡大内荘若色郷	栃木県真岡市田町
49	稗田	那須国造・藤原北家那須氏	那須北条郡稗田御厨	栃木県矢板市豊田
50	福原	那須国造・藤原北家那須氏	那須郡片府田	栃木県大田原市片府田
51	戸矢子（戸屋子）	藤原北家秀郷流足利氏	寒川郡戸矢子保	栃木県栃木市鍋山町
52	益子	紀姓	東真壁郡益子郷	栃木県芳賀郡益子町益子
53	松野	藤原北家道兼流宇都宮氏	那須郡松野	栃木県那須郡那珂川町松野
54	真弓	（不詳）	都賀郡真弓郷	栃木県下都賀郡大平町真弓
55	水代	藤原北家秀郷流小山氏	都賀郡水代郷	栃木県下都賀郡大平町西水代
56	皆川	藤原北家秀郷流小山氏	都賀郡皆川荘	栃木県栃木市皆川城内町
57	南（名草）	高階氏カ	足利郡足利荘丸木郷	栃木県足利市名草下町丸木
58	武茂	藤原北家道兼流宇都宮氏	那須郡武茂	栃木県那須郡那珂川町馬頭
59	茂木	藤原北家道兼流八田氏	茂木郡茂木保茂木郷	栃木県芳賀郡茂木町茂木
60	森田	那須国造・藤原北家那須氏	那須郡那須荘森田郷	栃木県那須烏山市森田
61	八木岡	紀姓芳賀氏	中村荘八木岡	栃木県真岡市八木岡
62	薬師寺	藤原北家秀郷流小山氏	河内郡薬師寺荘	栃木県下野市薬師寺
63	山本	（不詳）	塩谷郡宇都野	栃木県那須塩原市宇都野
64	横田	藤原北家宇都宮氏	河内郡横田郷	栃木県河内郡上三川町上三川

二　鎌倉・京都地図

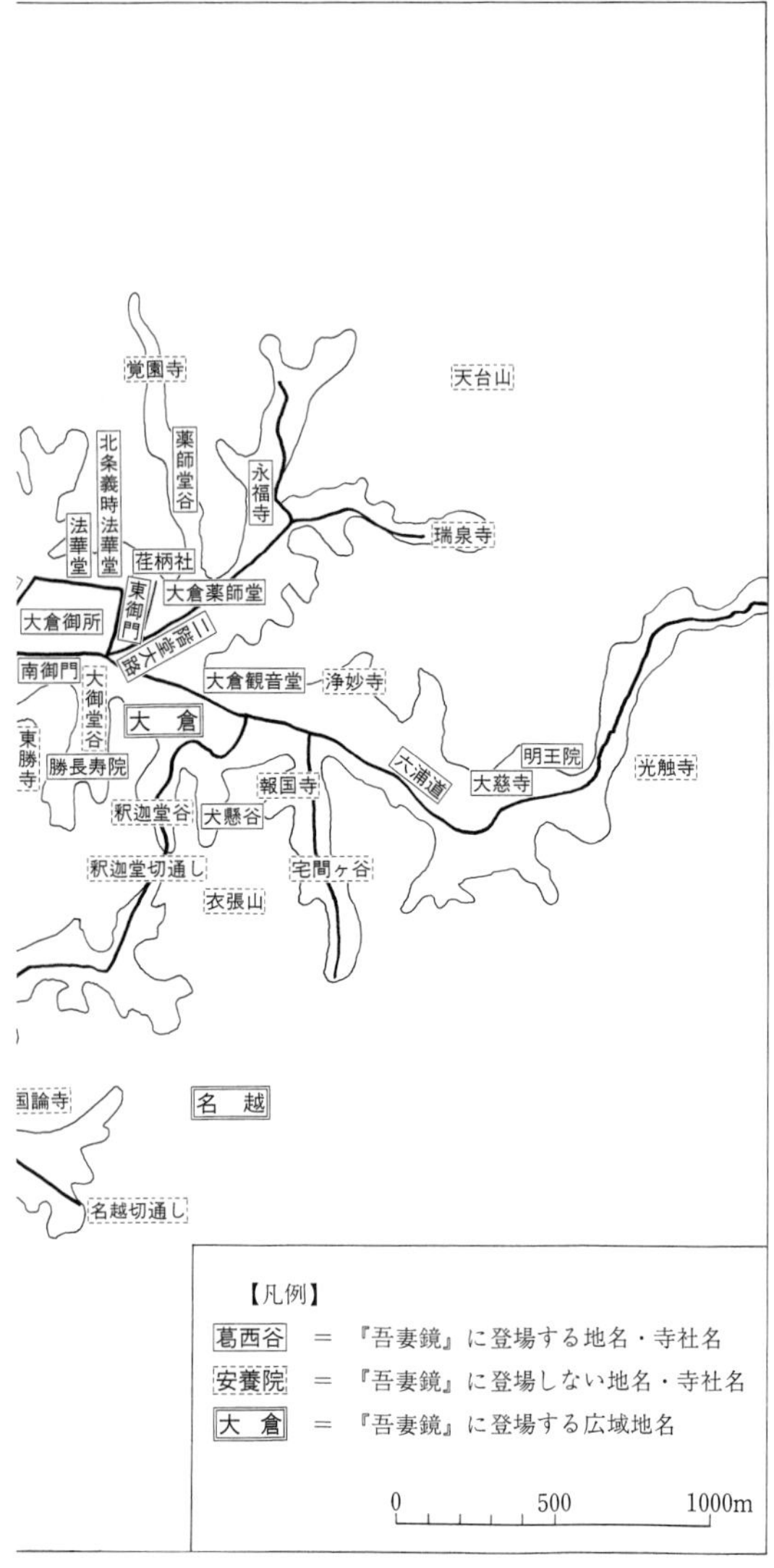

覚園寺
天台山
北条義時法華堂
薬師堂谷
永福寺
法華堂
瑞泉寺
荏柄社
東御門
大倉薬師堂
大倉御所
二階堂大路
南御門
大御堂谷
大倉観音堂
浄妙寺
大　倉
東勝寺
勝長寿院
六浦道
明王院
大慈寺
光触寺
報国寺
釈迦堂谷
犬懸谷
釈迦堂切通し
宅間ヶ谷
衣張山
国論寺
名　越
名越切通し
【凡例】
葛西谷　＝　『吾妻鏡』に登場する地名・寺社名
安養院　＝　『吾妻鏡』に登場しない地名・寺社名
大　倉　＝　『吾妻鏡』に登場する広域地名
0
500
1000m

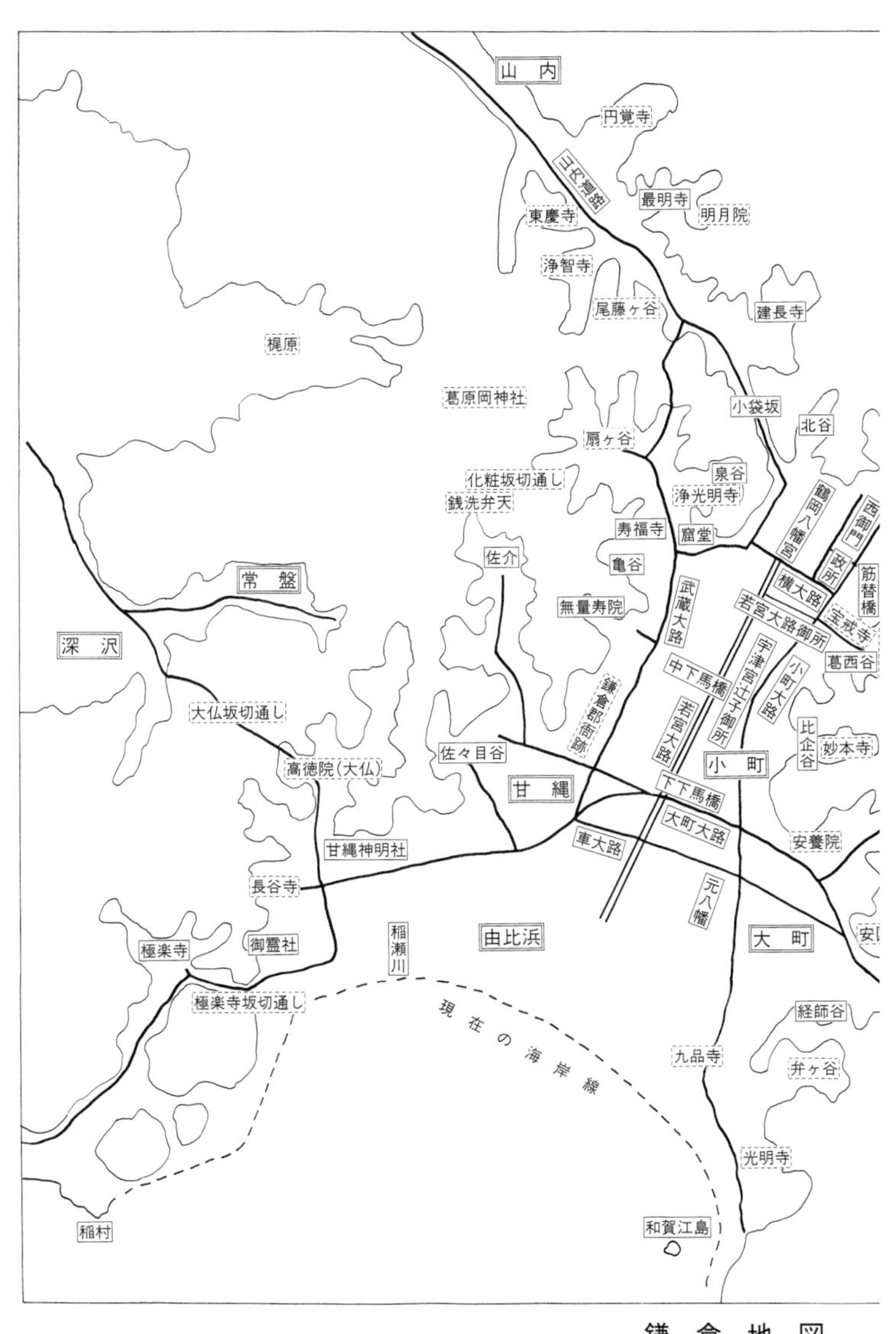
山内
円覚寺
東慶寺
最明寺
明月院
浄智寺
尾藤ヶ谷
建長寺
梶原
葛原岡神社
小袋坂
北谷
扇ヶ谷
化粧坂切通し
泉谷
銭洗弁天
浄光明寺
寿福寺
窟堂
鶴岡八幡宮
西御門
佐介
亀谷
政所
常盤
武蔵大路
横大路
筋替橋
無量寿院
若宮大路御所
宝戒寺
深沢
中下馬橋
宇津宮辻子御所
小町大路
葛西谷
鎌倉郡衙跡
大仏坂切通し
若宮大路
比企谷
妙本寺
佐々目谷
小町
高徳院(大仏)
甘縄
下下馬橋
大町大路
車大路
安養院
甘縄神明社
長谷寺
元八幡
稲瀬川
由比浜
大町
極楽寺
御霊社
極楽寺坂切通し
現在の海岸線
経師谷
九品寺
弁ヶ谷
光明寺
和賀江島
稲村

鎌倉地図

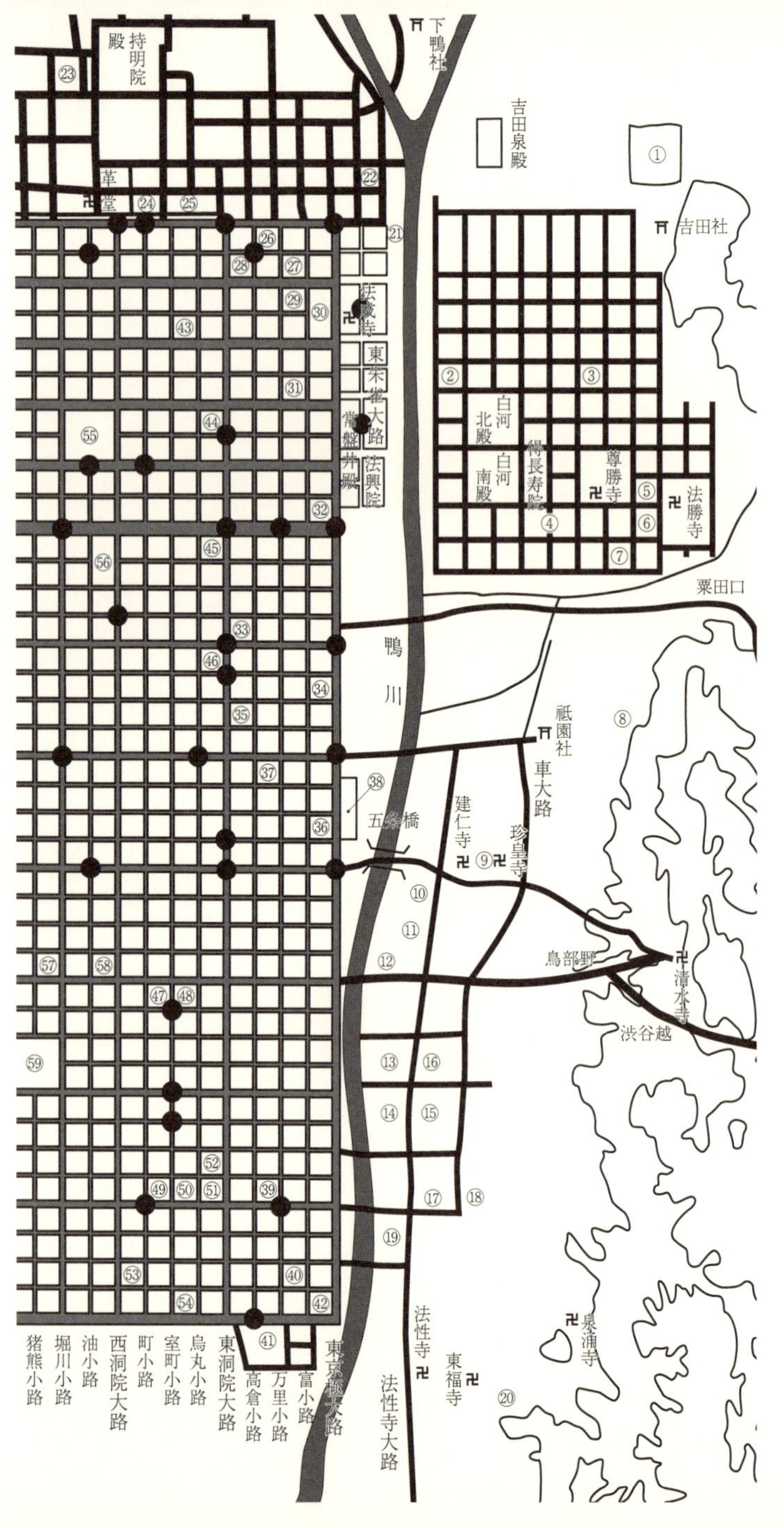
持明院殿
下鴨社
吉田泉殿
吉田社
革堂
法成寺
東朱雀大路
常盤井殿
法興院
白河北殿
白河南殿
得長寿院
尊勝寺
法勝寺
粟田口
鴨川
祇園社
車大路
建仁寺
珍皇寺
五条橋
鳥部野
清水寺
渋谷越
泉涌寺
法性寺
東福寺
法性寺大路
猪熊小路
堀川小路
油小路
西洞院大路
町小路
室町小路
烏丸小路
東洞院大路
高倉小路
万里小路
富小路
東京極大路
① ② ③ ④ ⑤ ⑥ ⑦ ⑧ ⑨ ⑩ ⑪ ⑫ ⑬ ⑭ ⑮ ⑯ ⑰ ⑱ ⑲ ⑳
㉑ ㉒ ㉓ ㉔ ㉕ ㉖ ㉗ ㉘ ㉙ ㉚ ㉛ ㉜ ㉝ ㉞ ㉟ ㊱ ㊲ ㊳ ㊴ ㊵
㊶ ㊷ ㊸ ㊹ ㊺ ㊻ ㊼ ㊽ ㊾ ㊿ 51 52 53 54 55 56 57 58 59

京都地図

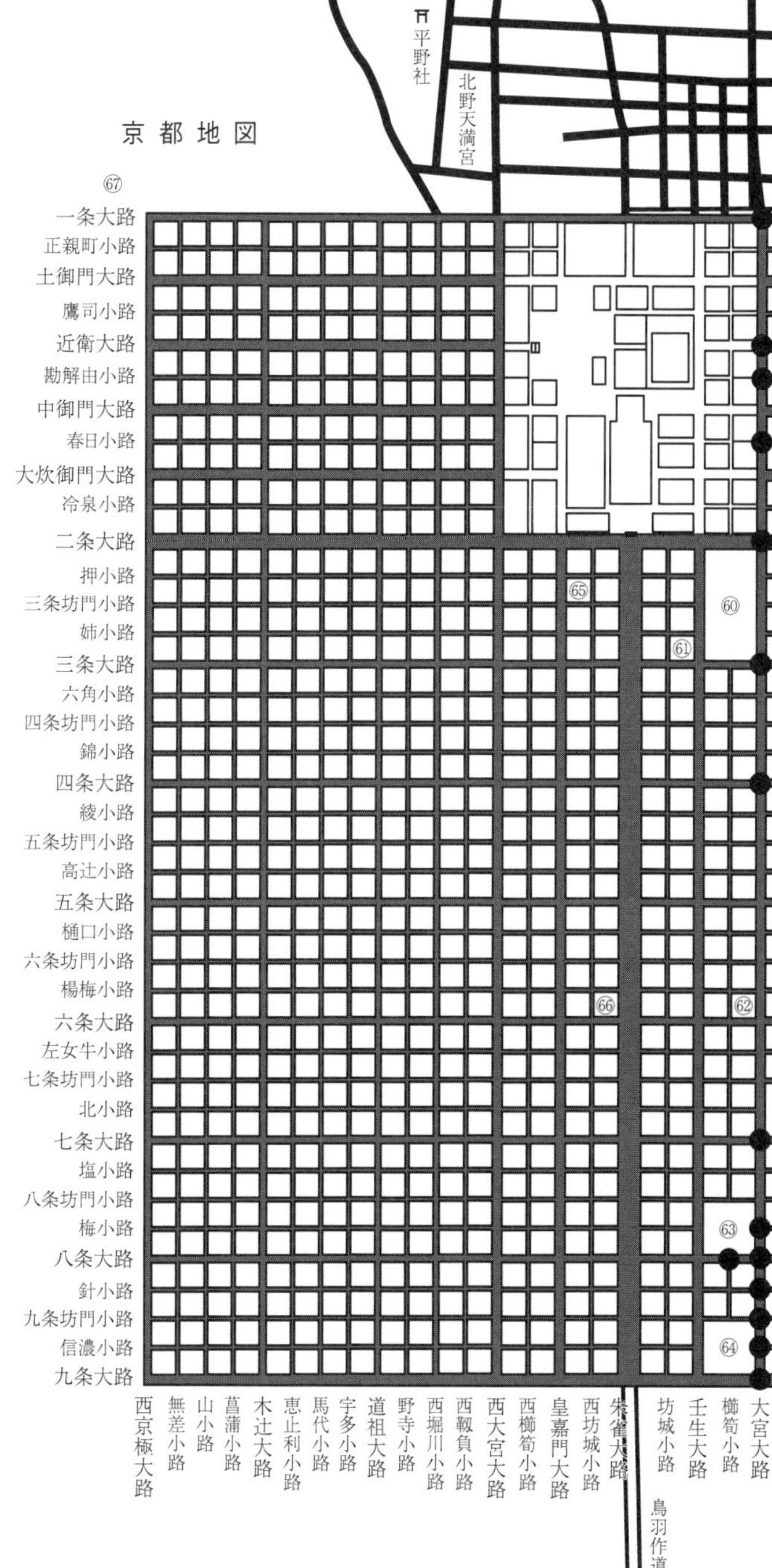

平野社
北野天満宮
㊼
一条大路
正親町小路
土御門大路
鷹司小路
近衛大路
勘解由小路
中御門大路
春日小路
大炊御門大路
冷泉小路
二条大路
押小路
三条坊門小路
姉小路
三条大路
六角小路
四条坊門小路
錦小路
四条大路
綾小路
五条坊門小路
高辻小路
五条大路
樋口小路
六条坊門小路
楊梅小路
六条大路
左女牛小路
七条坊門小路
北小路
七条大路
塩小路
八条坊門小路
梅小路
八条大路
針小路
九条坊門小路
信濃小路
九条大路
㊿
61
62
63
64
65
66
西京極大路
無差小路
山小路
菖蒲小路
木辻大路
恵止利小路
馬代小路
宇多小路
道祖大路
野寺小路
西堀川小路
西靫負小路
西大宮大路
西櫛笥小路
皇嘉門大路
西坊城小路
朱雀大路
坊城小路
壬生大路
櫛笥小路
大宮大路
鳥羽作道

地図記号一覧

1 北白河殿
2 源頼政亭
3 聖護院
4 延勝寺
5 最勝寺
6 円勝寺
7 証菩提院
8 常在光院
9 愛宕寺
10 平清盛泉殿
11 平頼盛池殿
12 六波羅北殿(源頼朝六波羅新御亭)
13 六波羅南殿
14 蓮華王院
15 法住寺殿
16 七条殿
17 新熊野社
18 新日吉社
19 最勝光院
20 月輪殿(九条兼実)
21 一条河崎観音堂
22 藤原定家京極亭
23 安嘉門院新御所
24 一条室町亭(一条能保)
25 西園寺公経今出川殿
26 源雅頼・通光亭
27 御倉町
28 土御門亭
29 土御門御所(承明門院)
30 京極殿
31 吉田経房亭
32 富小路殿
33 三条高倉殿
34 長井広秀亭
35 佐原太郎左衛門亭
36 伊賀光季亭
37 三浦後家亭
38 佐々木氏京極亭
39 平頼盛亭
40 藤原兼実九条亭
41 皇嘉門院
42 平盛国河原亭
43 近衛基通亭(近衛殿)
44 松殿(藤原基房)
45 三条坊門殿(平賀朝雅亭)
46 佐々木氏六角亭
47 源義経六条室町亭
48 六条殿
49 平頼盛亭
50 九条良輔亭
51 八条院
52 八条院御倉
53 施薬院
54 城興寺
55 高陽院
56 閑院殿
57 近衛基通亭(猪熊殿)
58 長講堂(後白河院六条殿)
59 東市
60 神泉苑
61 勧学院
62 六条若宮
63 西八条殿・遍照心院・南西角六孫王神社
64 東寺
65 穀倉院
66 中原親能亭(京都守護)
67 北山殿(西園寺家)

● 篝屋

三　合戦一覧

合戦名	年・月・日	西暦	合戦の概要	国名	地名	出典
以仁王の挙兵	治承4・5・15	一一八〇	以仁王の謀叛が発覚し、以仁王を土佐流罪とする宣旨が出される。検非違使源兼綱・源光長が遣わされ、以仁王の三条高倉邸を囲む。これより以前、以仁王は園城寺に逃れ、高倉邸には長谷部信連が残る。光長等、信連を捕らえる。	山城	三条高倉邸	玉葉・吾妻鏡他
源頼政の挙兵	治承4・5・20	一一八〇	源頼政・同仲綱等、自邸を焼き、兵を率いて園城寺に籠る。	近江	園城寺	延慶本平家物語
宇治川の合戦	治承4・5・26	一一八〇	以仁王・源頼政等、園城寺を出て南都に向かう。平重衡・平維盛等、これを追撃し、宇治河で戦う。頼政は自害し、子仲綱・兼綱等は戦死する。以仁王は逃れるが、光明山の鳥居前で討たれる。	山城	宇治河、光明山	玉葉・吾妻鏡他
宇治御室戸合戦	治承4・5・27	一一八〇	官軍、園城寺衆徒が城郭を構えたため、宇治の御室戸（みむろと）を焼き払う。	山城	御室戸	吾妻鏡
源頼朝の挙兵（山木合戦）	治承4・8・17	一一八〇	源頼朝、伊豆国に挙兵し、目代の山木兼隆とその一族堤信遠をそれぞれの屋敷に	伊豆	山木	玉葉・吾妻鏡他

合戦名	年・月・日	西暦	合戦の概要	国名	地名	出典
			攻めて討ち取る。			
石橋山合戦	治承4・8・23	一一八〇	源頼朝、石橋山に陣を敷く。大庭景親等の平氏方と戦って敗れる。	相模	石橋山	玉葉・吾妻鏡他
小坪坂合戦	治承4・8・24	一一八〇	三浦義澄、頼朝の敗報を聞いて戻り、途次、由比浦（三浦の小坪坂）で畠山重忠と戦ってこれを破る。	相模	由比浦、小坪坂	吾妻鏡
波信太山合戦	治承4・8・25	一一八〇	俣野景久、駿河目代橘遠茂とともに、兵を率いて甲斐源氏を討たんとし、富士山の北麓に宿営する。安田義定・工藤景光等、頼朝に合流するため、甲斐を発して波信太（はしだ）山に至り、景久等を破る。	駿河	波信太山	吾妻鏡
衣笠城の合戦	治承4・8・26	一一八〇	畠山重忠・河越重頼等、兵を率いて衣笠城を攻める。三浦義明、その子義澄・義盛等を諭して城から逃れさせる。翌日、衣笠城は落ちて義明は戦死する。大庭景親、兵数千を率いて来援するが、これを聞いて帰る。	相模	衣笠城	吾妻鏡
（長狭合戦）	治承4・9・3	一一八〇	安房国住人の長狭常伴が頼朝の宿所（民屋）を襲わんとする。三浦義澄、このことを知り、常伴を攻めてこれを破る。	安房	長狭	吾妻鏡

市原合戦	治承4・9・7	一一八〇	笠原頼直が源義仲を襲わんとし、義仲方の村山義直・栗田寺別当範覚等と市原に戦う。義仲が軍を率いて至ると、頼直はこれを恐れて逃亡する。	信濃	市原	吾妻鏡
大田切城合戦	治承4・9・10	一一八〇	武田信義・一条忠頼等、頼朝に応じて兵を挙げて信濃に入り、大田切城の菅冠者を攻める。菅冠者は城に火を放って自殺する。	信濃	伊那郡大田切郷之城	吾妻鏡
千葉常胤の挙兵	治承4・9・13	一一八〇	千葉常胤、一族を率いて頼朝に味方しようとし、まず、下総目代を攻めてこれを殺す。	下総	国府	吾妻鏡
結城浜合戦	治承4・9・14	一一八〇	千葉常胤、千田荘領家判官代藤原親政（平忠盛婿）と戦い、親政を捕らえる。	下総	千葉荘結城浜	吾妻鏡
上野府中合戦	治承4・9・30	一一八〇	新田義重が挙兵し、上野国の寺尾城に拠って自立する。足利俊綱は平家に味方し、同国府中の源氏を襲って火を放つ。	上野	府中	吾妻鏡
近江源氏の挙兵	治承4・9・是月	一一八〇	近江の源氏が頼朝に呼応し、しばしば平氏方と戦う。	近江		玉葉
伊北荘合戦	治承4・10・3	一一八〇	頼朝、千葉常胤に命じて兵を上総国に遣わし、伊北（いほう）荘司常仲を攻めてこれを斬る。	上総	伊北荘	吾妻鏡
鉢田合戦	治承4・10・14	一一八〇	北条時政及び武田・安田の軍勢が、駿河	駿河	鉢田（波信太に	玉葉・吾妻

合戦名	年・月・日	西暦	合戦の概要	国名	地名	出典
			目代橘遠茂及び長田入道等と駿河国鉢田（はしだ?）に戦ってこれを破る。遠茂を捕らえ、長田入道の子息二人を討ち取る。		同じか?）	鏡他
	治承4・10・17	一一八〇	頼朝、下河辺行平に命じて波多野義常を攻める。義常、これを知り、松田郷において自殺する。	相模	松田郷	吾妻鏡
富士川の合戦	治承4・10・20	一一八〇	頼朝、武田信義とともに軍を賀嶋に進め、平維盛・同忠度・同知度等の平氏の軍と富士川を隔てて布陣する。この夜、平軍戦わずして潰走する。	駿河	富士川（賀嶋）	玉葉・吾妻鏡他
佐竹合戦	治承4・11・4	一一八〇	頼朝、常陸国に入り、上総広常に命じて佐竹義政を誘殺させる。さらに佐竹秀義が守る金砂城を攻める。翌日、頼朝、上総広常に命じて佐竹秀義の叔父佐竹義季を召して恩賞を約束し、間道より金砂城を攻める。秀義、城を棄てて逃れる。	常陸	金砂城	吾妻鏡
美濃・尾張源氏の挙兵	治承4・11・17	一一八〇	美濃・尾張の源氏が一斉に蜂起する。	美濃・尾張		玉葉・山槐記
	治承4・11・20	一一八〇	近江源氏の山本義経・柏木義兼等、頼朝に呼応し、平家家人の藤原景家の一行を	近江	勢多	玉葉・山槐記・吉記

			襲い、勢多沿岸の船舶を奪って、北陸道の貢物を奪う。			
若狭国在庁の挙兵	治承4・11・28	一一八〇	若狭国の在庁官人等、近江の源氏に呼応する。	若狭		玉葉
	治承4・11・29	一一八〇	甲賀入道（柏木）義兼、兵を遣わして京都を窺う。	近江		玉葉・吉記
	治承4・12・1	一一八〇	伊賀住人平田家次、手島冠者（一一月二二日、平氏に叛いて福原の自邸に火を放って東国に出奔）を近江に討つ。	近江		玉葉・百錬抄
	治承4・12・1	一一八〇	平氏、軍勢を各地に派遣して東国の諸源氏を討つ。平知盛を近江より、平資盛を伊賀より、平清綱を伊勢より進ませる。知盛、山本義経・柏木義兼等と近江に戦ってこれを破る。	近江		玉葉・吾妻鏡他
	治承4・12・6	一一八〇	平知盛等、勢多・野地の民屋に放火し、進んで諸源氏の軍を破る。興福寺堂衆、蜂起して近江源氏に応じる。	近江	勢多、野地	玉葉
	治承4・12・11	一一八〇	園城寺の僧徒等が源氏に加担したため、平清房を遣わしてこれを討ち、堂舎・僧房を焼く。	近江	園城寺	玉葉・山槐記・吾妻鏡他
	治承4・12・13	一一八〇	平知盛、山本義経・柏木義兼の与党を攻める。	近江		玉葉・山槐記

合戦名	年・月・日	西暦	合戦の概要	国名	地名	出典
	治承4・12・16	一一八〇	平知盛、山下（山本）城の山本義経・柏木義兼等を攻める。	近江	山下（山本）城	玉葉
南都焼討ち	治承4・12・28	一一八〇	平重衡、南都を攻め、火を放って東大寺・興福寺を焼く。	大和	東大寺・興福寺	玉葉・山槐記・吾妻鏡他
	治承4・12・是月	一一八〇	鎮西の菊池氏、平氏に叛いて挙兵する。熊野僧徒及び伊予・阿波等で源氏に応じる者が蜂起する。	肥後・紀伊・伊予・阿波		皇代暦・皇帝紀抄
	治承4・是冬	一一八〇	平氏、前武蔵権守石川義基を河内に攻めて殺し、弟二人を捕らえる。	河内	石川	吾妻鏡
	養和元・1・5	一一八一	平氏の命で伊豆江四郎が志摩国を警固していたところ、熊野山衆徒が菜切島に集結して江四郎を襲う。江四郎は大神宮御鎮座神道（かみじ）山を経て宇治岡に隠れたところ、波多野忠綱・同義定等に見つかり、江四郎の子息二人が討たれる。	志摩	菜切島・神道山・宇治岡	吾妻鏡
	養和元・1・7	一一八一	武士を南都に遣わし、僧徒の余党を討たせる。	大和	南都	玉葉
	養和元・1・20	一一八一	平通盛・同維盛等、蒲倉城を攻めこれを落とす。	美濃	蒲倉城	玉葉・百錬抄

	養和元・1・21	一一八一	これより先、熊野の僧徒、伊勢・志摩の海浜を襲い、四瀬河に至る。関（平）信兼等が船江において逆襲してこれを破り、首魁の戒光を討ち取る。	伊勢	四瀬河・船江	玉葉・吾妻鏡
	養和元・2・29	一一八一	肥後住人原田種直、西海の兵を募り、源氏方の肥後住人菊池隆直、豊後住人緒方維能を討つ。	鎮西		吾妻鏡
墨俣合戦	養和元・3・10	一一八一	平重衡・平通盛・平維盛・平忠度等、源行家と墨俣河（長良川）に戦ってこれを撃破し、源義円を討ち取る。	美濃	墨俣河	玉葉・吾妻鏡他
	養和元・5・6	一一八一	吉野の僧徒、以仁王の子と称する者を奉じて蜂起する。後白河法皇、奈良の僧徒に命じてこれを探索する。	大和	吉野	玉葉
横田河原の合戦	養和元・6・13	一一八一	城長茂（助職・資職とも）、軍を率いて越後から信濃に入る。源義仲、これを迎え撃って破る。	信濃	横田河原	玉葉・吉記他
	養和元・8・23	一一八一	平通盛、越前国府に至る。加賀の源氏、火を放って大野坂北両郷を焼く。	越前	国府、大野坂北両郷	吉記
水津合戦	養和元・9・4	一一八一	義仲軍の先鋒根井太郎、越前に入り、平通盛の軍と水津（杉津）に戦う。	越前	水津	吾妻鏡
	養和元・9・6	一一八一	平通盛の軍、義仲軍に敗れて敦賀城に拠る。	越前	敦賀城	玉葉・吉記

合戦名	年・月・日	西暦	合戦の概要	国名	地名	出典
	養和元・9・21	一一八一	平宗盛、兵を遣わして故源頼政の臣弥太郎盛兼を捕らえんとし、盛兼は自殺する。次いで、前少納言宗綱を権大納言源資賢の邸に捕らえる。	山城	京都	玉葉・吉記・吾妻鏡
	養和元・9・27	一一八一	田口成良、平氏の命により河野通信を伊予に討ち、これを破る。	伊予		吾妻鏡
	養和元・9・28	一一八一	熊野僧徒、源頼朝に応じ鹿背（ししがせ）山を塞ぐ。平頼盛をしてこれを討たせる。	紀伊	鹿背山	玉葉
	養和元・9・28	一一八一	高野山もまた頼朝に応じる者あり。	紀伊	高野山	玉葉
	養和元・10・11	一一八一	熊野の源氏に応じる者、法眼行命を討ち、その子と郎従を殺す。	紀伊	熊野	玉葉
	養和元・10・13	一一八一	金峰山の僧徒が蜂起する。	大和	金峰山	玉葉
	養和元・11・10	一一八一	石清水別当慶清、兵を構へ、八幡宮附近において戦う。	山城	八幡宮	玉葉・吉記
	寿永元・4・11	一一八二	鎮西の菊池隆直、平貞能に降る。	肥後		玉葉・吾妻鏡
	寿永元・9・25	一一八二	土佐住人蓮池家綱・平田俊遠等、源希義を襲って吾川郡年越山において討つ。希義の与党夜須家行は逃れて紀伊に至る。	土佐	年越山	吾妻鏡
千曲川合戦	寿永元・10・9	一一八二	源義仲、城長茂と信濃千曲川に戦い、こ	信濃	千曲川	吾妻鏡

			れを破る。			
	寿永2・2・20	一一八三	志田義広、鎌倉に向かい兵数万を率いて進発し、下野に至る。頼朝、小山宗政・関政平を下河辺行平・小山朝政等の援軍として遣わす。政平、頼朝に叛いて義広に投じる(『吾妻鑑』は養和元年閏2月のこととする)。	下野		吾妻鏡
野木宮合戦	寿永2・2・23	一一八三	小山朝政等、志田義広と戦ってこれを撃破する(『吾妻鑑』は養和元年閏2月のこととする)。	下野・下総	野木宮・地獄谷登々呂木沢・古河・高野渡	吾妻鏡
燧城合戦	寿永2・4・27	一一八三	平氏の軍勢が越前に入り、燧城を落とし、勝ちに乗じて三条野(みじょの)・篠原等において諸源氏の軍勢を破る。	越前・加賀	燧城、三条野、篠原	玉葉・百錬抄
	寿永2・5・2	一一八三	平氏の軍、加賀に入り、林光明の籠る城を落とす。	加賀		玉葉
般若野の合戦	寿永2・5・9	一一八三	平・源両軍が般若野に会戦し、平軍が敗退する。	越中	般若野	参考源平盛衰記
礪波山合戦(倶利伽羅峠の合戦)	寿永2・5・11	一一八三	義仲、夜陰に乗じて平氏の軍勢を襲撃する。平軍潰走し、崖谷に落ちて多数の死者を出す。平為盛及び館貞康等戦死する。翌日、平維盛は敗兵を収容して加賀に退く。	越中	礪波山	玉葉・百錬抄

合戦名	年・月・日	西暦	合戦の概要	国名	地名	出典
篠原合戦	寿永2・5・12	一一八三	源行家、兵を率いて志雄（志保）山に至るが、平氏の軍勢と戦って利あらず。後続の義仲軍が到着し、平氏軍と篠原において戦ってこれを破る。平知度が戦死し、平盛俊は兵を収めて加賀に退き、佐良山に拠る。義仲は平氏軍を追って平岳野に至る。	能登・加賀	志雄山、篠原、佐良山、平岳野	一代要記・平家物語・尊卑分脈他
安宅合戦	寿永2・6・1	一一八三	源義仲、行家の軍勢と合わせて進み、平氏軍と安宅に戦ってこれを破る。平氏方の将股野景尚・高橋長綱・斎藤実盛等が戦死し、妹尾景康・長吏斎明は捕えられる。	加賀	安宅	玉葉・吉記他
	寿永2・7・9	一一八三	多武峰・金峰山の僧徒、蜂起して源氏に応じる。	大和	多武峰、金峰山	吉記
	寿永2・7・13	一一八三	平氏の軍勢、丹波において源氏に呼応する者を平定する。	丹波		吉記
	寿永2・7・22	一一八三	平資盛は宇治より、平知盛・平重衡は勢多より、皆兵を率いて退く。知盛、加賀住人大田兼定と粟津に戦うも勝利を得ずして京都に帰る。	近江	粟津	参考源平盛衰記
平氏の都落ち	寿永2・7・25	一一八三	平宗盛、安徳天皇と建礼門院・神器を奉	山城	京都	玉葉・吉

合戦名	年月日	西暦	事項	国	場所	典拠
			じ、一族を率いて京都を出奔し西海に赴く。			記他
	寿永2・7・28	一一八三	源義仲は勢多より、源行家は宇治より京都に入る。	山城・近江	京都、勢多、宇治	玉葉・吉記他
	寿永2・8・28	一一八三	平宗盛等、安徳天皇を奉じて大宰府に至り、原田種直等、行宮を営んで護衛する。	筑前	大宰府	玉葉
	寿永2・10・12	一一八三	源義仲、備中に入り、妹尾兼康を討つ。	備中	妹尾	一代要記・参考源平盛衰記
	寿永2・10・20	一一八三	藤原頼経、緒方惟能とともに大宰府を攻める。平宗盛等、安徳天皇を奉じて箱崎を経て藤原秀遠の山鹿城に遷るが、惟能等の追撃を受け、さらに乗船して柳浦に至る。	筑前	大宰府、箱崎、山鹿城、柳浦	玉葉・吉記
水島合戦	寿永2・閏10・1	一一八三	源義仲の将矢田義清・海野幸広等、平知盛・同教経等と備中国水島に戦って敗死する。	備中	水島	玉葉
	寿永2・閏10・是月	一一八三	平氏、安徳天皇を奉じて鎮西より海路讃岐に至り、行宮を屋島に営む。田口成良、阿波より屋島に至って平氏に味方し、四国の武士も皆平氏に従う。	讃岐	屋島	玉葉・源平盛衰記
	寿永2・11・9	一一八三	平重衡、備前に入り、東川（吉井川）で	備前・	東川、室泊	玉葉・吉記

合戦名	年・月・日	西暦	合戦の概要	国名	地名	出典
			同国検非違使惟資等を破り、進んで室泊に宿営する。	播磨		
法住寺合戦	寿永2・11・19	一一八三	源義仲、軍を率いて後白河法皇の法住寺殿を攻め、火を放ってこれを焼く。官兵敗れ、後鳥羽天皇は母藤原殖子の七条第に、法皇は摂政基通の五条第に逃れる。円恵法親王と明雲は討たれる。	山城	法住寺殿	玉葉・吉記他
室山合戦	寿永2・11・29	一一八三	源行家、平教盛・平重衡等と室山に戦って敗北する。	播磨	室山	玉葉・吉記
	元暦元・1・16	一一八四	源範頼・義経等の軍勢が近江国に至り、義仲の兵が逃走して京中騒擾する。源行家、義仲に叛いて河内国石川城に拠る。	河内	石川城	玉葉
	元暦元・1・19	一一八四	源義仲、今井兼平に勢多を、源義広・根井行親等に宇治を守らせ、自らは院御所を守護する。義仲の部将樋口兼光、源行家が拠る石川城を攻めてこれを落とし、行家は傷を被って高野山に逃れる。	河内	石川城	玉葉他
勢多合戦、宇治川の合戦、粟津合戦	元暦元・1・20	一一八四	範頼・義経の軍勢が勢多・宇治に至り、義仲の軍を破って京都に進む。義仲は法皇を醍醐寺に奉還せんとして果たせず、敗兵を収めて勢多を防ぎ、粟津に戦死す	山城・近江	勢多・宇治・粟津	玉葉・吾妻鏡他

合戦名	年月日	西暦	内容	国	場所	出典
			る。義経、院御所六条殿に参り、頼朝の旨を奏す。法皇、義経をして宮中に宿衛せしむる。			
	元暦元・1・是月	一一八四	平宗盛、安徳天皇を奉じて福原に至り、城郭を一谷に構えてこれに拠る。平教盛・同通盛・同教経等、四国を平定して一谷に合流する。	摂津	福原	玉葉・吾妻鏡他
三草山合戦	元暦元・2・5	一一八四	平資盛・同有盛等、三草山の西に布陣する。源義経、夜に乗じてこれを襲い、資盛等敗走する。	播磨	三草山	吾妻鏡
一谷合戦	元暦元・2・7	一一八四	黎明、源範頼は一谷に向かい、土肥実平等は西門を攻める。源義経、鵯越を下って平氏の陣営に火を放つ。平氏の軍勢は敗れ、平通盛・忠度・経俊・知章・敦盛・業盛・盛俊・経正・師盛等が戦死し、平重衡は捕らえられる。宗盛、安徳天皇を奉じ、屋島に逃れる。	摂津	一谷、生田	玉葉・吾妻鏡他
羽鳥山合戦	元暦元・5・4	一一八四	波多野義定・大井実春等、源義仲の与党志太義広と伊勢の羽鳥山に戦ってこれを討ち取る。	伊勢	羽鳥山	吾妻鏡他
	元暦元・5・30	一一八四	平氏の軍勢が備前を侵す。板垣信兼、これを撃退する。	備前		玉葉

合戦名	年・月・日	西暦	合戦の概要	国名	地名	出典
	元暦元・7・7	一一八四	伊賀平氏の与党、伊賀守護の大内惟義の郎党を討つ。	伊賀		玉葉・山槐記・吾妻鏡
	元暦元・7・19	一一八四	伊賀平氏の平田家継・富田家助等、近江国大原荘で佐々木秀義と戦い、秀義を討ち取る。大内惟義が来援し、家継等を討ち取る。	伊賀・近江	大原荘	玉葉・山槐記・吾妻鏡
	元暦元・7・是月	一一八四	平氏の与党、しばしば安芸に侵攻する。また、鎮西に呼応する者多し。	安芸・鎮西		玉葉
	元暦元・8・12	一一八四	源義経、京都を発して平信兼を伊勢の滝野において討つ。	伊勢	滝野	山槐記、源平盛衰記
	元暦元・10・是月	一一八四	平氏、長門・淡路等を回復してその勢いを増す。	長門・淡路		玉葉
児島合戦	元暦元・12・7	一一八四	源氏の部将佐々木盛綱、平行盛と備前国児島に戦ってこれを破る。	備前	児島、藤戸	玉葉・吾妻鏡
	文治元・1・26	一一八五	源範頼、三浦義澄を周防に留めてこの地を守らせ、自らは豊後に渡る。	周防・豊後		吾妻鏡
芦屋浦合戦	文治元・2・1	一一八五	範頼の部将北条義時・下河辺行平・渋谷重国等、平家方の原田種直とその子嘉（賀）摩種益、三（美）毛敦種等と芦屋浦に戦い、敦種を討ち取る。	筑前	芦屋浦	吾妻鏡
勝浦合戦	文治元・2・18	一一八五	源義経、阿波国勝浦（桂浦）に到着し、	阿波	勝浦（桂浦）、	吾妻鏡

合戦名	年月日	西暦	内容	国	場所	典拠
			近藤親家を案内役として進み、平氏の与党桜庭介良遠を桜間郷の城に破る。		桜間郷	
屋島合戦	文治元・2・19	一一八五	義経、屋島に進んで平氏の軍勢と戦う。義経の郎党佐藤継信が戦死する。平氏は敗れ、平宗盛は安徳天皇を奉じて、行宮を棄てて海上に逃れる。	讃岐	屋島	玉葉・吾妻鏡
志度合戦	文治元・2・21	一一八五	義経、平氏の軍を追って志度で戦う。これより先、河野通信・熊野別当等、義経の軍に属し、田口成直も義経に降る。	讃岐	志度	玉葉・吾妻鏡
壇ノ浦合戦	文治元・3・24	一一八五	義経、平氏の軍勢と壇ノ浦の海上に戦ってこれを破る。安徳天皇は二位尼（平時子）と入水し、神器のうち神剣は海中に流失する。平教盛・知盛以下平氏の一族多く戦死・入水して滅亡する。建礼門院及び平宗盛・清宗父子は捕らえられる。	長門	壇ノ浦	玉葉・吾妻鏡他
	文治元・10・17	一一八五	源頼朝の命により、土佐房昌俊が源義経を六条堀河（室町）第に襲撃するも失敗して逃亡する（二六日に捕らえられて斬首）。	山城	六条堀河	玉葉・吾妻鏡他
源義経の都落ち	文治元・11・5	一一八五	太田頼基・多田行綱等、義経を摂津国河尻において迎え撃つも敗れる。	摂津	河尻	玉葉、吾妻鏡
	文治2・5・12	一一八六	北条時定、和泉国在庁日向権守清実の小	和泉	近木郷	玉葉・吾妻鏡

合戦名	年・月・日	西暦	合戦の概要	国名	地名	出典
			木（近木）郷の宅に隠れていた源行家父子を捕らえて誅し、首を鎌倉に送る。			鏡
	文治2・6・16	一一八六	北条時定、源義経の与党源有綱を大和国宇陀郡に討ち、有綱は敗れて自殺する。	大和	宇陀郡	吾妻鏡・東大寺文書
	文治2・9・22	一一八六	比企朝宗・糟谷有季等、京都において源義経の郎従堀景光を捕らえる。また、中御門東洞院において佐藤忠信を捕らえんとするも、忠信は自殺する。	山城	中御門東洞院	玉葉・吾妻鏡
	文治3・9・22	一一八七	源頼朝、宇都宮信房を鎮西に遣わし、天野遠景とともに喜界島を討ち、平氏の与党を捜索することを命じる。翌年五月、渡海して合戦し、平定する。	薩摩	喜界島	吾妻鏡
源義経の滅亡	文治5・閏4・30	一一八九	藤原泰衡、源義経を衣川館に襲う。義経、妻子とともに自殺する。	陸奥	衣川館	玉葉・吾妻鏡他
	文治5・7・17	一一八九	源頼朝、藤原泰衡追討の部署を定める。千葉常胤・八田知家を東海道の将となし、比企能員・宇佐美実政を北陸道の将となし、畠山重忠を中軍の先鋒となす。	相模	鎌倉	吾妻鏡
	文治5・7・19	一一八九	源頼朝、自ら中軍を率いて鎌倉を進発する。	相模	鎌倉	吾妻鏡
	文治5・8・7	一一八九	頼朝、陸奥国国見駅に至る。泰衡、国分	陸奥	国見駅・国分原	吾妻鏡

合戦名	年月日	西暦	内容	国	場所	典拠
			原鞭楯に布陣し、西木戸国衡に阿津賀志山（現、厚樫山）を守らせる。また、兵を割いて出羽国を守らせる。		鞭楯・阿津賀志山	
阿津賀志山合戦	文治5・8・8	一一八九	畠山重忠・小山朝光等、西木戸国衡の兵と阿津賀志山の麓に戦ってこれを破る。伊佐為宗・同為重等の兄弟、石那坂を攻めて、佐藤元治を捕らえる。	陸奥	伊達郡阿津賀志山・石那坂	吾妻鏡
	文治5・8・10	一一八九	頼朝、大木戸を攻め、小山朝光等、その背後を襲ってこれを破り、西木戸国衡を斬る。泰衡、これを聞いて逃れる。頼朝、翌日船迫（ふなばさま）に宿営する。	陸奥	大木戸・船迫	吾妻鏡
	文治5・8・12	一一八九	頼朝、多賀国府に至る。東海道の将千葉常胤等来会する。	陸奥	多賀国府	吾妻鏡
	文治5・8・13	一一八九	北陸道の将比企能員等、出羽国に入り、田河行文・秋田致文等を破り、これを斬る。	出羽	田川郡	吾妻鏡他
	文治5・8・14	一一八九	小山朝政・下河辺行平等、物見岡の残兵を攻める。	陸奥	国府中山上物見岡	吾妻鏡
	文治5・8・20	一一八九	頼朝、玉造郡に至り多加波々（たかばば）城を攻めて泰衡の残兵を降す。また、諸将に平泉攻撃の方法を伝える。	陸奥	玉造郡多加波々城	吾妻鏡
	文治5・8・21	一一八九	頼朝、暴風雨をついて平泉に向かう。途	陸奥	栗原、三迫、平	吾妻鏡

合戦名	年・月・日	西暦	合戦の概要	国名	地名	出典
			中、栗原・三迫等の要害を落とす。泰衡は館を焼いて逃れる。頼朝、二二日に平泉に入る。		泉	
	文治5・8・25	一一八九	頼朝、兵を進めて泰衡を追跡せんとする。藤原基成父子を捕らえる。二六日、泰衡、書面で降伏を乞うが、頼朝はこれを認めず。兵を比内郡内に遣わして泰衡を捜索させる。	陸奥	平泉	吾妻鏡
	文治5・9・2	一一八九	頼朝、平泉を発して厨川に向かう。	陸奥	平泉、厨川	吾妻鏡
	文治5・9・3	一一八九	泰衡、蝦夷に逃れようとして比内郡贄柵に至る。郎従河田次郎、泰衡を殺し、首を頼朝に届ける。頼朝、次郎を誅する。	出羽	比内郡贄柵	吾妻鏡
	文治5・9・4	一一八九	頼朝、志波郡に至る。樋爪俊衡、比爪館を焼いて逃亡する。頼朝、陣岡（じんがおか）峰社に陣を張る。北陸道の軍来会する。	陸奥	志波郡陣岡峰社	吾妻鏡
	文治5・9・11	一一八九	頼朝、陣岡を出立し、翌日厨川に至る。	陸奥	岩手郡厨川	吾妻鏡
	文治5・9・18	一一八九	泰衡の弟本吉高衡が降伏し、泰衡の残党をすべて平定する。	陸奥		吾妻鏡
	文治5・9・27	一一八九	頼朝、衣川に臨んで安倍氏の遺蹟を見学し、翌日帰路につく。	陸奥	衣川	吾妻鏡

合戦名	年月日	西暦	内容	国	場所	典拠
大河兼任の乱	文治5・10・24	一一八九	頼朝、鎌倉に帰着する。	相模	鎌倉	吾妻鏡
	文治5・12・23	一一八九	奥州の飛脚、泰衡の将大河兼任の挙兵を伝える。頼朝、越後・信濃に命じてこれに備えさせ、二四日、工藤行光・由利維平らに討伐を命じる。	出羽		吾妻鏡
	建久元・1・6	一一九〇	兼任、昨年一二月以来、源義経と称して出羽国海辺（あまべ）荘に、あるいは源義仲の子義高と称して仙北郡に現れる。兼任、河北秋田城を経て大関山を越え、多賀国府に向かわんとするが、秋田大方（八郎潟）の志加渡において氷が融けて多くの兵を失う。由利維平、小鹿島大社の辺りで兼任の軍勢を防いで討死する。兼任は千福（仙北）山本に向かい、津軽に至って合戦し、宇佐美実政以下の御家人を討つ。	出羽・陸奥	海辺荘・仙北郡・秋田大方・志加渡・小鹿島大社・千福山本・津軽	吾妻鏡
	建久元・2・12	一一九〇	足利義兼・千葉胤正等、大河兼任を栗原一迫（いちはさま）及び衣川で破る。兼任、逃れて外ヶ浜と糠部の間の多宇末井梯に城郭を構えてこれに拠り、さらに栗原寺に逃れたところを土民に殺される（三月一〇日に判明）。	陸奥	栗原一迫・衣川・多宇末井梯・栗原寺	吾妻鏡

合戦名	年・月・日	西暦	合戦の概要	国名	地名	出典
曾我兄弟の仇討	建久4・5・28	一一九三	曾我祐成・時致兄弟、父の仇工藤祐経を富士野の行営において討ち取る。祐成は討死し、時致は捕らえられて誅される。	駿河	富士野	吾妻鏡
	建久7・6・27	一一九六	平知盛の子知忠等、党類を集めて藤原能保を襲わんとする。この日、能保、兵を遣わしてこれを誅す。	山城	法性寺清水白河近辺	明月記
狐崎合戦	正治2・1・20	一二〇〇	梶原景時、一族を率いて一宮を発し、京都に赴かんとする。幕府、三浦義村等をしてこれを追撃させる。景時、駿河国清見関に至り、国人芦原・飯田・吉香等諸氏と狐崎に戦って敗死する。	駿河	清見関・狐崎	吾妻鏡
	正治2・8・21	一二〇〇	源頼家、宮城家業を陸奥国に遣わして芝田次郎を討たせる。九月一四日、家業、芝田館を攻め、次郎は敗走する。	陸奥	芝田館	吾妻鏡
	正治2・11・26	一二〇〇	宣旨を下して近江国住人柏原弥三郎を追討させる。源頼家、渋谷高重・土肥惟光を遣わしてこれを討たせる。官軍、幕府軍の到着以前に弥三郎を柏原荘に攻めてこれを追う。弥三郎、翌年五月九日に佐々木信綱によって誅される。	近江	柏原荘	明月記・吾妻鏡
	建仁元・1・23	一二〇一	城長茂、兵を率いて仙洞御所に参り、宣	山城・	京都・吉野	吾妻鏡

			旨を賜って源頼家を討たんことを請う。後鳥羽上皇これを許さず。次いで長茂等、吉野の奥で誅せらる（二月二二日）。	大和		
	建仁元・2・29	一二〇一	城長茂与党の城資家・同資正・本吉冠者隆衡等、官軍により誅される。			吾妻鏡
鳥坂城合戦	建仁元・4・3	一二〇一	城長茂の甥資盛、越後国で挙兵し、鳥坂の辺りに城郭を構える。この日、頼家、佐々木盛綱に命じてこれを討たせる。五月、盛綱、資盛を破り、その叔母坂額を捕らえる。	越後	鳥坂	吾妻鏡
比企氏の乱	建仁3・9・2	一二〇三	北条時政、比企能員を名越邸において謀殺する。能員の子宗員等、一幡を擁して小御所に拠り、北条義時等と戦い、火を放って自殺する。一幡もまた焼死する。	相模	名越邸、小御所	吾妻鏡
	建仁3・10・15	一二〇三	延暦寺堂衆、八王子山に城郭を構えて騒擾が絶えず。この日、官軍を遣わしてこれを討つ。葛西重元・豊島朝経・佐々木重綱以下官軍三百余人討たれるも、堂衆敗れて壊滅する。	近江	八王子山	明月記・吾妻鏡
三日平氏の乱	元久元・3・21	一二〇四	これより先、平氏の残党が伊賀・伊勢両国で挙兵し、伊勢国守護山内首藤経俊を追う。富田基度・松本盛光・庄田佐房・	伊賀・伊勢	朝明郡富田館、六箇山・日永・若松・南村・高	明月記・吾妻鏡・仲資王記他

合戦名	年・月・日	西暦	合戦の概要	国名	地名	出典
			同師房・平盛時・若菜盛高等、富田館、六箇山・日永・若松・南村・高角・関小野等に城郭を構える。朝廷・幕府、この日、平賀朝雅に命じてこれを討伐させる。朝雅、四月にこれを平定する。		角・関小野（安濃郡・多気郡内）	
二俣川合戦	元久2・6・22	一二〇五	北条時政、畠山重保を由比浜において謀殺する。また、北条義時以下の大軍を遣わして畠山重忠を武蔵国二俣川に討つ。	相模・武蔵	由比浜、二俣川	吾妻鏡・明月記
	元久2・6・23	一二〇五	三浦義村、経師谷口において、畠山重忠の謀殺に加担した罪で稲毛重成とその一族を滅ぼす。	相模	経師谷口	吾妻鏡
	元久2・閏7・26	一二〇五	幕府、在京の武士に命じて平賀朝雅を討たせる。五条有範・後藤基清・佐々木広綱等、朝雅を六角東洞院の邸に襲ってこれを殺す。	山城	六角東洞院	明月記・吾妻鏡
	建永元・9・27	一二〇六	延暦寺堂衆、今津和迩浜の在家に乱入して狼藉を致す。後鳥羽上皇、中原季時及び検非違使小野義成に追討を命じる。この日、堂衆を討って多くを殺害・追捕するも、官軍の負傷者も多数にのぼる。	近江	今津和邇浜・比良山麓	明月記・華頂要略他
	建永3・2・3	一二〇八	金峰山の衆徒、多武峰を襲って堂舎僧房	大和	多武峰	猪熊関白記

合戦名	年月日	西暦	内容	国	場所	出典
			を焼く。藤原鎌足の御影を焼失する。			
和田合戦	建保元・5・2	一二一三	和田義盛、横山時兼・土屋義清等とともに兵を挙げて幕府を囲み、北条義時や中原広元の邸を攻める。北条泰時等が防戦する。翌日、義盛、義清等戦死し、和田一族はことごとく壊滅する。	相模	鎌倉	吾妻鏡・明月記
	建保元・8・8	一二一三	これより先、延暦寺末寺清閑寺と南都末寺清水寺と境界を争う。延暦寺の衆徒、清水寺を焼打ちせんとし、清水寺は城郭を構える。この日、後鳥羽上皇、検非違使大内惟信・後藤基清等を遣わして制止し、清水寺は城郭を破却するも、延暦寺衆徒は従わず。西面の武士源頼茂等、山上の悪僧を討ち、三〇人を生け捕り、十余人を誅する（その後、衆徒は堂宇を閉じて離散し、院宣により衆徒の罪を赦し、西面の武士を解官する）。	近江	延暦寺	吾妻鏡・明月記
	建保2・4・16	一二一四	延暦寺衆徒、蜂起して園城寺を襲い、金堂以下一二九宇を焼く。	近江	園城寺	皇帝紀抄・後鳥羽院宸記他
	建保2・11・13	一二一四	和田義盛の与党、源頼家の遺児僧栄実を奉じて京都で乱を謀る。この日、幕府軍	山城	一条邸	吾妻鏡他

合戦名	年・月・日	西暦	合戦の概要	国名	地名	出典
			がこれを一条邸に襲い、栄実は自殺し、与党は逃亡する。			
	建保3・3・16	一二一五	これより先、園城寺衆徒、三井別所に城郭を構え、延暦寺領東坂本を焼く。この日、官軍を遣わして城郭を破壊し、張本一二人を罪科に処す。	近江	三井別所・東坂本	華頂要略・百錬抄
	承久元・2・11	一二一九	阿野時元、駿河国阿野の深山に城郭を構え乱を起こす。幕府、金窪行親等を遣わしてこれを追討させる。幕府軍の到着以前、安野次郎・三郎入道兄弟に攻められ、時元、二二日に敗死する。	駿河	阿野郡	吾妻鏡
	承久元・7・13	一二一九	後鳥羽上皇、兵を遣わして大内守護源頼茂を討たんとする。頼茂、その一党とともに仁寿殿に入り、火を放って自殺する。	山城	仁寿殿	仁和寺日次記・高山寺文書・吾妻鏡他
承久の乱	承久3・5・14	一二二一	後鳥羽上皇、北条義時を追討せんとして、畿内の兵及び諸寺の僧兵を徴する。翌日、兵を遣わして京都守護伊賀光季を高辻北京極西角の邸に誅し、義時追討の宣旨・院宣を諸国に下す。	山城	高辻北京極西角	吾妻鏡・皇帝紀抄・百錬抄他
	承久3・5・21	一二二一	一九日に京都の急報、鎌倉に伝わる。こ	相模	鎌倉	吾妻鏡他

		の日、北条泰時・同時房等の幕府軍進発を決定する。			
承久3・5・22	一二二一	幕府、北条時房・同泰時等の西上の部署を定め、時房・泰時・足利義氏・三浦義村・千葉胤綱を東海道の将に、武田信光・小笠原長清・小山朝長・結城朝光を東山道の将に、北条朝時・結城朝広・佐々木信実を北陸道の将に任じ、三道を同時に進ませる。この日、泰時、稲瀬川を進発し、時房・義氏・義村・朝時等も相次いで進発する。	相模	鎌倉	吾妻鏡他
承久3・5・29	一二二一	参議藤原信成の家人深勾家賢、越後国加地荘願文山に拠る。北陸道軍の佐々木信実、これを破る(幕府軍最初の勝利)。	越後	加地荘願文山	吾妻鏡
承久3・5・30	一二二一	東海道軍、橋本駅に着く。上皇軍の部将小野盛綱の一族筑井高重、幕府軍に混じって西上する。この日、時房に討たれる。	遠江	橋本駅	吾妻鏡他
承久3・5・30	一二二一	北陸道の幕府軍部将市河六郎刑部、越後国蒲原の上皇軍を撃破し、進んで越中国宮崎を攻略する。この日、北条朝時、越後国府に到着。	越後・越中	蒲原・宮崎・国府	市河文書他
承久3・6・2	一二二一	宮崎定範・糟屋有久・仁科盛遠等を北陸	美濃・	大井戸・鵜沼・	吾妻鏡他

合戦名	年・月・日	西暦	合戦の概要	国名	地名	出典
			道に、大内惟信・筑後有長・藤原秀康・佐々木広綱・三浦胤義・山田重忠等を美濃国大井戸・鵜沼・板橋・池瀬・摩免戸・食（じき）・稗島・墨俣・市脇等の尾張川沿岸に派遣して、幕府軍を防がせる。	尾張	板橋・池瀬・摩免戸・食・稗島・墨俣・市脇	
大井戸合戦、墨俣合戦	承久3・6・5	一二二一	東海道の幕府軍、尾張国一宮に宿営し、上皇軍攻撃の部署を定める。この夕、東山道の幕府軍、進んで大井戸を攻める。守将大内惟信等敗走し、鵜沼、摩免戸等の上皇軍、戦わずして退く。翌日、東海道の幕府軍、尾張川を渡って追撃し、墨俣・市脇等の上皇軍、潰走する。山田重忠ひとり杭瀬（くいぜ）川に留まって戦い、ついに退却する。	尾張・美濃	一宮・大井戸・鵜沼・摩免戸・杭瀬川	吾妻鏡他
	承久3・6・7	一二二一	東海・東山両道の幕府軍、美濃国野上・垂井両駅に宿営し、京都進入の部署を定める。	美濃	野上駅・垂井駅	吾妻鏡他
	承久3・6・8	一二二一	北陸道の幕府軍、越中国般若野荘に至り、次いで上皇軍を砺波山黒坂及び志保の両道に破る。	越中	般若野荘・礪波山黒坂及び志保の両道	吾妻鏡他

	承久3・6・12	一二二一	藤原忠信・源有雅・藤原範茂・藤原朝俊・藤原秀康・同秀澄・山田重忠・三浦胤義・大江親広・佐々木広綱・河野通信・法印尊長等を水尾崎・勢多・供御瀬（くごのせ）・宇治・真木島・芋洗・淀・広瀬等に遣わして幕府軍を防がせる。幕府軍、近江国野路に宿営する。	近江・山城・摂津	水尾崎・勢多・供御瀬・宇治・真木島・芋洗・淀・広瀬・野路	吾妻鏡他
	承久3・6・13	一二二一	幕府軍、野路を発する。北条時房は勢多に、同泰時は宇治に、武田信光は供御瀬に、毛利季光は芋洗に、三浦義村は淀に向かう。この日、時房勢多を攻め、泰時栗子山に宿営する。部将足利義氏・三浦泰村、密かに宇治に進出し、官軍と戦うも利あらず。泰時これを聞いて宇治に赴く。	近江・山城	勢多・宇治	吾妻鏡他
勢多合戦、宇治川の合戦	承久3・6・14	一二二一	幕府軍、進んで勢多・供御瀬・宇治・芋洗・淀等の上皇軍を破る。上皇軍の藤原朝俊・佐々木惟綱・筑後知尚等宇治に戦死する。	山城・近江	勢多・供御瀬・宇治・芋洗・淀	吾妻鏡他
	承久3・6・15	一二二一	幕府軍、京都に入る。後鳥羽上皇、義時追討の宣旨を撤回し、義時等の官職を復する。山田重忠・三浦胤義自刃する。	山城	京都	承久三年日次記・吾妻鏡他

合戦名	年・月・日	西暦	合戦の概要	国名	地名	出典
	承久3・6・16	一二二一	北条時房・同泰時、六波羅館に駐留する。上皇方の佐々木経高自殺する。	山城	六波羅	吾妻鏡他
	承久3・6・20	一二二一	北陸道の将北条朝時入京する。	山城	京都	吾妻鏡他
	承久3・6・28	一二二一	泰時、伊予国の武士に命じて河野通信を討たせる。次いで、通信を陸奥国に流罪とする。	伊予		吾妻鏡・高野山文書他
	安貞2・4・23	一二二八	興福寺の衆徒、多武峰の僧房を焼く。五月七日、延暦寺の衆徒、近江国の興福寺領荘園を没収する。興福寺衆徒、これを怒って離散する。	大和	多武峰	吾妻鏡・百錬抄他
	天福元・2・20	一二三三	これより先、延暦寺無動寺衆徒、同寺南谷の衆徒と闘争する。この日、院宣を下して、城郭を撤して兵を収めることを命じる。次いで、また闘争する。	近江	延暦寺	明月記・民経記他
	嘉禎2・9・是月	一二三六	興福寺の衆徒が蜂起して城郭を構える。一〇月五日、幕府、大和国に守護を置き、衆徒知行の荘園を没収して地頭を置き、近畿の御家人に命じて奈良の道路を塞ぐ。	大和	興福寺	吾妻鏡・春日社司祐茂日記他
	嘉禎3・8・5	一二三七	四天王寺上座覚順等、寺中に乱入して放火する。渡辺党、これを討って覚順等九三人を討ち取る。	摂津	四天王寺	百錬抄・吾妻鏡他

	寛元元・1・25	一二四三	これより先、高野山奥院並びに同伝法院の僧徒等相戦う。この日、伝法院焼亡の咎により、検校明賢を筑前国に、執行代道範を讃岐国に配流する。	紀伊	高野山	高野山文書他
	寛元2・8・24	一二四四	幕府、熊野山及び伊勢国阿曽山に蜂起した悪党の討伐を御家人に命じる。	紀伊・伊勢	熊野山、阿曽山	吾妻鏡
	寛元4・是年	一二四六	平知宗、阿比留国信を対馬に討ち、これを滅ぼす。次いで、鎮西奉行藤原資能、知宗を対馬地頭職に補す。	対馬	対馬	太宰管内志
宝治合戦	宝治元・6・5	一二四七	鎌倉騒擾するにより、北条時頼、使者を遣し、三浦泰村に和親を誓わせる。安達景盛、これを聞き、息義景等をして泰村を襲わせる。よって、三浦一族と安達一族が戦う。この日、時頼、兵を発して泰村等を討ち、その族党を源頼朝の法華堂に滅ぼす。ついで、時頼、大須賀胤氏等に命じて、七日、千葉秀胤を上総一宮大柳の館に攻めさせて滅ぼす。	相模・上総	鎌倉法華堂・上総一宮	吾妻鏡・葉黄記他
	宝治元・6・8	一二四七	関政泰の郎従が小栗重信と合戦して敗れる。	常陸		吾妻鏡
	宝治2・閏12・是月	一二四八	高野山と伝法院が合戦する。	紀伊	高野山	東寺長者補任

合戦名	年・月・日	西暦	合戦の概要	国名	地名	出典
	文永元・5・2	一二六四	延暦寺僧徒、園城寺が戒壇を建てたことを怒り、園城寺を攻めて放火し、その堂舎を焼いて梵鐘を奪う。	近江	園城寺	外記日記・天台座主記他
	文永元・11・9	一二六四	平景信、僧日蓮を安房国東条に待ち伏せる。天津の工藤吉隆、これを救って戦死する。	安房	東条	日蓮上人註画讃・高祖遺文録他

VI 『吾妻鏡』略年表

年　月　日	事　　項
永暦元・三・一一	源頼朝、父義朝の平治の乱により伊豆へ配流。
治承四・四・九 (一一八〇)	以仁王、源頼政の勧めで平家追討令旨を下す。源行家諸国へ伝える。
二七	以仁王の令旨、伊豆北条館の頼朝に下る。
五・一五	以仁王の謀叛発覚し、頼政の通報により園城寺へ脱出。
二六	以仁王及び頼政一族、奈良へ向かう。 宇治合戦　平知盛・維盛らの官兵、以仁王らと宇治で合戦。頼政父子戦死。以仁王は光明山の鳥居の前で絶命。
六・一九	三善康信の使者、以仁王謀叛の結末と身の危険を頼朝に告げる。
二四	源頼朝、藤九郎盛長を使者とし累代の御家人を招く。
二七	京都番役から下向の三浦義澄・千葉胤頼ら北条館の頼朝と対面。
七・一〇	相模国波多野義常・山内経俊ら、頼朝の召命に従わず暴言を吐く。
八・二	相模国大庭景親、在京の東士を率い下向。
一一	佐々木秀義、定綱を使者とし大庭景親の情報を頼朝に伝える。
一七	山木合戦　佐々木兄弟・加藤景廉ら、堤信遠・目代山木兼隆を討つ。
一九	頼朝、兼隆の親戚史大夫知親の蒲御厨に非法停止の下文を始めて出す。
二〇	頼朝、北条時政以下伊豆・相模の御家人を率い相模国土肥郷へ行く。
二三	石橋山合戦　頼朝、三百騎を率い石橋山に陣を取り、大庭景親ら三千騎、石橋辺に陣を取る。伊

年月日	事項
	東祐親、三百騎を率い頼朝の後山に陣す。頼朝敗れ、杉山に逃れる。
二四	早河合戦　北条宗時、伊東祐親の従者紀六久重に討たれる。
同	由井浦合戦　三浦義澄、畠山重忠の軍と戦う。
二五	波志太山合戦　安田義定の甲斐源氏、平家方の俣野景久を破る。
二六	衣笠合戦　畠山重忠ら三浦義澄の衣笠城を攻め、義澄退去す。
二七	義澄の父、義明討死。義澄は安房へ向かい、海上で北条時政らと逢う。
二八	源頼朝、土肥の真名鶴崎より安房に向かう。
二九	頼朝・土肥実平ら安房の猟島に着き北条時政らと逢う。
九・三	三浦義澄、平家与党長狭常伴を討つ。
七	木曽義仲、平家方小笠原頼直を破る。頼直、越後の城長茂に加わる。
一〇	大田切合戦　甲斐源氏一条忠頼、伊那の菅冠者を討つ。
一三	東胤頼、平家与党の下総目代を討つ。
一四	千葉成胤、平家方千田親政を生捕る。
一七	源頼朝、千葉常胤の従軍三百騎と下総国府で参会。
一九	上総広常、二万騎を率い隅田河辺で頼朝に参上。
二九	平維盛・忠度ら官軍関東へ進発。
三〇	上野国新田義重、頼朝に応ぜず寺尾城に自立。
一〇・四	畠山重忠、武蔵国長井渡で頼朝に参会。
一〇・六	源頼朝、相模国に入る。
一四	甲斐の武田・安田軍、鉢田の辺で駿河目代橘遠茂・長田入道子息らを討つ。
一五	頼朝、鎌倉亭に入る。

年	月・日	事項
	二〇	平維盛軍、富士沼の水鳥の羽音に驚き退却。
	二一	頼朝、千葉常胤・三浦義澄・上総広常らの建議により上洛を中止。
		頼朝、黄瀬河の宿で弟九郎義経と対面。
	二三	頼朝、相模国府で始めて勲功の賞を行う。
	一一・五	佐竹合戦　金砂城落ち、佐竹秀義逃亡。
	一七	和田義盛、侍所別当となる。
	一二・一	平知盛、近江源氏の山本義経兄弟を破る。
	一二	頼朝、鎌倉の新造亭に移り、御家人ら鎌倉に宿館を構える。
	二八	平重衡、南都の東大寺・興福寺を焼払う。
	冬頃	土佐に配流の源希義、蓮池家綱・平田俊遠らに討たれる。
		＊『吾妻鏡』寿永元・九・二五日条。河内祥輔氏の説に従う。
養和元（一一八一）	一・五	熊野山衆徒、志摩国菜切嶋の平家家人伊豆江四郎を襲う。
	二九	肥後の菊池隆直・豊後の緒方惟能、挙兵するも平家方原田種直に敗れる。
	閏二・四	平清盛、家人平盛国の家で薨去。
	一二	伊予の河野通清、平家に叛く。
	三・一〇	墨俣合戦　源行家・義円ら平重衡に大敗し、義円は討たれる。
	六・一三	横田河原合戦　木曽義仲、信濃筑磨河で越後の城長茂を破る。
		＊『吾妻鏡』寿永元・一〇・九日条。『玉葉』養和元・七・一日条に従う。
	七・二〇	鶴岡若宮の上棟。
	八・一三	陸奥の藤原秀衡に源頼朝追討宣旨、越後の城長茂に木曽義仲追討宣旨が下る。
	九・二七	平家方田口成良、伊予の河野通清を破る。
寿永元	三・一五	頼朝、妻政子の安産を願い、鶴岡社の参道を造る。

年月日	事項
(一一八二) 四・五	高雄の文覚上人、頼朝のために江島に弁才天を勧請。
八・一二	北条政子、頼家を出産。
一一・一〇	政子、源頼朝の愛妾亀前居住の藤原広綱の家を牧宗親に命じ、破却させる。
寿永二・二・二三	野木宮合戦　常陸の源義広、足利忠綱を誘い頼朝に反逆し敗れる。
	＊『吾妻鏡』養和元・閏二・二三日条。石井進氏の説に従う。
冬頃	頼朝、上総広常を誅殺。
元暦元・一・一〇 (一一八四)	伊予守源義仲、征夷大将軍を兼ねる。
二〇	源範頼・義経、木曽義仲と合戦。義仲は近江粟津で討死。
二九	源範頼・義経、平氏討伐のため西国へ向け出京。
二・四	平家、一ノ谷で清盛三回忌の仏事を行う。
二・五	三草山合戦　大手大将軍範頼・搦手大将軍義経、摂津に到着。
	平資盛、三草山の西に陣を取るも義経の奇襲により敗北。
七	一ノ谷合戦　義経、三浦義連らを率い鵯越から平家を攻撃。
	平重衡は生捕り。平通盛・忠度・経俊・知章・敦盛・業盛・盛俊らは討死。
二五	頼朝、朝務・平家追討等について後白河法皇に献言。
三・二八	頼朝、捕虜の平重衡に対面。
四・二六	木曽義仲の子義高、入間河原で殺される。
五・四	羽鳥山合戦　波多野盛通・大井実春、源義広を誅殺。
六・七	伊賀平氏、大内惟義を襲う。
二六	頼朝、天野遠景に甲斐源氏一条忠頼を誅殺させる。
七・一九	大内惟義、伊賀平氏平田家継らを撃つ。佐々木秀義は討死。

年	月・日	事項
	八・六	源義経、左衛門少尉・検非違使となる。
	一〇・六	新造の公文所、吉書始を行う。別当は大江広元。
	二〇	問注所を設置する。別当は三善康信。
	一二・七	児島合戦　佐々木盛綱、藤戸を渡り、平行盛を破る。
文治元・ （一一八五）	一・二六	源範頼、臼杵惟隆・緒方惟栄らの船で周防から豊後へ渡る。
	二・一	下河辺行平・渋谷重国、筑前葦屋浦で原田種遠と戦う。
	一八	源義経、摂津渡辺より四国の阿波へ漕ぎ渡る。
		勝浦合戦　義経、田口成良の弟桜庭良遠を破る。
	一九	屋島合戦　義経、屋島の内裏を襲う。平宗盛・安徳天皇ら海上へ脱出。
	二一	志度合戦　讃岐国志度の田口成直、義経に降伏。河野通信、義経に加わる。
	三・二一	周防国在庁船所正利、数十艘の船を義経に献上。
	二四	壇ノ浦合戦　平氏敗北。安徳天皇・二位尼入水。建礼門院・宗盛父子は生捕り、教盛・経盛・資盛・有盛らは入水。
	四・一一	義経、平氏を長門国赤間関海上で討滅の由、頼朝に注進。
	一五	源頼朝の内挙なく拝任の御家人、叱責される。
	二一	梶原景時、頼朝に源義経を讒訴する。
	二六	囚人の平宗盛父子が入洛し、後白河法皇密々に御覧。
	二七	源頼朝を従二位に叙す。
	五・一五	北条時政、囚人平宗盛父子を酒匂駅で迎取るも、源頼朝、義経の鎌倉入りを禁じる。
	二四	義経、腰越状を大江広元に託す。
	六・七	頼朝、平宗盛を簾中から見る。
	二一	義経、平宗盛を近江篠原で斬首。

年月日	事項
六・二三	平重衡、南都で斬首される。
七・九	京都大地震。得長寿院・蓮華王院ら転倒。
八・一六	源氏一族六人、国司に任ず。
三〇	頼朝、父義朝の遺骨を固瀬河の辺で受取る。
九・三	頼朝、父の遺骨を南御堂の地に葬る。
一〇・一一	源義経、頼朝追討の官符を請う。
一七	土佐房昌俊、義経の六条室町亭を襲うも敗北。
一八	義経に頼朝追討宣旨が下る。
二四	南御堂（勝長寿院）供養。
二九	源頼朝、義経・行家を征討のため鎌倉を進発。
一一・六	源義経主従、大物浜で乗船するも疾風のため離散する。
八	頼朝、義経らの京都退去を聞き黄瀬河より鎌倉へ引き返す。
一二	頼朝に義経・行家追討宣旨が下る。
	大江広元、国衙庄園ごとに守護地頭設置を頼朝に建議。
一七	義経の妾静、大和の吉野山中で捕まる。
二九	守護地頭設置の勅許下る。
一二・六	頼朝、九条兼実以下十人を議奏公卿として推挙。
一七	北条時政、平家の子弟を捕え六代・宗実以外は梟首。
文治二・一・二六	頼朝、九条兼実の摂政就任を京都へ申入れる。
二・一	北条時政、群盗十八人を六条河原で斬首。
二六	頼朝の男子誕生。後の貞暁。母は常陸介藤原時長の女。

	三・一	義経の妾静、母磯禅師と共に鎌倉へ着く。
	二	北条時政、七カ国地頭職辞退を許される。
	四・八	静、政子の懇望により鶴岡宮で舞う。
	三〇	頼朝、議奏公卿に善政興行を申入れる。
	五・一二	源行家、和泉国で北条時定・常陸房昌明らに討たれる。
	六・一六	義経与党源有綱、大和国宇多で北条時定と合戦後自殺。
	一八	入道前大納言平頼盛薨去。
	七・七	権門家領等で平家没官領と凶徒隠住の所以外は諸国地頭職の停止を京都に申入れる。
	二四	後白河法皇、平家慰霊の高野山大塔に備後太田庄を寄進。
	八・一五	西行、鶴岡宮に参詣後、源頼朝に歌道・兵法を語る。
	九・二二	糟屋有季、京都で義経家人堀景光を生捕り、佐藤忠信を誅殺。
	一一・一〇	天野遠景、鎮西九国の奉行人となる。
文治三・	三・一〇	梶原景時、夜須行宗讒訴の科で鎌倉中の道路作りを命じられる。
	六・三	厳島神主佐伯景弘、宝剣捜索を命じられる。
	九・四	頼朝、奥州の藤原秀衡・義経の反逆の形勢を朝廷に重ねて申上。
	一九	斎宮群行時、佐々木定綱郎従、延暦寺の所司と闘乱し殺害する。
	二二	宇都宮信房、貴海島追討のため鎮西に下向。
	一〇・二九	藤原秀衡、源義経を大将軍とするよう遺言し死去。
	一一・一三	閑院皇居、修造により遷幸。
文治四・	三・一〇	重源、東大寺復興の勧進を頼朝に依頼。
	四・九	官史生・院庁官、義経追討の宣旨・下文を帯し鎌倉に参着。
	一三	六条殿焼亡、長講堂も被災。

年月日	事項
五・一七	天野遠景・宇都宮信房、貴海島平定を言上。
一〇・一二	源義経召進の宣旨を藤原泰衡に下す。
一二・一一	義経召進の重ねての宣旨・院庁下文、鎌倉に着く。
文治五・二・二二	源頼朝、義経同意の者の解官を朝廷に申入れる。
二四	前大納言平時忠、能登の配所で薨去。六十二歳。
三・九	藤原泰衡の義経追捕の請文、京都へ到着。
一三	頼朝、大内修造及び御家人対捍の請文を出す。
閏四・二一	頼朝、重ねて義経追討宣旨を朝廷に要請。
三〇	藤原泰衡、衣河舘の義経を襲う。義経は妻子を殺し自殺。三十一歳。
六・六	北条時政、奥州合戦のため伊豆に願成就院を建立。
九	鶴岡御塔供養。導師法橋観性。
一三	藤原泰衡の使者高衡、義経の首を腰越に持参。
二五	頼朝、奥州追討の宣旨を重ねて要請。
七・一九	頼朝、奥州合戦のため鎌倉を出発。
八・七	頼朝、阿津賀志山国見駅に到着。
八	阿津賀志山の矢合せで金剛別当秀綱、畠山重忠らに敗れる。
	佐藤庄司一族、石那坂の上に陣をしくも常陸冠者為宗に討たれる。
一〇	阿津賀志山合戦　阿津賀志山の陣大敗により泰衡は奥方へ逃亡、国衡は逃亡途中で大串次郎に討たれる。
一二	頼朝、多賀国府に到着、海道大将軍千葉常胤・八田知家に参会。
一三	北陸道大将軍比企能員・宇佐美実政、出羽に討入り田河行文・秋田致文らを梟首。

	二一	泰衡、逃亡の途中平泉館に放火。
	二五	前民部少輔藤原基成父子、千葉胤頼の降人となる。
	九・三	藤原泰衡、夷狄嶋への途次、贄柵で郎従河田次郎に梟首される。
	九	七月十九日付の泰衡追討宣旨が奥州の頼朝に下る。
	一八	頼朝、泰衡の残党・降人の交名を京都に送達。
	二二	葛西清重、陸奥国の家人奉行となる。
	一〇・二四	頼朝、奥州より鎌倉に帰着。
	一二・九	奥州の二階大堂（大長寿院）を模して永福寺を建立。
建久元（一一九〇）	一・六	藤原泰衡の郎従大河兼任、反逆し由利維平・宇佐美実政を殺す。
	八	兼任の反逆により海道大将軍千葉常胤、山道大将軍比企能員を遣わす。また、奥州に所領ある近国の御家人を下向させる。
	二・一二	兼任、衣河を越え合戦するも敗北、逐電する。
	三・一〇	兼任、逃亡中樵夫に討殺される。
	一五	伊沢家景、陸奥国留守職となる。
	四・一三	一条能保の妻（頼朝の妹）、難産により卒去。四十六歳。
	七・一五	頼朝、勝長寿院で平氏のために万燈会を行なう。
	九・七	故伊東祐親の孫筥王、北条時政のもとで元服。曽我五郎時致と号す。
	二〇	頼朝の京都宿所、故池大納言平頼盛の六波羅亭に決まる。
	一〇・三	頼朝、鎌倉を出発。
	二五	上洛の途次、尾張国野間庄の義朝の廟堂を参拝。
	二九	頼朝、父義朝の寵女大炊の息女に青墓駅で面会。
	一一・七	頼朝、入洛。後白河法皇密々に御覧。

年月日	事項
九	頼朝、後白河法皇・後鳥羽天皇に参候。摂政九条兼実と対面。
	頼朝、権大納言を拝任。
一一	頼朝、六条若宮及び石清水八幡宮を参詣。
一八	頼朝、清水寺に参詣。
一九	頼朝、後白河法皇と面談、数刻に及ぶ。
二三	頼朝、後白河法皇に終日参候。
二四	頼朝、花山院兼雅辞退の右大将に任ず。
一二・三	頼朝、右大将・権大納言の両職を辞任。
二九	頼朝、鎌倉へ帰着。
建久二・一・一五	恩賞時、従来の書式（頼朝下文）を政所下文に改める。
三月下旬	延暦寺衆徒、佐々木庄千僧供養領乃貢催促に佐々木定重と闘争。
	定重、宮仕一人を殺害、日吉社神鏡を破損。
四・二六	延暦寺衆徒、神輿を入洛し、禁裏守護の安田義定の家人を刃傷。
三〇	延暦寺所司、鎌倉に到着し、定綱父子の召渡しを要求。
五・三	頼朝、延暦寺の強訴を非難し朝廷に言上。
二〇	佐々木定重の流罪をやめ近江国辛崎で梟首。
六・二五	一条能保の息女、摂政九条兼実の息良経と婚姻。
一一・二二	鶴岡遷宮の為鎌倉下向の楽人、多好方帰洛。
一二・一七	後白河法皇、法住寺殿へ御移徙。
建久三・二・二四	囚人上総忠光、武蔵国六浦の辺で梟首。

	三・一三	後白河法皇、六条殿で崩御。六十七歳。
	一五	後白河法皇、法住寺法華堂に葬られる。
	一九	幕府、後白河法皇の初七日仏事を営む。
	六・一六	源頼朝の庶子貞暁、仁和寺隆暁に入室。
	七・一二	頼朝、征夷大将軍に任ず。
	二六	征夷大将軍の除書、鎌倉に到着。頼朝、鶴岡宮で三浦義澄に受け取らせる。
	八・五	将軍家政所始。
	九	源実朝誕生。
	一一・二〇	永福寺の造作終り、政子参詣。
	二五	熊谷直実、訴訟の場で髻を切り逐電。
	同	永福寺供養。
建久四・	二・二五	北条時政の腹心北条時定、京都で卒去。四十九歳。
	三・一二	流人佐々木定綱、薩摩より召返される。
	一四	文覚、東大寺修造料として播磨国を知行。
	五・一六	源頼家、富士野狩で鹿を射る。
	二八	巻狩の夜、曽我祐成・時致兄弟、父の敵工藤祐経を討つ。
	六・一八	曽我祐成の妾大磯の虎、箱根山で仏事を修し善光寺へ向かう。
	二二	多気義幹、八田知家の奸謀により所領を収公される。
	八・二	源範頼、叛逆を疑われ頼朝に起請文を出す。
	一七	範頼、伊豆国に流される。
	一一・二七	永福寺薬師堂供養。
	一二・五	安田義定、息子義資の縁坐により浅羽庄地頭職を収公される。

年月日	事項
建久五・二・二	北条義時嫡子童名金剛、十三歳で元服。名字泰時。
四・一〇	梶原景時の奉行で鎌倉中の道路を造る。
二一	六代、京都より鎌倉へ参向。
五・二九	頼朝、諸国守護人に東大寺造立の勧進を命じる。
六・一五	頼朝、六代と対面。
八・一四	一条高能、源頼朝の息女と婚姻の為鎌倉へ下向。
一九	安田義定、反逆発覚により梟首される。
一〇・二五	故鎌田正清の女、勝長寿院で源義朝と亡父の菩提を弔う。
一二・二六	永福寺内新造薬師堂供養。導師、東大寺別当勝賢。
建久六・二・一四	頼朝、妻子と共に東大寺供養の為上洛。
三・四	頼朝、六波羅亭に入る。
九	頼朝、石清水及び左女牛若宮に参詣。
一一	頼朝、東大寺に馬千疋・米一万石・黄金一千両・上絹一千疋を施入。
三・一二	東大寺供養。後鳥羽天皇行幸。
一三	頼朝、大仏殿に参詣。工匠陳和卿、頼朝の招請を固辞。
二九	丹後局、頼朝の六波羅亭に招かれ政子・大姫と対面。
三〇	頼朝参内。関白九条兼実参会。
四・三	頼朝一家、清水寺以下霊地巡礼。
一〇	頼朝参内。関白兼実と対談、深更に及び退出。
一二	吉田経房、六波羅亭に参り談話数刻に及ぶ。
一七	丹後局、六波羅亭に参り政子・大姫と対面。

	五・二〇	頼朝、天王寺へ参詣。
	二二	頼朝参内。関白兼実と都鄙の理政を談ず。
	二三	後白河院の法住寺法華堂に参詣。
	七・八	頼朝、鎌倉に帰着。
	八・一〇	熊谷直実、京より参向。頼朝に欣求浄土・兵法用意・干戈故実等を語る。
	一〇・一一	頼朝、越後より参上の源為義末子護念上人に面会。
	一一・一九	相模国大庭御厨俣野郷の鎌倉権五郎景政由緒の大日堂に田畠を寄進。
建久七～九		佚文。
正治元・（一一九九）	一・一三	源頼朝薨去。
	二〇	源頼家、左中将に任ず。
	二六	頼家、故頼朝の跡をつぎ征夷大将軍に任ず。
	二・六	幕府、政所吉書始。
	三・二	故頼朝の四十九日仏事法要。
	四・一二	諸訴論の事、源頼家の直裁をやめ十三人の合議制に改める。
	六・三〇	頼朝の次女乙姫死去。十四歳。乳母夫中原親能の亀谷堂傍に葬る。
	七・二〇	頼家、安達景盛の妾女を奪う。
	八・一九	政子、景盛を誅さんとする頼家を強く諫める。
	一〇・二七	阿波局、梶原景時の讒訴を結城朝光に告げる。
	二八	御家人六十六人、連署し梶原景時を訴える。
	一二・一八	梶原景時、鎌倉から追放され、家産を破却され一宮に下向。
正治二・	一・一三	頼朝の一周忌を法華堂で行なう。導師栄西。
	二〇	梶原景時一族、上洛の途次駿河国狐崎で討たれる。

年月日	事項
二・五	和田義盛、梶原景時の死没により侍所別当に還補。
七	佐々木広綱・後藤基清、景時の五条坊門宅を追捕する。
閏二・一三	政子、亀谷の地に寿福寺営作始。
三・二九	若狭前司保季、密通により吉田親清に斬殺される。
四・一	北条時政、遠江守、従五位下に叙す。
七・九	佐々木経高、淡路・阿波・土佐の軍勢を集め京都を騒がす。
八・二	佐々木経高、三カ国の守護職を召放される。
九・一四	幕府御使宮城四郎、奥州芝田次郎の舘を攻落とす。
一〇・二二	近江国住人柏原弥三郎に追討の宣旨下る。
一二・二八	頼家、五百町を超える者の所領を無足の近仕に賜わんとするも、三善康信の諫めにより来春に延期。
建仁元・一・二三 (一二〇一)	越後の城長茂、関東追討の宣旨を後鳥羽上皇に請うも許されず、在京武士と戦い逐電。
二・二二	城長茂、吉野の奥で誅殺。
二九	城長茂の余党、城資家・本吉冠者隆衡ら誅殺。
四・二	越後の城資盛の反逆の報、鎌倉に至る。
七	資盛の姨母板額御前生捕りとなり、資盛は敗北。
五・九	柏原弥三郎、佐々木信綱に捜索され誅殺。
六・二九	甲斐の阿佐利義遠、囚人板額御前を申預かる。
九・七	頼家の申請により蹴鞠の師として紀内行景、京都から下向。
建仁二・一・一四	源義重（法名上西）、卒去。

年月日	事項
二九	政子、頼家の蹴鞠を諫める。
二・二九	政子、故義朝の沼浜の旧宅を栄西の寿福寺に移す。
三・八	舞人微妙、奥州流人の父右兵衛尉為成の行方を頼家に愁訴する。
七・二二	頼家、征夷大将軍、従二位に叙す。
八・二三	北条泰時、三浦義村の女と婚姻。
建仁三・五・二五	阿野全成、謀叛により常陸国へ配流。
六・一	頼家、和田胤長に伊東崎の洞穴を調べさせる。
三	頼家、新田忠常に富士山麓の人穴を調べさせる。
二三	八田知家、下野国で阿野全成を誅殺。
七・一六	在京の御家人、東山延年寺で全成の息頼全を殺す。
八・二七	将軍頼家重態のため、関西三十八ヶ国の地頭職を弟千幡（実朝）、関東二十八ヶ国の地頭職及び総守護職を長子一幡に割譲を決定。
九・二	**比企氏の乱**　比企能員を北条時政亭内で謀殺。比企一族、一幡の小御所に立籠もり自殺。一幡は焼死。
四	嶋津忠久、比企能員の縁坐により大隈・薩摩・日向の守護職を収公。
五	頼家、北条時政の謀殺を和田義盛・新田忠常に命じるも、和田義盛は北条時政に通報。御使堀親家は誅殺される。
七	頼家、母政子の計らいにより出家。千幡に征夷大将軍の宣旨下る。
一五	政子、阿波局の進言により実朝を時政亭から迎え取る。
二九	前将軍頼家、伊豆国修禅寺へ下向。
一〇・三	平賀朝雅、京都警固のため上洛。
八	源実朝、元服。十二歳。

年月日	事項
九	将軍家政所始。別当は北条時政・大江広元。
一五	比叡山の堂衆のために葛西重元・豊嶋朝経・佐々木重綱ら官軍三百人討取られる。
一一・六	三浦義村を御使として、伊豆の頼家に文通を禁じる。
七	頼家の近習、中野能成以下を遠流にする。
元久元・二・二〇 (一二〇四)	北条時政、諸庄園の所務等は故頼朝の時の例により処理する事を命じる。
二月頃	伊賀・伊勢の平氏、両国の守護山内経俊を襲う。
四・一〇	平賀朝雅、十二日までの三日間伊勢平氏と合戦し、打破る。
二九	朝雅、伊勢の平盛時を攻め、張本若菜五郎を殺す。
五・八	山海狩猟・塩屋所当・節料焼米等の国司と地頭の得分を決める。
一〇	平賀朝雅、伊勢国守護職になる。
七・一八	源頼家、伊豆修禅寺で薨去。二十三歳。
二四	故頼家の御家人、謀叛を企てるも金窪行親に誅殺される。
二六	源実朝、政道始に安芸国壬生庄地頭職相論を聴断する。
一〇・一四	実朝の妻に坊門前大納言信清の息女を迎えに畠山重保ら上洛。
一五	解脱房貞慶、笠置寺礼堂供養。
一一・二六	京都注文の将門合戦絵巻二十巻、鎌倉へ到来。
一二・一八	政子、南都注文の図絵七観音像を供養。導師栄西。
元久二・四・一二	源実朝、和歌十二首を詠む。
六・二二	畠山重保主従、由比浜の辺で誅殺される。父重忠も武蔵国二俣河で討死。
二三	畠山重忠謀叛を牧ノ方に讒言した稲毛重成は大河戸行元に誅殺される。

年	月・日	事項
	閏七・一九	平賀朝雅将軍擁立の陰謀発覚し、北条時政出家。
	二〇	牧ノ方、伊豆北条へ下向。北条義時執権になる。
	二六	平賀朝雅、在京御家人に誅殺される。
	八・一六	宇都宮頼綱、下野国で出家。法名蓮生。
	九・二	内藤朝親、京都より新古今和歌集を持参。
	一一・四	綾小路師季の息女二歳を政子の猶子とし、曽祖父故稲毛重成の遺領を知行させる。
	一二・二	政子、故頼家の息善哉を鶴岡別当尊暁の門弟とする。
建永元・（一二〇六）	一・一二	源実朝、読書始。書物は御注孝経。
	二・四	実朝、北条義時の山荘で和歌の会を開く。
	一〇・二〇	善哉、政子の仰せにより実朝の猶子となる。
	一二・二三	東重胤、詠歌を献じ実朝から籠居を許される。
承元元・（一二〇七）	一・一四	北条時房、武蔵守に任ず。
	三・二〇	幕府、武蔵国荒野開発を北条時房に命じる。
	六・二四	和泉・紀伊両国守護職を停止し、院の計らいとする。
	二九	陰陽師、左京亮維範を京都より招く。
	九・五	中原親能、白河辺で三日平氏残党柏木家次を生捕る。
承元二・	一・一六	三善康信の文庫焼失。将軍家の文書及び累代文書等悉く灰燼。
	閏四・一五	京都焼亡。
	五・二九	兵衛尉清綱、実朝に相伝の古今和歌集一部を進上。
	九・一四	熊谷直実、東山の草庵で往生。
	二七	朱雀門焼亡。
	一二・一二	鶴岡神宮寺建立。

年月日	事項
一八	中原親能、五条大宮亭で死去。六十六歳。
二〇	政子、熊野詣より還向。
承元三・五・二〇	梶原景時の怨霊を慰めるため、法華堂で仏事。
七・五	実朝、住吉社に和歌二十首を献じ、三十首は藤原定家の批評を仰ぐ。
一一・一四	実朝、北条義時の郎従を侍に准ずる事を許さず。
一二・一九	佐々木信実、故平通盛の硯を実朝に献上。
承元四・五・六	実朝、大江広元の家に渡御し、三代集を贈られる。
一一	勅宣により御家人の内十三流の家から瀧口に参候させる。
七・八	源頼家夫人辻殿、出家。戒師荘厳房行勇。
八・九	実朝、社寺興行を企てる。
九・一三	幕府で和歌会あり。
一〇・一三	諸国の牧興行を守護・地頭に命じる。
一五	実朝、十七ヶ条憲法、法隆寺及び四天王寺の重宝を見る。
一一・二二	実朝、持仏堂で聖徳太子像を供養。
二三	実朝、京都から召下した奥州十二年合戦絵を見る。
建暦元・五・一〇 (一二一一)	実朝、奥州合戦時諸家分配の藤原氏重宝を召出して見る。
七・四	実朝、貞観政要を読み始める。
九・一五	故頼家の若君善哉、出家。法名公暁。
一〇・一三	鴨長明、鎌倉に下向し、実朝に謁す。
一九	永福寺で宋本一切経五千巻を供養。

	一一・二〇	実朝、貞観政要を読了。
	一二・二七	明春、駿河・武蔵・越後等の国々に大田文作成を命じる。
建暦二・	二・一九	京都大番役懈緩を諸国守護に訓令。
	三・一六	御家人に前浜辺を屋地として分賜。
	六・二二	実朝、持仏堂で聖徳太子の精霊会を行なう。
	二四	実朝、和田義盛亭を訪問。和漢将軍影十二鋪を贈られる。
	八・一八	実朝、古物語を聞くため伊賀朝光・和田義盛を北面に置く。
	九・二一	諸国の津料・河手を元の如く地頭の収益とする。
建保元・（一二一三）	二・一	幕府で和歌会を行なう。
	二	芸能の輩十八人を選び、学問所番を置く。
	一五	千葉成胤、叛逆の使者安念を捕える。
	一六	安念の白状により余党を生捕る。泉親衡、故頼家の息子の将軍擁立を企てる。
	二七	謀叛の輩、配流される。
	三・二	首謀者泉親衡、追捕の兵と合戦し逐電。
	八	和田義盛の子、義直・義重与同の罪を許される。
	九	和田義盛一族九十八人、列参するも胤長は許されず面縛。
	一七	和田胤長、陸奥国岩瀬郡に配流。
	二五	和田胤長の屋地を和田義盛に拝領。
	二八	藤原長定、二十巻の絵巻を実朝に献上。
	四・二	和田胤長の旧地、改めて北条義時に与える。
	二〇	実朝の願いにより南都十五大寺で非人施行を命ず。
	二七	将軍の使者として宮内公氏、義盛に謀叛の実否を問う。夕方、使者刑部丞忠季、義盛に自重を促

年月日	事項
	す。
五・二	和田合戦　八田知重、和田義盛の状勢を大江広元に告げ、三浦義村は和田義盛との密約を北条義時に告げる。義盛、一族を率い御所を襲う。朝夷名義秀奮戦。
三	和田義盛父子戦死。朝夷名義秀は安房へ脱出。
四	義盛の与党古郡保忠・横山時兼は甲斐で自殺。
五	美作・淡路の守護職、横山庄以下の所領収公。
	北条義時、侍所別当となる。
六	義時、金窪行親を侍所所司とする。
七	和田義盛討滅の勲功の賞を行なう。
九	和田胤長を配所の陸奥国岩瀬郡鏡沼の南辺で誅殺。
七・七	御所で和歌会あり、北条義時・泰時・東重胤ら参候。
八・六	新造の御所障子絵の風情を京都へ尋ねる。
一七	藤原定家、和歌・文書等を実朝に献上。
九・二六	長沼宗政、故畠山重忠の末子阿闍梨重慶を切り帰参し、実朝の治世を非難する。
一一・一〇	故頼家の若君、政子の計らいで出家。
二三	藤原定家、私本万葉集一部を実朝に献上。
一二・三	和田義盛以下亡卒の仏事を寿福寺で行なう。
建保二・二・四	栄西、実朝に茶及び喫茶養生記を献上。
一〇	坊門忠信、実朝に蹴鞠書一巻を贈る。
四・一五	延暦寺衆徒、園城寺を放火。
七・二七	大倉大慈寺（新御堂）供養。

	八・二九	飛鳥井雅経、後鳥羽上皇の秋十首歌合を実朝に贈る。
	一〇・一五	栄西、大慈寺で舎利会を行なう。
	一一・一三	故頼家の息禅師、一条の旅亭で在京御家人に襲われ自殺。
建保三・	一・　六	北条時政、伊豆国北条郡で死去。七十八歳。
	二・一八	幕府、地頭による諸国関渡の旅人の煩いを停止。
	六・　五	寿福寺の栄西入滅。
	七・　六	坊門忠信、後鳥羽院歌合一巻を実朝に献上。
	一九	幕府、鎌倉中の諸商人の員数を定める。
	一一・二五	実朝の和田義盛群参の夢により、幕府で仏事を行なう。
建保四・	一・二三	大海たちまち道路となる由、江島明神の託宣あり。
	二八	将軍家、持仏堂の運慶作釈迦像を供養。
	三・　五	故頼家の十四歳の姫君、政子の仰せにより実朝の猶子となる。
	一四	坊門信清薨去。
	二二	北条義時の妹三条実宣の妻、死去。
	六・一五	実朝、宋人陳和卿と対面。
	閏六・　一	広元の中原から大江への改姓、勅許される。
	七・二二	実朝、左近中将に任ず。
	九・二〇	大江広元、北条義時の勧めにより実朝の官位昇進を諫める。
	一一・二四	実朝、陳和卿に唐船建造を命じる。
建保五・	四・一七	陳和卿の唐船、由比浦を浮き出でず。
	六・二〇	公暁、政子の指示で園城寺から下向、鶴岡別当となる。
	九・三〇	永福寺、始めて舎利会を行なう。

年月日	事項
一〇・一一	公暁、宿願により今日から鶴岡宮寺に一千日参籠する。
一一・一七	北条義時、大江広元の病により広元の陸奥国守を兼任。
建保六・一・一三	後藤基清、白河辺で平氏余流平正重を梟首。
二・四	政子、熊野参詣のため上洛。
三・六	実朝、左近大将に任ず。安達景盛、出羽介に任ず。
四・一四	北条政子、従三位に叙す。
一五	政子、後鳥羽院の面会を断わり鎌倉へ下向。
六・二七	実朝、任大将拝賀のため鶴岡宮へ参詣。
七・二二	侍所の役人を定める。別当は北条泰時。
九・二一	山門の神輿入洛。在京武士加藤光資、駕輿丁を切る。
一〇・九	実朝、内大臣に任ず。
一三	政子、従二位に叙す。
二七	長谷部信連、能登国大屋庄で死去。
一一・一〇	嵯峨栖霞寺、釈迦堂・阿弥陀堂焼失。
一二・二	北条義時、大倉新御堂の薬師如来供養。
	実朝、右大臣に任ず。
五	鶴岡別当公暁、伊勢大神宮へ奉幣。
承久元・一・二七 (一二一九)	実朝、右大臣拝賀の鶴岡で甥の公暁に殺される。公暁、三浦義村の家人長尾定景に討たれる。
二八	実朝を勝長寿院の傍らに葬る。
二・一一	阿野時元、駿河国安野郡で謀叛。

	一三	政子、後鳥羽院皇子の六条宮・冷泉宮のいずれかを将軍に申請。
	一四	将軍家、政所焼亡。
	二二	阿野時元、一族と共に敗死。
	三・九	後鳥羽院勅使、摂津国長江・倉橋両庄地頭職改補を北条義時に申入れる。
	一五	北条時房、院への勅答及び将軍下向の件の政子の使者として上洛。
	七・一三	大内守護源頼茂、官軍に誅殺される。
	一九	九条道家息三寅、下向し北条義時の大倉亭に入る。
		政子、将軍三寅幼稚のため政治を執る。
	二八	北条重時、小侍所別当になる。
	一二・二七	政子、実朝追福のため勝長寿院の傍らに五仏堂を供養。
承久二・	三・二六	清水寺の本堂焼失。
	四・一三	祇園社焼失。
	一二・一	三寅着袴。
承久三・	一・二五	三善康信宅、火災により重書及び問註記焼失。
	二七	政子、法華堂で実朝追善のため乞食千人に施行、犯科人三十人を厚免。
	四・二〇	順徳天皇、仲恭天皇に譲位。
	五・一五	承久の乱　後鳥羽院、京都守護伊賀光季を誅し、五畿七道に義時追討宣旨を下す。宣旨の使者押松丸鎌倉で捕まる。三浦義村、弟胤義の書状を北条義時に示す。政子、御家人の忠節を教訓。
	二二	北条泰時ら幕府軍、東海・東山・北陸三道より上洛。
	二九	北陸道軍佐々木信実、越後加地庄願文山で京方酒匂家賢を破る。
	六・五	東山道軍武田信光、大井戸を渡り、京方大将軍大内惟信を破る。
	六	東海道軍北条時氏、摩免戸を渡り、官軍山田重忠を破る。

年月日	事項
	幕府軍、株河・洲俣・市脇等の要害を落とす。
八	後鳥羽・土御門・順徳三院は、比叡山へ遷幸。
一四	幕府軍、宇治・勢田の官軍を破る。
一六	北条時房・泰時、六波羅館へ移住。
二三	泰時の合戦無為の飛脚、鎌倉に到着。大江広元、罪名以下洛中の事を計る。
七・九	仲恭天皇退位。後堀河天皇践祚。
一三	後鳥羽院、隠岐へ配流。
二〇	順徳院、佐渡へ配流。
二四	六条宮、但馬へ配流。
二五	冷泉宮、備前国児島へ配流。
二六	幕府、勲功賞及び畿内西国守護を議定。
八・七	政子、京方没収所領三千ヶ所を勲功の者に与える。
九	三善康信死去。八十二歳。
一〇・六	謀叛の張本、藤原秀康・秀澄を河内国で捕える。
閏一〇・一〇	土御門院、土佐国へ遷幸。
貞応元・三・三	北条時房、伊勢国守護職及び同国十六ヶ所を賜う。
(一二二二) 四・二六	承久の乱以後の守護・地頭の所務を定める。
一〇・一五	政子、本尊釈迦如来像を供養。
二六	政子、西園寺公経の昇進を京都へ執り成す。
貞応二・一・二三	政子、新補の守護・地頭の所務非違を畿内西国の在庁に注進させる。

	四・八	承久の乱の合戦の賞を重ねて行なう。
	五・一四	後高倉院崩御。四十五歳。
	六・一五	新補地頭得分、十町別免田一町・段別加徴米五升を宣下。
	二〇	富士浅間宮造替遷宮。
	七・二六	政子、新造の御堂御所へ移徙。
	八・三	所領訴訟につき武士の寄沙汰を禁ず。
	二〇	政子、新御堂供養。
	一〇・一三	三寅近仕の近習番を定める。
元仁元・（一二二四）	二・二九	幕府で、去年冬の越後寺泊漂着の高麗人の武具を見る。
	四・二七	九条道家、三寅に手本・硯を贈る。
	二八	三寅、手習始の儀を行なう。
	六・六	祈雨のため始めて七瀬の祓いを行なう。
	一三	北条義時死去。六十二歳。
	六・二六	北条泰時、京都より下着し由比辺に宿る。北条時房も下着。
	二八	政子、時房・泰時に軍営の後見として武家の事を執行するよう命じる。
	二九	北条時房息時盛・泰時息時氏、洛中警衛のため上洛。
	七・一七	政子、三浦義村に伊賀光宗兄弟陰謀加担の実否を詰問。
	閏七・一	政子、泰時亭に三寅を伴い三浦義村を招く。
	三	一条実雅を京都へ追放。義時の後室及び伊賀光宗を流罪とする。
	二九	伊賀光宗の政所執事を止め、五十二ヶ所の所領を召放す。
		尾藤景綱、泰時の家令となる。
	八・二八	北条泰時、政所吉書始。家務条々を定める。

年月日	事項
二九	政子、故義時の妻伊賀氏を伊豆国北条に籠居させ、伊賀光宗を信濃へ配流。
九・五	泰時、故義時の遺領を兄弟に分配。
一〇・二九	一条実雅、越前国へ配流。
一二・二	泰時、執権として毎朝、明法道の目安を見る。
嘉禄元・五・二二（一二二五）	政子、鶴岡八幡宮で心経・尊勝陀羅尼各一千巻書写供養。
六・一〇	大江広元死去。七十八歳。
七・一一	北条政子薨去。六十九歳。
八・二七	故政子の仏事を孫女竹御所が執行。
一〇・三	大倉御所を宇都宮辻子又は若宮大路への移転を議す。
一二・二〇	三寅、新造宇都宮御所へ移徙。
二一	執権泰時、連署時房、評定衆中原師員・三浦義村・二階堂行村ら御所で評議始。大番役として遠江国以下十五ヶ国御家人を分限に応じて門々を警固させる。
二九	八歳の三寅元服。名字頼経。
嘉禄二・一・二六	田地領所を双六の賭物とする事等を禁ず。
二七	藤原（九条）頼経に将軍宣下、任右近衛少将・正五位下に叙す。
四・一〇	河越重員を武蔵国留守所総検校職に補す。
二七	忍寂房、白河関袋辻で若宮禅師公暁と号し謀叛を起こし誅殺。
八・一	准布に代え銅銭を用いるべきを定める。
一一・八	陸奥国平泉の圓隆寺（毛越寺）焼亡。
一二・二九	伊豆国走湯権現の宝殿並びに廻廊焼亡。

年月日	事項
安貞元・二・一五（一二二七）	北条泰時、持仏堂で涅槃会を行なう。
三・九	後鳥羽院三宮と称する者を波多野経朝、前浜辺で生捕る。
閏三・一七	諸国守護・地頭に市津料停止を命じる。
五・一四	高麗国の牒状、鎌倉に到着。
六・七	承久の乱の張本尊長法印捕われ自殺、翌日死去。
一四	和田朝盛生捕られる。
一八	執権泰時の二男時実、家人高橋二郎に殺される。
三〇	伊勢国の悪党丹生右馬允逃亡。
九・二二	佐々木信綱、承久の乱での宇治川渡河の勲功の賞を賜る。
一一・四	御所の女房阿波局死去。
安貞二・四・一七	南都の衆徒、多武峯を襲い合戦。
二九	一条実雅、配流地越前国で死去。三十歳。
七・二三	頼経、三浦義村の田村山荘に遊ぶ。
一〇・一七	箱根神社焼亡。
寛喜元・二・二〇（一二二九）	竹御所と泰時の妻、来迎講のため三崎津に行く。
九・九	泰時、多好方の元へ和琴・神楽の秘曲習得のため武士を遣わす。
一〇・二六	頼経、蹴鞠を見るため永福寺へ渡御。
一二・二七	泰時亭で将軍の二所神拝を評議する。
寛喜二・一・二六	泰時の公文所で武蔵国太田庄の荒野開発を評議。
閏一・二六	院宣により御家人十家の子息を瀧口に進める。
三・二	小侍所別当北条重時の後任に北条実泰が就任。

年月日	事項
六・一八	泰時の長男時氏死去。二十八歳。
八・一二	園城寺衆徒の争いで、園城寺北院・中院・南院の三院焼失。
一〇・一六	泰時の御願寺北条御堂上棟。
一二・九	藤原頼経十三歳と竹御所二十八歳の嫁娶の儀あり。密儀。
二五	故実朝十三年の追善として勝長寿院新造御塔供養。将軍夫妻出席。
寛喜三・一・二九	関東祇候の諸人の過差停止を定める。
二・二二	故頼朝の子、仁和寺法印貞暁入滅。四十六歳。
三・一九	泰時、飢饉の為伊豆・駿河両国に出挙米を施す。
四・一八	風雨水旱のため、諸国国分寺で最勝王経を転読するよう宣旨下る。
二一	承久の乱以後の新補地頭の所務について五ヶ条の率法を定める。
五・一三	諸国守護人の任務及び窃盗・謀叛の刑罰を定める。
六・六	地頭らが難破船を寄船と称し押取る事を禁じる。
一〇・一一	土御門院、阿波国で崩御。三十七歳。
一二	安嘉門院御所並びに神泉苑修理を評議。
二五	連署北条時房の公文所・源頼朝及び北条義時の法華堂焼亡。
貞永元・一・四	藤原頼経、後鳥羽院の朝覲行幸絵を見る。
(一二三二) 三・九	泰時、飢饉のため伊豆国仁科庄土民に出挙米を下す。
四・四	京都大番役、他国居住の地頭は代官を出すよう守護人に命ず。
七	新補地頭の所務七ヶ条を定める。
五・一四	泰時、御成敗式目制定作業を始める。

	七・一〇	評定衆十一人、政道無私の連署起請文を出す。
	一二	往阿弥陀仏、和賀江島築造を申請。
	八・一〇	泰時、御成敗式目五十一ヶ条を制定。
	九・一一	畿内近国及び西国の境相論、公領は国司、庄園は領家の裁決とする。
	一一	泰時、御成敗式目を六波羅探題へ送る。
	閏九・一八	将軍頼経、法勝寺九重塔修理を助成。
	一〇・四	後堀河天皇譲位。二歳の四条天皇即位。
	一一・一三	泰時、美濃国株河駅で貧民に施行。
	二三	藤原清衡建立の平泉吉祥寺焼亡。
	二九	六波羅に成敗法十六ヶ条下される。
	一二・五	泰時、散迭の重書・聞書・記録・式目・注文等の文書を集め目録を整える。
天福元・（一二三三）	三・七	下河辺行秀、熊野那智浦より補陀落渡海す。
	四・一六	出挙米の利稲を定め諸国に下知する。
	五・二九	近衛基通薨去。七十四歳。
	九・一八	将軍頼経の姉藻璧門院、産褥で崩御。二十五歳。
	一〇・一一	藤原定家出家。法名明静。
	一二・二九	北条実泰の息実時、泰時亭で元服。
文暦元・（一二三四）	二・一四	北野聖廟焼失。
	三・五	泰時の孫経時、御所で元服。
	六・三〇	北条実時、父実泰の替として小侍所別当となる。
	七・六	泰時、家司奉行人十七人から起請文を召す。
	二七	竹御所、難産により死去。三十二歳。

年月日	事項
八・二一	泰時の家令、尾藤景綱所労により平盛綱に替わる。
一二・二一	将軍頼経、正三位に叙す。
嘉禎元・(一二三五)　一・二七	鎌倉中の僧徒の兵仗を禁ずる。
二・二八	頼経の兄、前摂政九条教実薨去。
六・二一	明王院（五大尊堂）供養。
閏六・二八	審判のため、起請の過失の編目を定める。
七・　二	所職所帯並びに境相論の刑罰を定める。
二三	京都刃傷殺害人・犯過断罪・大番らの罪科を定める。
八・一八	舞人多好氏帰洛。
一一・一九	頼経、従二位に叙す。
嘉禎二・　二・一四	多好節、和琴大笛を泰時に進上。
二二	小鹿島公業相伝の伊予国宇和郡、西園寺公経の家領となる。
三・　四	泰時、従四位下に叙す。
二〇	幕府並びに持仏堂を若宮大路の東に新造する事を決める。
四・　二	若宮大路御所造営木作始。
六・　五	泰時、亡父義時の十三回忌を伊豆北条で行なう。
七・二四	大番以下警固役は一門の家督に従うよう定める。
八・　四	将軍頼経、新造若宮大路御所へ移徙。
一〇・　五	南都の騒動を鎮めるため、大和に地頭を補す。
六	大和国守護職の下文を六波羅に遣わす。

年	月日	事項
	一一・一七	南都衆徒、城郭を破り退散。
	一一・一四	南都落居により大和国守護地頭職を停止し、寺家に返付。
嘉禎三・	四・二二	泰時の孫（故時氏の二男）、将軍頼経の御前で元服。名字時頼。
	六・一	三浦の矢部禅尼、和泉国吉井郷を安堵される。
	二三	大慈寺新御堂供養。
	七・一一	故政子の十三回忌追善。
	一九	海野幸氏、弓馬の故実を語る。
	一〇・一六	信濃国善光寺の五重塔供養。
暦仁元・（一二三八）	一・二八	将軍藤原頼経上洛。
	二・二三	頼経参内、権中納言兼右衛門督に任ず。
	二六	頼経、検非違使別当に補す。
	二九	頼経、検非違使庁始。検非違使二十六人、頼経に面拝。
	閏二・一六	鞍馬寺焼亡。
	三・七	頼経、権大納言に任じ、右衛門督と検非違使別当を去る。
	二三	相模国深沢の大仏堂事始。
	一八	頼経、権大納言を辞退。
	五・二〇	御家人笠間時朝・結城朝村、二条良実の御簡衆となる。
	六・一九	洛中警衛のため辻々に篝を懸ける事を定める。
	七・一一	泰時、故政子への一切経五千巻を園城寺に納める。
	八・二	頼経、春日社で一切経供養。
	九・九	本地頭と新補地頭の率法の混用を停止する。
	一一	山城国中の庄園郷保の悪党禁遏を命じる。

年月日	事項
一〇・一二	畿内西国の強窃博奕刃傷殺害人を神社仏寺権門領主に触れず召取る事を守護人らに命じる。
一二・一八	毎月の六斎日には漁師を除き殺生禁断とする。
延応元・一・一一 (一二三九)	白河以東下向の者を除き銭貨の流通を禁じ、納付の絹布の麁悪を止め元のように弁済を命ず。
二・一四	武蔵国小机郷鳥山等の荒野開発を佐々木泰綱に命ず。
二・二二	後鳥羽院、隠岐で崩御。六十歳。
四・一三	僧徒の兵仗禁制等六ヶ条を六波羅に命じる。
一四	官位の濫望等の制符を定める。
五・一	人身売買停止を命ず。
二六	泰時、故政子追善のため、六斎日に僧徒入浴の温室を法華堂の傍らに建てる。
七・一五	泰時、信濃国小泉庄室賀郷内水田を善光寺へ寄進。
九・一一	諸国の地頭が山僧・借上を代官とするのを停止する。
一一・二一	頼経の室二棟御方、若君を平産。
仁治元・一・二四 (一二四〇)	連署北条時房死去。六十六歳。
二・二	鎌倉中に保奉行人を定め盗人・押買等を停止する。
六	幕府政所並びに御倉焼亡。
四・一	関東御家人並びに鎌倉祗候の人々に過差停止の新制を下す。
二五	幕府、評定時の退座規程を定める。
五・一	人身売買を停止。
二五	御家人所領の公家への譲与、凡下・非御家人への売買、山僧の代官を停止する。
六・一一	泰時亭で臨時評議。新補地頭の得分・篝屋用途・山僧代官等三ヶ条を定める。

	一〇・一〇	泰時亭で山内道路造作を評議。
	一一・二一	鎌倉警固のため辻々に篝を焼く事を定める。
	三〇	鎌倉と六浦津の間に道路造作を議定。
	一二・一六	地頭の所務以下五ヶ条を定める。
仁治二・	四・三	大地震。由比浦の大鳥居内拝殿流出。
	五	六浦道、造り始める。
	二五	博奕の賭物とされた田地は収公とする。
	六・一八	西国諸社神人・権門寄人らの寄沙汰を停止する。
	八・二五	大倉の北斗堂供養。
	九・一三	御所で柿本人麻呂の影供を行なう。
	一〇・九	大流星、天を渡る。
	二二	武蔵野の水田開発を議定。
仁治三		佚文。
寛元元・(一二四三)	二・二	大倉薬師堂焼亡。
	二六	諸人訴訟裁許の日と結番を定める。
	六・一六	鎌倉深沢の八丈の阿弥陀像供養。
	七・一七	将軍家供奉人及び結番を定める。
	一一・一〇	在京御家人の大番役免除の例を定める。
	二六	摂津国渡部の海賊人の罪名を評定。
寛元二・	二・一六	奴婢養子・寛喜の飢饉養助・人身売買等を制定。
	四・一〇	北条義時の孫富士姫、有栖川国通の猶子となり上洛。

年月日	事項
二一	将軍家若君、六歳で元服。名字頼嗣。
二八	頼嗣に征夷大将軍の宣旨が下る。
七・二六	後嵯峨天皇、閑院内裏に遷幸。
八・二五	前将軍頼経の閑院修造の功により頼嗣を正五位下に叙す。
二九	西園寺公経薨去。七十四歳。
一二・八	将軍頼嗣の弟乙若君、着袴。
二六	幕府政所焼亡。
寛元三・一・九	西国の神人の寄沙汰を停止。
二一	頼経、父祖代々の奉公の次第を注進するよう広出居衆へ命ず。
二・一六	西国の守護奉行、鎮西では式目によらず故頼朝の時の例により執行する事を六波羅へ命じる。
四・二二	鎌倉中保々奉行人へ五ヶ条の禁制を通達。
七・五	前将軍頼経、久遠寿量院で出家。
二六	将軍頼嗣七歳、執権経時の妹檜皮姫十六歳を御台所とする。
一一・一一	頼経、平将門合戦状絵巻を見る。
一九	由比浜の大鳥居を建立。
一二・一七	悪党を隠し置く者の所領収公を諸国守護人へ命じる。
寛元四・一・一〇	頼嗣、始めて甲冑を着す。
三・一四	信濃国善光寺供養。
二三	執権経時亭で深秘の沙汰あり。その後、執権を弟時頼に譲る。
二五	時頼、執権相続を将軍頼嗣、前将軍頼経へ賀申す。

年	月日	事項
	閏四・一	前執権経時死去。二十三歳。法名安楽。
	五・二四	**名越光時の乱発覚。**
	二五	名越光時出家。藤原定員出家。
	六・七	評定衆後藤基綱・狩野為佐・千葉秀胤・三善康持らを除く。
	一〇	執権時頼亭で深秘の沙汰あり。
	一三	名越光時、伊豆国江間宅へ配流。千葉秀胤は上総国へ追放。
	七・一一	前将軍藤原頼経帰洛。
	一二・一七	悪党及び四一半打を所領内に籠置く者の所職を改易する。
宝治元・（一二四七）	三・二八	将軍家、不動並びに慈恵大師像一萬体摺写供養。
	四・二五	後鳥羽院御霊を鶴岡の山麓に勧請。
	五・六	三浦泰村の次男駒石丸、執権時頼の養子となる。
	五・一三	将軍頼嗣夫人（執権時頼の妹）遷化。十八歳。
		時頼、軽服のため三浦泰村の館に渡る。
	二一	三浦泰村誅罰のため謹慎すべき旨の札が鶴岡宮の鳥居の前に立つ。
	六・一	時頼、佐々木氏信を使いとし三浦泰村の様子を窺わす。
	五	**宝治合戦**　時頼、三浦泰村の元へ万年馬入道・平盛綱を遣わし和平を計る。安達泰盛一族、三浦泰村を襲う。北条実時は幕府を守り、北条時定大将軍として三浦泰村を攻める。三浦一族五百人、故頼朝の法華堂で自殺。
	七	千葉秀胤父子、上総一宮大柳館を攻められ自殺。
	二六	内々、寄合の事あり。
	一一・二七	畿内諸国の守護地頭、過分の所当を責取る事を禁ず。
	一二・一二	訴訟人の座籍を定める。

年月日	事項
二九	京都大番勤仕の結番を決め、期間を三ヶ月に限る。
宝治二・一・七	評定衆、老若の着座を定める。
三・一一	一芸に堪える者を幕府の近習とする。
五・一八	安達景盛（法名覚智）、高野山で死去。
一一・一三	時頼、蹴鞠の難波宗教の弟子となる。
二九	宝治合戦勲功の地頭の新儀非法の停止を命ず。
建長元（一二四九）	佚文。
建長二・二・二三	幕府、鶴岡別当隆弁の申請により園城寺を助成。
二六	執権時頼、将軍頼嗣に文武の稽古を諫申す。
三・五	寄沙汰及び大和国の悪党を停止する。
一六	鎌倉中の無益の輩を田舎に追放し、農作に従わせる。
四・二〇	凡卑の太刀及び諸人夜行の弓箭の所持を停止する。
二九	雑人訴訟、諸国は地頭、鎌倉中は地主の挙状により直訴すべきを定める。
五・二〇	頼嗣、帝範の談議あり。清原教隆祗候。
二七	時頼、貞観政要一部を蒔絵の箱に納め頼嗣に進上。
一二・二七	御所近習の者、六番に分け選び定める。
建長三・一・四	結城朝広、塔辻焼亡により先祖相伝の地券文書等を焼失。
二・六	時頼、二条良実に書を送る。
五・一五	執権時頼の嫡子時宗が誕生。
六・二七	造閑院内裏賞として将軍頼嗣を従三位、執権時頼を正五位下に叙す。

年	月日	事項
	八・六	勝長寿院小御堂に修理を加える。
	一〇・八	時頼、新造の小町亭に移徙。
	一一・一四	将軍頼嗣の祖母（九条道家の妻）死去。六十一歳。
	一二・三	鎌倉中の賈買所を七ヶ所定める。
	七	足利泰氏の自由出家の罪により、所領下総国埴生庄を北条実時に賜う。
	二六	佐々木氏信・武藤景頼、謀叛人了行法師を捕える。
建長四・	二・二〇	二階堂行方・武藤景頼の両使上洛。将軍頼嗣の後任に後鳥羽上皇皇子を申請。
	二一	九条道家薨去。
	三・一九	宗尊親王、鎌倉へ下向。
	二一	将軍頼嗣、幕府を退出し北条時盛の佐介亭に入る。若君は母の亀谷亭に入る。
	四・一	宗尊親王、執権時頼亭に入る。宗尊親王に征夷大将軍の宣旨が下る。
	三	御格子番六番の番衆を定め、上下に分け参勤させる。
	一四	将軍宗尊親王、政所始。
	七・四	安達義景の妻が女子を平産。堀内殿（後、北条時宗の妻）。
	九・三〇	鎌倉中の保奉行人に沽酒禁制を命ず。
	一〇・一四	牛馬盗人・人勾引・放火・殺害刃傷人等八ヶ条の禁制を定める。
	一一・一二	御簡衆、六番を定める。
	一三	御家人奉公は毎日点検し、勤務について賞罰を行なう事を命ず。
建長五・	一・二八	時頼の妻男子平産。幼名福寿（後、宗政）。
	四・二六	信濃国善光寺修造供養。檀那は北条重時。
	六・三	安達義景（法名願智）死去。四十四歳。
	九・一六	関東御家人並びに鎌倉居住の人々の過差停止等新制十三ヶ条を加える。

年月日	事項
一〇・一	奴婢・雑人の法を定める。
一一	炭・薪・藁等の法定価格及び和賀江津の材木の規格を定める。
一一・二五	建長寺供養。導師は宋僧蘭渓道隆。
二九	諏訪蓮仏、山内に故泰時追福の堂を供養。
建長六・一・一〇	鎌倉焼亡。人家数百宇焼き、焼死者数十人。
二・二四	結城朝光（法名日阿）死去。八十七歳。
三・七	時頼、鶴岡宮寺で大般若経を供養。
四・一八	時頼の子息延命のため、相模国大庭御厨内に聖福寺を上棟。
二九	西国の庄公地頭の所務、本地頭・新地頭の濫吹を停止。
	唐船の員数を五艘と定める。
六・一五	青船御塔で北条泰時の十三回忌供養。
一〇・一〇	政所下部・侍所小舎人ら、鎌倉中の騎馬を停止。押買等を停止。
一二・一八	御所で光源氏物語の談議あり。源親行祇候。
建長七	佚文。
康元元・三・一一（一二五六）	連署北条重時、辞職し出家。
三・三〇	北条政村、重時の後任の連署となる。
四・二七	北条時茂、北条長時の後任の六波羅探題北方となり入洛。
二九	引付頭人、一番朝直・二番時章・三番実時を定める。
六・二	奥・大道夜討強盗蜂起の為、路次の地頭に警固を命ず。
七・一七	宗尊親王、山内の最明寺へ参詣。

	八・一一	時頼の息宝寿丸元服。名字時利（後の時輔）。
		四代将軍藤原頼経薨去。
	九・二四	五代将軍藤原頼嗣薨去。
	一一・二二	執権時頼、嫡子時宗成人までの代理として北条長時に執権を譲る。
	二三	時頼、最明寺で出家。法名覚了房道崇。三十歳。
	二八	後藤基綱死去。七十六歳。
	一二・一一	勝長寿院弥勒堂・五仏堂塔焼失。
正嘉元・（一二五七）	一・二五	伊賀光宗（法名光西）死去。八十歳。
	二・二六	時頼の若君正寿七歳、御所で元服。名字時宗。
	閏三・二	引付五番の員数及び担当日を定める。
	一〇・一	大慈寺供養。
	一一・二二	若宮大路焼失。
	二三	北条実時の息、前執権時頼亭で元服。名字時方（後の顕時）。
	一二・二四	廂衆六番・伺見参六番を定める。
	二九	御格子番、六番を定める。
正嘉二・	一・一七	安達泰盛の甘縄宅より失火。寿福寺を焼亡。
	二・一三	時頼、兄経時の十三回忌追福を最明寺で行なう。
	四・二五	北条時利（時輔）十一歳、小山長村の女と婚姻。
	六・四	勝長寿院供養。
	一一	宗尊親王、時頼の山内最明寺亭へ入御。
	八・二〇	陸奥・出羽両国の夜討強盗蜂起を鎮めるよう通達。
	二一	諸国悪党蜂起を禁圧するよう諸国守護人へ通達。

年	月　日	事　　項
	一〇・一二	故泰時執権時の裁許、源氏三代及び二位政子に准じ改定無き事を命ず。
正元元（一二五九）		佚文。
文応元・（一二六〇）	一・二〇	歌道以下一芸に堪える壮士を昼番衆に加える。
	二・　五	故関白近衛兼経の息女二十歳、時頼の猶子となる。
	二〇	廂御所の結番を書き改める。
	三・二一	将軍宗尊親王、故関白近衛兼経の息女と婚姻。
	二七	将軍家、露顕の儀あり。
	五・一〇	松下禅尼、父安達景盛の十三回忌の追福を行なう。
	六・一二	諸国疾疫退治のため、寺社に大般若経転読を命じる。
	一二・二一	当世の歌仙藤原光俊、京都より下向。
	二五	御家人による百姓への大番役負担を制限する。
弘長元・（一二六一）	二・二〇	修理替物用途並び垸飯役の百姓所課を停止し、地頭得分からとする。
	二五	海道の駅馬並び京下の御物送夫の禁制を定める。
	二九	仏神事興行・過差停止等厳制数ヶ条を定める。
	三・二〇	評定衆・引付衆起請する。引付衆五番の結番を改める。
	四・二三	北条時宗十一歳、安達義景の女堀内殿と婚姻。
	五・　五	御所で和歌会あり。
	六・二二	諏訪盛重・平盛時、亀谷石切谷辺で三浦氏残党律師良賢を生捕る。
	九・　四	熱田大宮司散位季範曾孫、法印権大僧都審範入滅。七十三歳。
	一一・　三	北条重時、極楽寺別荘で死去。六十四歳。

年月日	事項
弘長二	佚文。
弘長三・一・一〇	鞠奉行を旬日ごとに定める。
二・八	連署北条政村の常盤亭で一日千首の和歌会あり。
三・一七	北条時頼、信濃国深田郷を善光寺に寄付。
六・二六	御所で帝範の談議あり。藤原茂範・清原教隆ら祇候。
七・五	宗尊親王、合点のため三百六十首の和歌を冷泉為家に遣わす。
二三	宗尊親王、合点のため五百首の和歌を冷泉為家に遣わす。
二九	宗尊親王、自撰の和歌集を初心愚草と号す。
八・六	広御所で臣軌の読合せあり。
二七	鎮西の乃貢運送船六十一艘、伊豆の海で漂流。
九・一〇	切銭を用いる事を停止する。
一〇・二八	冷泉為家、宗尊親王の五百首の和歌に加点し返上。
一一・二二	北条時頼（法名道崇）、最明寺北亭で死去。三十七歳。
文永元（一二六四）	佚文。
文永二・三・五	鎌倉中散在の町屋を禁じ大町以下七ヶ所を許す。
六・一一	評定衆・引付衆の人員を増やす。
九・二一	宗尊親王に姫宮誕生。
一〇・一八	藤原範忠、勅撰集の件で京都より下向。
文永三・三・六	評定衆三番の結番の日を定める。
二八	諸国守護人へ鷹狩禁制を通達。
六・二〇	執権北条政村亭で深秘の沙汰。松殿僧正良基、御所を退出し逐電。

年月日	事項
二三	宗尊親王御息所及び姫宮は山内殿、惟康親王は執権政村亭へ入る。
七・四	将軍宗尊親王、北条時盛の佐介亭から女房輿に乗り帰洛。
二〇	前将軍宗尊親王、入洛し六波羅探題北方北条時茂亭に着く。

付録

鎌倉幕府将軍一覧

代数	氏名	父	母	在職	死没
1	源　頼朝	源　義朝	熱田大宮司季範女	建久三(一一九二)・七・一二―正治元(一一九九)・正・一三	正治元(一一九九)
2	源　頼家	源　頼朝	北条時政女政子	建仁二(一二〇二)・七・一三―建仁三(一二〇三)・九・七	元久元(一二〇四)
3	源　実朝	源　頼朝	北条時政女政子	建仁三(一二〇三)・九・七―承久元(一二一九)・正・二七	承久元(一二一九)
4	藤原頼経	九条道家	西園寺公経女倫子	嘉禄二(一二二六)・正・二七―寛元二(一二四四)・四・二八	康元元(一二五六)
5	藤原頼嗣	藤原頼経	藤原親能女近子	寛元二(一二四四)・四・二八―建長四(一二五二)・三・二一	康元元(一二五六)
6	宗尊親王	後嵯峨天皇	平棟基女棟子	建長四(一二五二)・四・一―文永三(一二六六)・七・四	文永一一(一二七四)
7	惟康親王	宗尊親王	近衛兼経女宰子	文永三(一二六六)・七・二四―正応二(一二八九)・九・一四	嘉暦元(一三二六)
8	久明親王	後深草天皇	三条公親女房子	正応二(一二八九)・一〇・九―延慶元(一三〇八)・八・四	嘉暦三(一三二八)
9	守邦親王	久明親王	惟康親王女	延慶元(一三〇八)・八・二七―元弘三(一三三三)・五・二二	元弘三(一三三三)

源頼朝 1 ＝ 女（一条能保）
源頼朝 1 ― 頼家 2、実朝 3
一条能保 ＝ 女 ― 女（西園寺公経）
西園寺公経 ＝ 女 ― 女（九条道家）
九条道家 ＝ 女 ― 頼経 4 ― 頼嗣 5

後嵯峨 ― 宗尊 6、後深草
宗尊 6 ― 惟康 7
後深草 ― 久明 8、伏見
久明 8 ― 守邦 9

鎌倉幕府執権一覧

代数	氏名	官途	父	在職	死没
1	北条時政	遠江守	北条時方	建仁三(一二〇三)・九—元久二(一二〇五)閏七・一九	健保三(一二一五)
2	北条義時	相模守　右京権大夫　陸奥守	北条時政	元久二(一二〇五)・閏七・二〇—元仁元(一二二四)・六・一三	元仁元(一二二四)
3	北条泰時	武蔵守　左京権大夫	北条義時	元仁元(一二二四)・六・二八—仁治三(一二四二)・六・一五	仁治三(一二四二)
4	北条経時	左近将監　武蔵守	北条時氏	仁治三(一二四二)・六・一五—寛元四(一二四六)・三・二三	寛元四(一二四六)
5	北条時頼	左近将監　相模守	北条時氏	寛元四(一二四六)・三・二三—康元元(一二五六)・一一・二二	弘長三(一二六三)
6	北条長時	武蔵守	北条重時	康元元(一二五六)・一一・二二—文永元(一二六四)・八・一一	文永元(一二六四)
7	北条政村	相模守　左京権大夫	北条義時	文永元(一二六四)・八・一一—文永五(一二六八)・三・五	文永一〇(一二七三)
8	北条時宗	左馬権頭　相模守	北条時頼	文永五(一二六八)・三・五—弘安七(一二八四)・四・四	弘安七(一二八四)
9	北条貞時	左馬権頭　相模守	北条時宗	弘安七(一二八四)・七・七—正安三(一三〇一)・八・二二	応長元(一三一一)
10	北条師時	左馬権頭　相模守	北条宗政	正安三(一三〇一)・八・二二—応長元(一三一一)・九・二二	応長元(一三一一)
11	北条(大仏)宗宣	陸奥守	北条宣時	応長元(一三一一)・一〇・三—正和元(一三一二)・五・二九	正和元(一三一二)
12	北条熙時	相模守	北条為時	正和元(一三一二)・六・二—正和四(一三一五)・七・一二	正和四(一三一五)
13	北条基時	讃岐守　相模守	北条時兼	正和四(一三一五)・七・一二—正和四(一三一五)・一一・二〇	正和四(一三一五)
14	北条高時	左馬権頭　相模守	北条貞時	正和四(一三一五)・七・一二—嘉暦元(一三二六)・三・一三	元弘三(一三三三)
15	北条(金沢)貞顕	修理権大夫	北条顕時	嘉暦元(一三二六)・三・一六—嘉暦元(一三二六)・四・二四	元弘三(一三三三)
16	北条(赤橋)守時	武蔵守　相模守	北条久時	嘉暦元(一三二六)・三・一三—元弘三(一三三三)・五・一八	元弘三(一三三三)

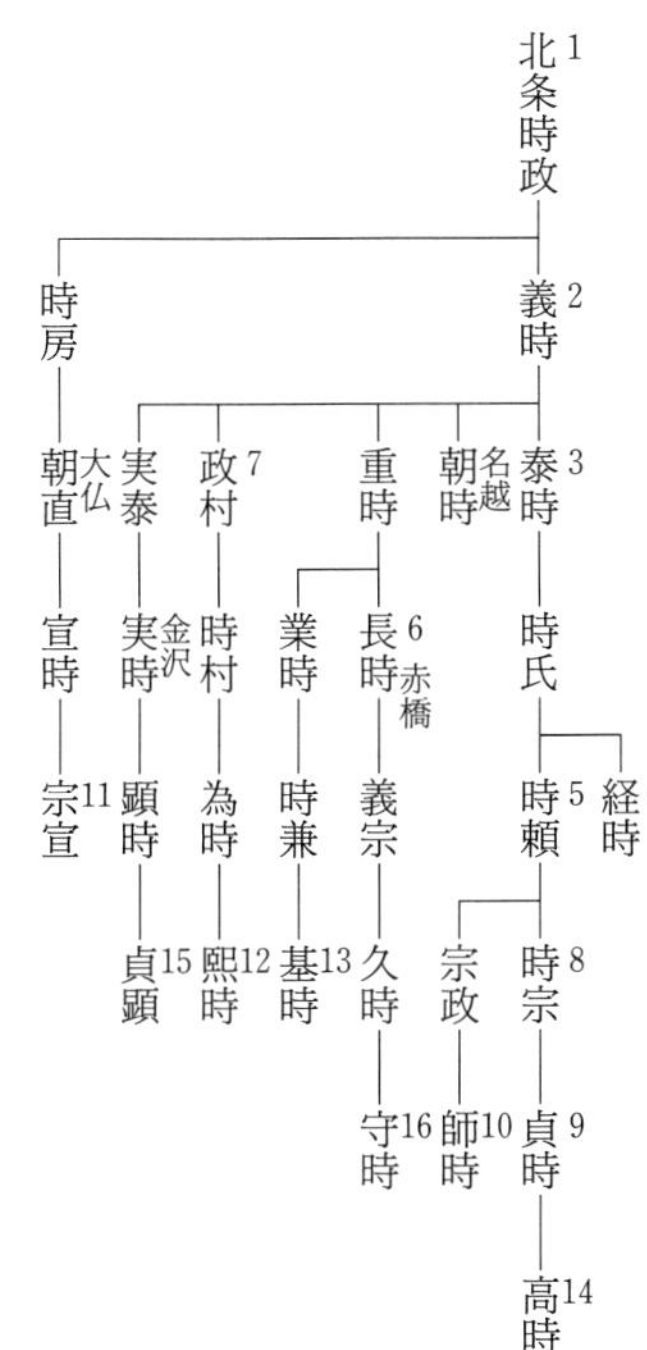

北条時政 1
時房
義時 2
朝直 大仏
実泰
政村 7
重時
朝時 名越
泰時 3
宣時
実時 金沢
時村
業時
長時 6 赤橋
時氏
宗宣 11
顕時
為時
時兼
義宗
時頼 5
経時 4
貞顕 15
熙時 12
基時 13
久時
宗政
時宗 8
守時 16
師時 10
貞時 9
高時 14

唐名官職一覧

あ行

唐名	官職
亜槐	大納言
亜相	大納言
亜将	近衛中将　近衛少将
威衛大将軍	兵衛督
威衛将軍	兵衛佐
右相国	右大臣
右相府	右大臣
右丞相	右大臣
右府	右大臣
右僕射	右大臣
羽林	近衛府
羽林大将軍	近衛大将
羽林将軍	近衛中将　近衛少将
羽林次将	近衛中将　近衛少将
羽林中郎将	近衛中将　近衛少将
羽林郎将	近衛中将　近衛少将
衛尉卿	兵部卿
衛尉尚書	兵部卿
衛尉少卿	兵部輔
衛将軍	近衛中将　近衛少将

か行

唐名	官職
駕部郎中	馬頭
駕部員外郎	馬助
槐門	大臣
外史	大外記　外記
貫首	蔵人頭
監膳	大膳大夫
監府	衛門府
監門	衛門府
監門大将軍	衛門督
監門衛大将軍	衛門督
監門少将軍	衛門佐
監門衛将軍	衛門佐
監門次将	衛門佐
給事中	少納言
給事舎人	内舎人
厩牧令	主馬首
御史大夫	弾正尹　大納言
金吾	衛門府
金吾大将軍	衛門督
金吾将軍	衛門佐
金吾次将	衛門佐
金部郎中	主計頭
禁省尚書	宮内卿
京兆尹	京職大夫
夏官尚書	兵部卿
戸部尚書	民部卿
虎牙大将軍	近衛大将

虎賁中郎将	近衛中将　近衛少将
庫部郎中	兵庫頭
五行尹	陰陽頭
工部尚書	宮内卿　木工頭
光禄卿	宮内卿　大膳大夫
黄　門	大納言　中納言
黄門侍郎	中納言　中務輔
鴻臚卿	玄蕃頭
国　宰	国司　国守
国子監	大学寮

さ　行

左校令	木工頭
左相国	左大臣
左相府	左大臣
左丞相	左大臣
左　府	左大臣
左僕射	左大臣
左（右）蔵令	内蔵頭
洒掃尹	掃部頭
宰　相	参議
宰　吏	国司
彩縫監	縫殿頭
祭　酒	大学頭
史　官	外記
市　令	市正
司員外郎	少弁
司　直	大判事
司天監	陰陽頭
司農卿	宮内卿
刺　史	国守
使　庁	検非違使庁
祠部尚書	神祇伯
祠部郎中	神祇伯　玄蕃頭
	陰陽頭
紫微令	中務卿
侍　書	内記
侍　中	蔵人
主客郎中	玄蕃頭
主　監	監物
秋官尚書	刑部卿
匠作大尹	修理大夫
相　公	参議
相　国	大臣
相　府	大臣
丞　相	大臣
将作大匠	木工頭　修理大夫
親衛大将軍	近衛大将
親衛将軍	近衛中将　近衛少将
親衛中郎将	近衛中将　近衛少将
崇玄令	玄蕃頭
夕　郎	蔵人
壬生大将軍	近衛大将
壬生将軍	近衛中将　近衛少将
壬生備身	内舎人
膳部郎中	大膳大夫　主水正
仙　郎	蔵人
宗正卿	正親正
宗親尹	正親正
倉部郎中	内蔵頭　主税頭

霜台	弾正台　弾正尹
蔵部尚書	大蔵卿
蔵帑令	内蔵頭

た行

大(太)楽令	雅楽頭
大(太)官令	大膳大夫
大(太)閤	太政大臣
大(太)史監	陰陽頭
大(太)師	太政大臣　東宮傅
大相国	太政大臣
大(太)常卿	神祇伯　治部卿
	式部卿
大(太)倉令	大炊頭
大(太)府卿	大蔵卿
大(太)傅	太政大臣　東宮傅
大(太)保	太政大臣　東宮傅
大理卿	刑部卿
	検非違使別当
大理正	大判事
大理獄	囚獄司
太子尹	春宮大夫
度支郎中	主計頭
断獄令	囚獄正
中書令	中務卿
中書監	中務大輔
中書門下	大納言
柱下	内記
著作部	内記
著作郎中	図書頭
廷尉	検非違使佐
	検非違使尉
廷尉正	大判事
典客郎中	玄蕃頭
典厩令	馬頭
典厩員外郎	馬助
典酒	造酒正
典膳郎	主膳正
殿中監	中務卿　宮内卿
	主殿頭　納戸頭
殿中侍御史	監物
都官尚書	刑部卿
都官郎中	刑部卿　囚獄正
都督	大宰帥
都督大卿	大宰大弐
都督司馬	大宰少弐
屯田郎中	主税頭

な行

内侍省内侍	中宮大夫
内相府	内大臣
内丞相	内大臣
内常侍	中宮亮

は行

博陸	関白
比部郎中	主計頭　囚獄正
秘書監	図書頭
武衛	兵衛府
武衛大将軍	兵衛督

武衛将軍　兵衛佐
武庫令　兵庫頭
兵部尚書　兵部卿

ま　行

門下令史　大外記
門下侍中　大納言　中務卿
門下給事　少納言

や　行

靭　負　衛門府
靭負庁　検非違使庁

ら　行

吏（李）部尚書　式部卿　参議
両　頭　蔵人頭
礼部尚書　治部卿　寺社奉行
礼部諸陵令　諸陵頭

異体字一覧

凡＝凢　互＝乐　処＝處　弘＝弘　氏＝弖　失＝失　旨＝旨　州＝刕

年＝秊　引＝引　因＝囙　両＝兩　迄＝迄　体＝體躰　役＝伇　決＝决

牢＝窂　条＝條　図＝啚　承＝羕　直＝直亘　岡＝罡　参＝叅　京＝亰

国＝囻　宜＝冝　怪＝恠　巻＝𢎥　勅＝勑　段＝叚　負＝屓　癸＝关

珍＝珎　為＝爲　訖＝訖　祇＝袛　紙＝帋　料＝析　院＝院　留＝畄

庭＝迋　島＝嶋　座＝座　差＝差　殺＝㣵　害＝害　桑＝桒　経＝經

畢＝毕　異＝異　略＝畧　得＝淂　務＝務　等＝等　備＝俻　最＝㝡

閏＝壬　違＝違　堺＝堺　無＝无　卿＝卿　塔＝塔　隔＝隔　蓋＝盖

傭＝傭　献＝獻　園＝薗　節＝節　牒＝牒　煎＝煎　解＝觧　爾＝尔

魂＝䰟　慥＝慥　総＝揔　綱＝綱　漆＝漆　徴＝徴　雑＝雜　算＝笇筭

権＝権　憑＝凴　輩＝軰　熟＝熟　頸＝頚　廬＝廬　櫃＝櫃　職＝軄

藤＝藤　歟＝欤　願＝願　蘇＝蘓　禰＝祢　鶴＝靏

旧字体一覧

万＝萬　予＝豫　円＝圓　仏＝佛　与＝與　双＝雙　庁＝廳　広＝廣
払＝拂　礼＝禮　旧＝舊　処＝處　弁＝辨　辺＝邊　号＝號　写＝寫
伝＝傳　仮＝假　団＝團　尽＝盡　両＝兩　気＝氣　弐＝貳　当＝當
会＝會　売＝賣　壱＝壹　図＝圖　囲＝圍　体＝體　択＝擇　沢＝澤
対＝對　条＝條　寿＝壽　余＝餘　応＝應　乱＝亂　芸＝藝　実＝實
宝＝寶　国＝國　画＝畫　参＝參　学＝學　並＝竝　価＝價　拠＝據
弥＝彌　浅＝淺　浄＝淨　発＝發　変＝變　単＝單　専＝專　独＝獨
県＝縣　点＝點　昼＝晝　浜＝濱　称＝稱　残＝殘　従＝從　恵＝惠
挙＝擧　党＝黨　将＝將　帰＝歸　済＝濟　渋＝澁　転＝轉　経＝經
断＝斷　釈＝釋　堕＝墮　随＝隨　覚＝覺　属＝屬　検＝檢　軽＝輕
証＝證　続＝續　継＝繼　摂＝攝　滝＝瀧　触＝觸　献＝獻　数＝數
辞＝辭　銭＝錢　総＝總　読＝讀　隠＝隱　様＝樣　駆＝驅　関＝關
雑＝雜　権＝權　蔵＝藏　覧＝覽　聴＝聽　顕＝顯　験＝驗　譲＝讓

北条氏系図（数字は執権就任順）

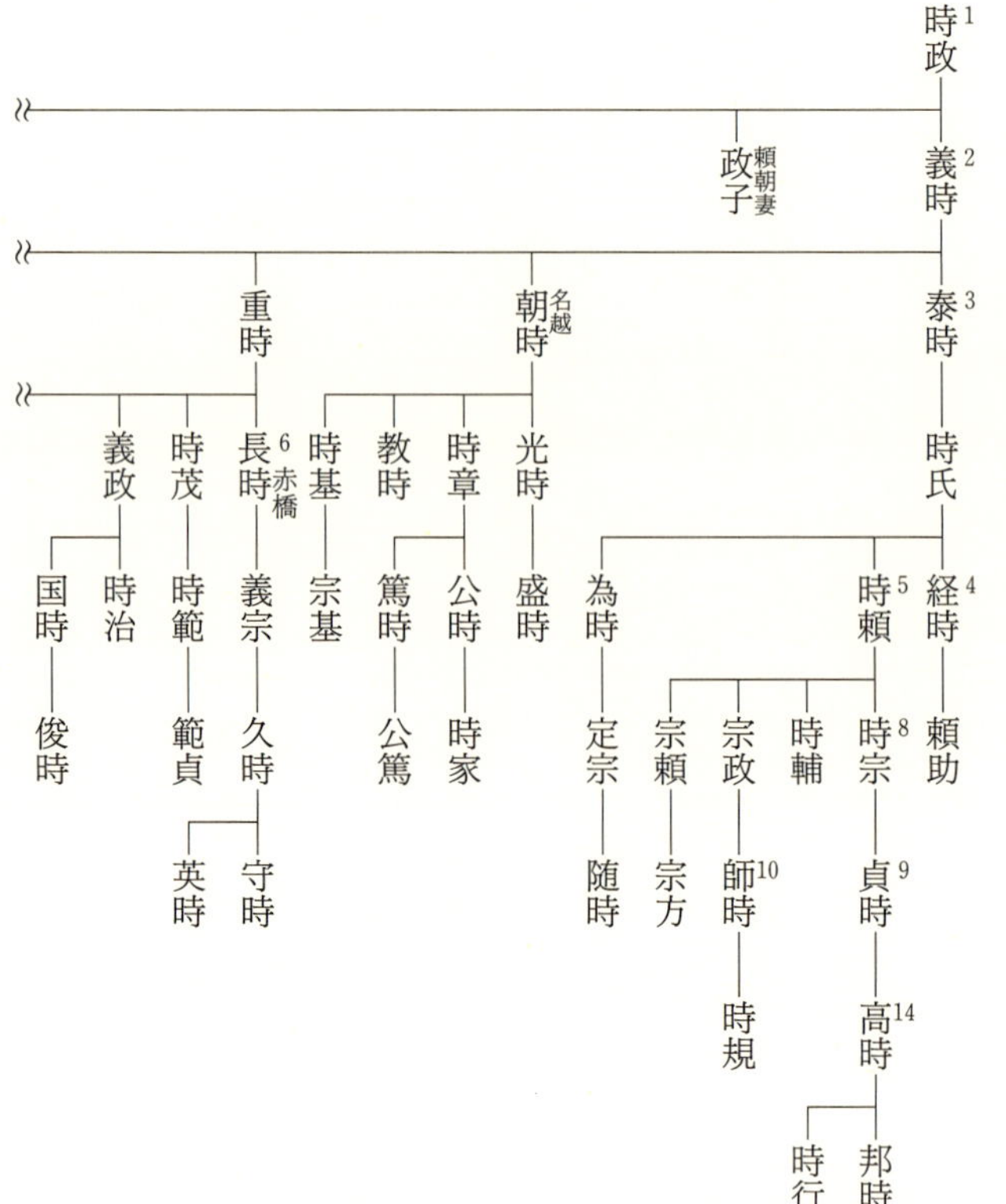

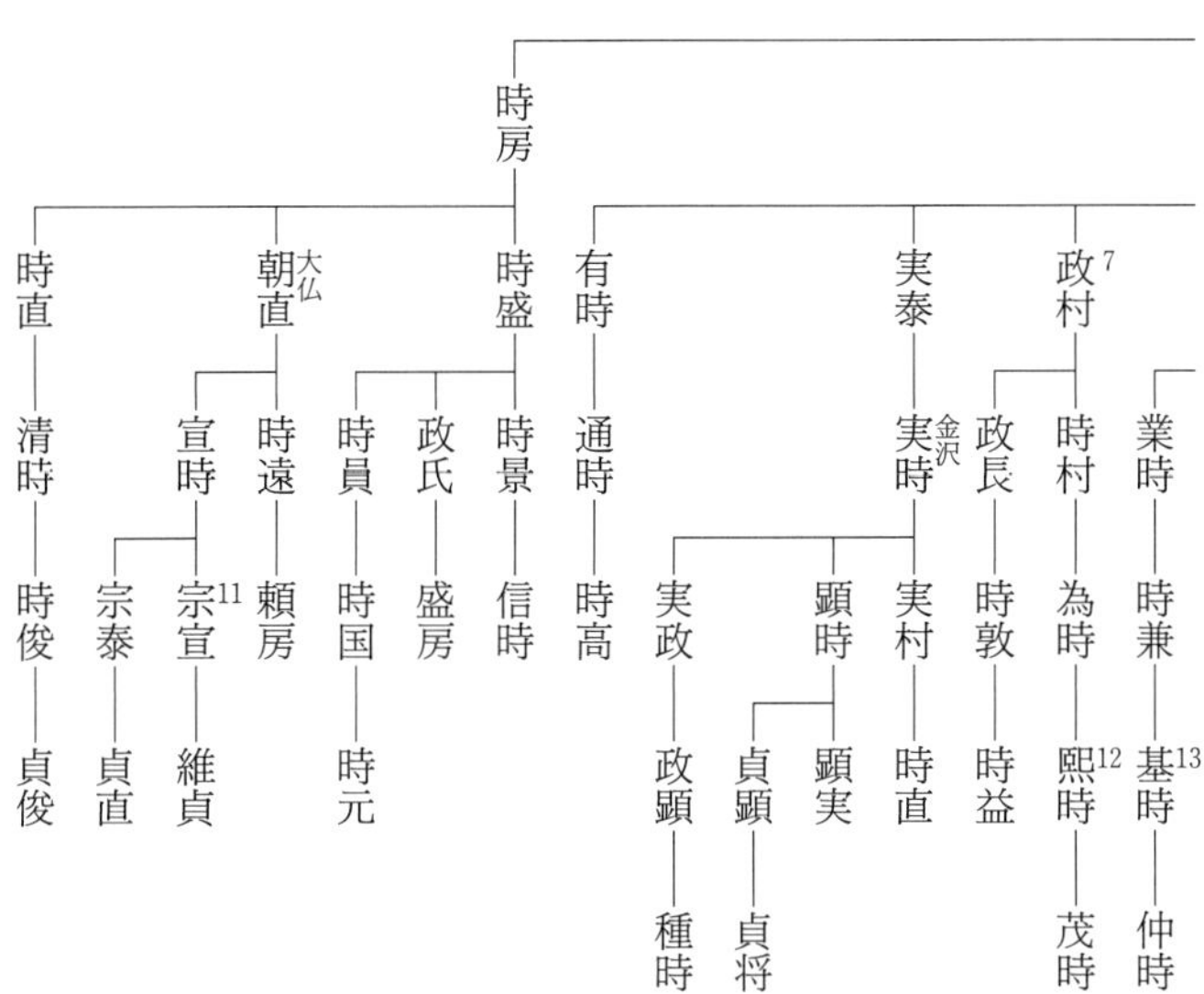

業時
時兼
基時13
仲時
政村7
時村
為時
熙時12
茂時
政長
時敦
時益
実泰
金沢
実時
実村
時直
顕時
顕実
貞顕
貞将
実政
政顕
種時
有時
通時
時高
時房
時盛
時景
信時
政氏
盛房
時員
時国
時元
大仏
朝直
時遠
頼房
宣時
宗宣11
維貞
宗泰
貞直
時直
清時
時俊
貞俊

執筆分担

『吾妻鏡』とは何か　関幸彦

Ⅰ　関幸彦・石塚賢治

Ⅱ
一　関幸彦・松吉大樹
二　関幸彦・葉山高仁

Ⅲ　野口実・岩田慎平・佐伯智広・長村祥知・坂口太郎・山本陽一郎・山岡瞳
大喜直彦（僧侶）

Ⅳ
一　関幸彦・神山晶子
二　野口実・岩田慎平・佐伯智広・長村祥知・坂口太郎・山本陽一郎・山岡瞳

Ⅴ　菊池紳一
一　磯川いづみ（駿河・伊豆）・甲斐玄洋（安房・上総・下総）・川島優美子（上野・下野）・菊池紳一（武蔵）・北爪寛之（常陸）・久保田和彦（相模）・下山忍（信濃）・遠山久也（甲斐）
二　秋山哲雄（鎌倉）・永井晋（京都）
三　山野井功夫

Ⅵ　石塚賢治

執筆者紹介

関　 幸　彦　→別掲
石塚賢治（鶴見大学大学院博士課程後期）
神山晶子（鶴見大学文学部文化財学科助手）
大喜直彦（本願寺史料研究所研究員）
葉山高仁（中世史研究者）
松吉大樹（鶴見大学大学院博士課程後期）

野　口　 実　→別掲
岩田慎平（関西学院大学大学院文学研究科研究員）
佐伯智広（神戸夙川学院大学非常勤講師）
長村祥知（京都大学大学院博士後期課程）
坂口太郎（京都大学大学院博士後期課程）
山本陽一郎（神戸大学大学院修士課程修了）
山岡　 瞳（京都大学大学院博士後期課程）

菊池紳一（財団法人前田育徳会常務理事・尊経閣文庫主幹）
秋山哲雄（国士舘大学専任講師）
磯川いづみ（鎌倉遺文研究会会員）
甲斐玄洋（財団法人筆の里振興事業団学芸員）
川島優美子（放送大学非常勤講師）
北爪寛之（國學院大學大学院博士後期課程）
久保田和彦（神奈川県立光陵高校教諭）
下山　 忍（さいたま市立浦和南高等学校長）
遠山久也（武蔵野学院大学講師）
永井　 晋（神奈川県立金沢文庫主任学芸員）
山野井功夫（埼玉県立浦和西高校教諭）

編者略歴

関　幸　彦

一九五二年　札幌市に生まれる
一九八五年　学習院大学大学院人文科学研究科史学専攻後期博士課程修了
現在　日本大学文理学部教授

〔主要著書〕
国衙機構の研究　武士団研究の歩み　蘇る中世の英雄たち　神風の武士像　北条政子

野　口　実

一九五一年　千葉県に生まれる
一九八一年　青山学院大学大学院文学研究科史学専攻博士課程修了（文学博士）
現在　京都女子大学宗教・文化研究所教授

〔主要著書〕
中世東国武士団の研究　武家の棟梁の条件　武家の棟梁源氏はなぜ滅んだのか　源氏と坂東武士

吾妻鏡必携

二〇〇八年(平成二十)九月二十日　第一刷発行
二〇〇九年(平成二十一)五月　十　日　第二刷発行

編　者　関(せき)　幸(ゆき)　彦(ひこ)
　　　　野(の)　口(ぐち)　実(みのる)

発行者　前　田　求　恭

発行所　株式会社　吉川弘文館
郵便番号一一三—〇〇三三
東京都文京区本郷七丁目二番八号
電話〇三—三八一三—九一五一〈代表〉
振替口座〇〇一〇〇—五—二四四番
http://www.yoshikawa-k.co.jp/

印刷＝株式会社 三秀舎
製本＝誠製本 株式会社
装幀＝清水良洋・河村誠

ISBN978-4-642-07991-4